综合交通系列教材

有轨电车运行控制技术
Railroad Operation Control Technology

曾小清　主编

同济大学出版社
TONGJI UNIVERSITY PRESS

图书在版编目(CIP)数据

有轨电车运行控制技术 / 曾小清主编. —上海：同济大学出版社，2020.10
 ISBN 978-7-5608-9453-9

Ⅰ.①有… Ⅱ.①曾… Ⅲ.①有轨电车－运行－控制系统－研究 Ⅳ.①U482.1

中国版本图书馆CIP数据核字(2020)第185414号

有轨电车运行控制技术
曾小清　主编

责任编辑　陆克丽霞　　**责任校对**　徐春莲　　**封面设计**　陈益平

出版发行	同济大学出版社　www.tongjipress.com.cn
	(地址：上海市四平路1239号　邮编：200092　电话：021-65985622)
经　　销	全国各地新华书店
排　　版	南京文脉图文设计制作有限公司
印　　刷	常熟市大宏印刷有限公司
开　　本	787 mm×1092 mm　1/16
印　　张	13.75
字　　数	343 000
版　　次	2020年10月第1版　2020年10月第1次印刷
书　　号	ISBN 978-7-5608-9453-9
定　　价	58.00元

本书若有印装质量问题，请向本社发行部调换　　版权所有　侵权必究

编 委 会

主　编　曾小清

副主编　林海香　熊启鹏

主　审　汤　明

编　委　孙军峰　钱晓予　汪一鸣　吴　澄　沈　拓
　　　　　单晓芳　方云根　孙　健　张　杰　王之峰

编写组　王维旸　袁腾飞　王奕曾　郭开易　应沛然
　　　　　岳晓园　李　健　边　冬　詹继飞　伍超扬
　　　　　梁　阳　刘立群　徐新晨　贺俊翔　王子达
　　　　　凌海超　顾佳鑫　张晨铿

参编单位　同济大学
　　　　　　卡斯柯信号有限公司
　　　　　　上海宝康电子控制工程有限公司
　　　　　　上海富欣智能交通控制有限公司
　　　　　　上海电气泰雷兹交通自动化系统有限公司
　　　　　　上海市交通信息中心
　　　　　　上海市交警总队
　　　　　　中电建路桥集团
　　　　　　上海果路交通科技有限公司
　　　　　　上海轨道交通检测技术有限公司

前　言

现代有轨电车因其远低于地铁的投资成本和远高于公交车运能的特点，成为众多地方政府缓解交通压力的一个重要选项。同时，越来越多的学者和工程人员将目光投向有轨电车安全运营和运行效率等方面。有轨电车运行控制技术不仅涉及有轨电车自身的运控技术和轨道沿线信号系统技术，又因其特殊的运行环境和公共交通的基本要求，还涉及与之相交的道路交通信号控制的安全与环保问题。如何促进有轨电车这一交通方式更好地服务国家和促进社会经济发展，加快城市轨道交通多模式的发展步伐，成为一项亟待解决的问题。

在此背景下，我结合多年来从事轨道交通和道路交通学科的教学实践、科学研究及工程经验，筹划编写综合交通系列教材。在轨道交通领域，我于2005年、2007年、2012年分别出版了《轨道交通信号控制基础》《基于通信的轨道交通运行控制》《轨道交通运行控制与管理》三本专著；在道路交通领域，我于2007年和2012年分别出版了《交通电子技术》和《世博交通启示录》。此次，本书旨在全面分析已有但尚未普及的一些先进技术，全方位、多层次地揭示有轨电车的运行机制，为有轨电车建设者和对该领域有兴趣的读者提供参考。

本书的编写主要基于同济大学交通信息控制联合实验中心的相关学术研究成果，并得到了国家支撑计划"有轨电车交叉口信号优先控制策略研究"及科委19DZ1204200、20DZ1202900等项目的直接支持。我带领的科研团队对多个有轨电车现场进行了实地考察、数据分析及资料整合，并开展了相关研究；同时也调研了卡斯柯信号有限公司的多个工地现场，分析了其提供的有轨电车信号系统设备素材与测试数据，还搜集并整合了3家道路企业和3家轨道企业提供的第一手工程数据。从科研、行业、实际应用角度，多维度详细地为读者揭示了有轨电车运行控制的技术机理与发展趋势。

本书由浅入深，从以下四个方面开展研究。

首先，分析有轨电车平交路口控制技术，讨论有轨电车信号优先控制对道路交通的影响以及设计方案。在交叉口通过对有轨电车进行信号控制以提供优先通行权，从而降低有轨电车在路口的红灯等待时间，提升有轨电车的服务水平。然而，改变交叉口的交通信号方案必然会对道路交通产生一定的影响，通过对社会车辆在交叉口的延误分析和信号协调措施，实现有轨电车和其他社会车辆在交叉口的信号协调控制，从而保证城市道路交通的有序、顺畅。

其次，探讨有轨电车运行轨道线路控制技术。从有轨电车发展历程与特性及前沿技术两个角度出发,提纲挈领地对目前有轨电车主要的前沿技术进行综合分析,并紧紧围绕以下热点核心技术开展研究:车载控制系统、列车定位技术、辅助驾驶、大数据技术。由此搭建了本书的研究框架,以及明确了探讨的技术对象。

再次,研究有轨电车评估检测技术。以有轨电车道路与轨道平交路口为着力点,保障有轨电车作为公共交通工具在特殊运行环境下的安全性、可靠性、可用性和可维护性,在理论上梳理故障检测技术、土木风险和节能控制技术有效的评估和检测技术。通过对道路侧的信号优先控制策略和轨道侧的信号控制系统技术进行深入分析,探讨基于城市道路交通流特征及信号控制共享路权下的有轨电车信号优先设计方法和有轨电车车辆及轨道沿线各类型设备的设计理念、工程实践和技术发展趋势,从而给出先进的有轨电车控制系统技术机理与工程应用路线。

最后,站在学术深度和学科高度的角度,提出了有轨电车安保环保技术体系。在安保角度,基于安全监测检测评估管理理论和针对复杂道路车辆行驶环境的先进车辆防撞系统,分别从监测有轨电车车载和轨旁设备状态与车辆辅助驾驶角度,提升车辆的安全可靠性;在环保角度,基于驾驶节能和车站储能技术的节能环保理念,通过设计来实现能源利用效率最大化。

2020年8月于上海

目 录

编委会
前 言

第1章 绪论 ··· 001
  1.1 发展历程 ·· 001
  1.2 有轨电车的特性 ··· 004
    1.2.1 有轨电车的技术特性 ··· 004
    1.2.2 有轨电车的运营特性 ··· 005
  1.3 我国有轨列车的发展现状 ·· 006

第2章 有轨电车平交路口控制技术 ··· 008
  2.1 有轨电车道路环境交通影响分析 ·· 009
    2.1.1 城市道路交通特征分析 ··· 009
    2.1.2 有轨电车线路及站点布设交通影响分析 ··· 014
    2.1.3 有轨电车过交叉口方式交通影响分析及信号设置 ···································· 022
    2.1.4 有轨电车折返交通影响分析 ·· 027
  2.2 城市道路交通流特征及信号控制 ·· 031
    2.2.1 城市道路交通流特征 ··· 031
    2.2.2 城市道路交叉口交通流组织方式 ··· 050
    2.2.3 城市道路交叉口信号控制 ··· 056
  2.3 有轨电车共享路权下信号优先设计 ·· 060
    2.3.1 有轨电车共享路权下的交通组织方式 ·· 061
    2.3.2 有轨电车共享路权下的交叉口信号控制 ··· 064
    2.3.3 共享路权下有轨电车线路运行效率与安全 ··· 069
    2.3.4 有轨电车信号优先设计 ··· 080
    2.3.5 平交路口信号控制子系统 ··· 084

第3章 有轨电车运行轨道线路控制技术 ··· 091
  3.1 自律分散技术 ·· 091

          3.1.1　自律分散系统理论基础 ·· 091
          3.1.2　自律分散的列车控制系统 ···································· 092
          3.1.3　自律分散的调度集中系统 ···································· 093
    3.2　列车定位技术 ·· 096
          3.2.1　列车定位技术的分类和技术要求 ························· 096
          3.2.2　列车定位技术原理 ··· 098
          3.2.3　有轨电车列车定位 ··· 108
    3.3　辅助驾驶/基于障碍物识别的辅助驾驶技术 ····················· 108
          3.3.1　辅助驾驶概念 ·· 108
          3.3.2　障碍物检测技术 ··· 109
          3.3.3　有轨电车辅助驾驶策略设计 ································ 119
          3.3.4　辅助驾驶功能设计 ··· 124
          3.3.5　大数据在交通规划决策支持中的应用 ··················· 129
    3.4　大数据技术 ·· 130
          3.4.1　有轨电车大数据 ··· 130
          3.4.2　有轨电车大数据应用策略 ···································· 131
          3.4.3　大数据应用展望 ··· 133
    3.5　有轨电车管理技术 ··· 134
          3.5.1　投资管理 ··· 134
          3.5.2　建设管理 ··· 134
          3.5.3　运输组织管理 ·· 136
          3.5.4　运行安全管理 ·· 136
          3.5.5　风险管理 ··· 137

第4章　有轨电车评估检测技术 ··· 138
    4.1　有轨电车运行控制系统的RAMS性能和环境要求 ············· 138
          4.1.1　有轨电车运行控制系统的RAMS性能 ··················· 138
          4.1.2　有轨电车运行控制系统的环境要求 ······················ 139
    4.2　故障检测技术 ·· 142
          4.2.1　机车车辆故障检测技术 ······································· 142
          4.2.2　电力电缆故障检测技术 ······································· 143
          4.2.3　异物入侵检测技术 ··· 147
    4.3　土木风险评价 ·· 148
          4.3.1　BIM简介 ··· 148
          4.3.2　BIM技术原理 ·· 149
          4.3.3　BIM特点 ··· 150

4.3.4　BIM 技术在有轨电车项目中的应用 ················ 151
4.4　节能控制评估技术 ·· 155
　　4.4.1　节能运行策略 ·· 155
　　4.4.2　列车控制方式 ·· 156
　　4.4.3　线路特征 ·· 156
　　4.4.4　再生制动 ·· 157

第 5 章　有轨电车安保环保技术 ·························· 158
5.1　安全监测检测评估管理 ······································ 159
5.2　信号优化 ··· 169
5.3　车辆防撞 ··· 170
5.4　驾驶节能 ··· 176
5.5　储能技术 ··· 188

参考文献 ··· 198

致谢 ·· 207

第1章 绪 论

1.1 发展历程

虽然国际上对于有轨电车系统尚无统一的称谓及定义,但各国对其特点的认识是一致的,即有轨电车是线路直接敷设在城市道路上,与其他交通方式混行的一种有轨交通方式,运营模式采用人工控制,在交通特征上属于道路交通。《城市轨道交通工程基本术语标准》(GB/T 50833—2012)中将有轨电车定义为:与道路上其他交通方式共享路权的低运量城市轨道交通方式,线路通常设在地面。

有轨电车的发展经历了由兴到衰再到兴的过程。

有轨电车最早出现在 19 世纪下半叶。1879 年,德国工程师维尔纳·冯·西门子在柏林博览会上首先尝试使用电力带动轨道车辆。此后,俄国的圣彼得堡、加拿大的多伦多都进行过有轨电车的商业尝试。匈牙利的布达佩斯在 1887 年建立了首个电动电车系统。1888 年,美国弗吉尼亚州的里士满也开通了有轨电车。

20 世纪初,路面电车曾在欧洲、美洲、大洋洲和亚洲的一些城市风行一时。1904 年 7 月 30 日,中国香港的第一条有轨电车驶出车站,并开始向市民提供一项新的交通服务。天津于 1906 年、上海于 1908 年分别修建了其第一条有轨电车。20 世纪中叶,小汽车的发展不仅对有轨电车的客流量造成了强烈冲击,还使道路交通日益拥挤,这也导致了有轨电车的运营速度和运营安全性的降低。传统有轨电车车辆加减速能力低,很难适应在拥挤的混合交通中运行。因此,有轨电车逐渐被快速灵活的私人小汽车、公共汽车等路面交通工具取代,不少路面电车系统于 20 世纪中叶被陆续拆除。之后,路面电车网络在北美、法国、英国、西班牙等地几乎完全消失。但在瑞士、德国、奥地利、意大利、比利时、荷兰、日本及东欧等国家及地区,部分路面电车网络仍然保养良好沿用至今,部分则被不断现代化。

20 世纪 70 年代,世界石油危机以及城市不断对外扩张所带来的一系列城市交通、环境等问题,使欧洲许多城市开始反思由小汽车的快速发展引发的一些弊端和问题,并尝试提出大力发展公共交通的政策,其中重新应用有轨电车也被提上议事日程。如何将旧式有轨电车进行现代化改造,成为摆在各国面前的一道难题。而世界各国对有轨电车进行现代化改造的做法基本可以分为两种:

(1) 对路权和车辆同时进行现代化改造。一方面,根据有轨电车的使用环境,对其线路进行改造:在城市中心区和繁华地段,线路进入地下,在市郊采用高架或地面方式,整个系统处于基本封闭和隔离状态,以寻求一种经济性更佳、容量更大、速度更快的系统。另一方面，对车辆本身进行改造：采用现代化技术来降低振动、噪声，减轻车辆自重，改善牵引性能和提高运行品质等。经过现代化技术改造后的有轨电车系统具有良好的封闭性、灵活性和适应性，系统客运能力、速度也得到了大幅提高，适用范围得以拓展。需要指出的是，经过现代化技术改造后的有轨电车系统由于基本采用封闭、隔离的线路，因此其速度和运能得到较大提高，功能和性质也相应地发生了重要变化。我国在《城市公共交通分类标准》(CJJ/T 114—2007)中，将这一分支称为轻轨。

(2) 基本保持原有路权形态，主要对车辆进行现代化改造。这种改造方式是使有轨电车车辆继续运行在城市道路（地面）上，与其他社会车辆混行，基本没有专用路权。针对有轨电车车辆引入模块化理念，通过降低地板高度和减轻车辆自重、采用减振降噪等新技术发展新型车辆，是一种更为经济的有轨电车现代化改造方式。我国在《城市公共交通分类标准》(CJJ/T 114—2007)中，将这一分支称为有轨电车。

现代有轨电车对比旧式有轨电车的优势，主要体现在以下四个方面：

(1) 客运能力大

传统有轨电车车厢长度一般不足 20 m，按定额标准 4 人/m² 计算，列车载客量一般不到 100 人。而现代有轨电车的主流产品，车厢长度为 20～40 m，列车载客量达 150～300 人，单向设计客运能力为 0.5 万～0.8 万人次/h；如果将两列列车串联起来，单向设计客运能力可达 1 万～1.2 万人次/h。

(2) 速度快

传统有轨电车最高设计速度约 30 km/h，实际运行速度约 10 km/h。现代有轨电车的设计速度可达 70～80 km/h，在城市中心地区的运行速度约 20 km/h，在郊区的运行速度可达 30 km/h。如果在城际铁路上运行，运行速度则可达 70 km/h。

(3) 弹性灵活

① 车辆定制服务与模块化设计。现代有轨电车主流生产厂家都具有较强的设计能力，能够提供订单化服务，车头、车尾、车体尺寸及车体结构的定制灵活性较大，可以满足客户的不同需求。此外，由于现代有轨电车主流产品都采取了模块化设计，不仅车辆维修养护容易，而且能够较快地增加列车车厢数量以延长列车长度，相应地，客运能力也就具有较大的弹性空间。考虑到运能的运用效率及国外实际运营客流情况，现代有轨电车单向可满足 0.3 万～1.2 万人次/h 的客流需求。

② 多种供电制式。现代有轨电车除了采用传统架空线供电外，在部分景观、空间限制区段，可以采用蓄电池供电（仅限局部困难路段）或地面第三轨供电（目前仅限钢轮钢轨），供电电压在 500～900 V 区间内波动。

(4) 舒适新颖

现代有轨电车多数采用流线型车身、大窗、对开门、低地板等新颖设计，旅客上下车非常便捷，在车厢内乘坐也较为舒适。由于采用了大量隔音材料、消音器等设施，现代有轨电车行驶时噪声比道路上的机动车交通还要低 5～10 dB。

经过对车辆和整体系统的改进升级，二十世纪八九十年代，这些客运能力大、速度快、节能环保、舒适新颖的现代有轨电车纷纷出现在欧洲一些城市的街头。在法国、德国、荷兰、瑞典等国,现代有轨电车以现代化、时尚、环保的新形象进入公众视野,成为优化城市公共交通战略的重要手段之一。

目前,国外有轨电车的复兴主要集中在欧洲和大洋洲。欧洲有 30 多个国家、150 多座城市已建或拟建现代有轨电车,其中比较有代表性的是法国和瑞士。法国的巴黎、斯特拉斯堡和鲁昂等市相继开通了有轨电车并不断延长线路。近几年来,各城市有轨电车建设速度呈加快趋势。大巴黎地区目前就有 7 条有轨电车线路,全长约 105 km。苏黎世现已建成城区范围全覆盖的十余条有轨电车线网,线路总长超过 200 km,形成了基于现代有轨电车系统的城市公交网络。欧洲已经形成了一个在城市交通部门主导下,由"运营机构+车辆供电厂商+轨道、信号集成厂商"等组成的、完善的有轨电车产业链,形成了专业的有轨电车产业和丰富的产品系列。大洋洲的有轨电车主要集中在澳大利亚的墨尔本和新西兰,且墨尔本是目前世界上保留有最完美的有轨电车系统的城市。在墨尔本的城市街道上,有 500 多列有轨电车,有轨电车线网全长 245 km,共 28 条线路,设 1 813 个站点。有轨电车在墨尔本市区发挥着非常重要的交通功能,它所起的作用相当于大城市的地铁系统,因而墨尔本成了举世闻名的"电车之都"。

近几年来,我国城市交通压力逐渐增大,环境污染也日益严重,因而亟须大中运量的公共交通来缓解这一系列问题。相对于地铁来说,有轨电车项目审批相对容易、建设周期短、投资金额仅为地铁的 1/5~1/4、后期维护成本较低。相对于快速公交系统(BRT)来说,有轨电车更加节能环保和舒适。所以,全国范围内掀起了有轨电车规划和建设的热潮。2019 年,我国沈阳、大连、长春、天津、上海、苏州、南京、青岛、广州、淮安、珠海、武汉、深圳、北京、成都、佛山、天水等 17 座城市的有轨电车已投入运营,共计 32 条线路,总运营里程 444.742 km,总轨道里程 394.226 km。根据不完全统计,除已投入运营的 17 座城市外,我国还有 48 座城市正在规划建设有轨电车。图 1-1 是国内外典型的有轨电车。

(a) 德国斯图加特有轨电车

(b) 法国波尔图有轨电车

(c) 上海张江有轨电车

(d) 苏州有轨电车

图 1-1　国内外典型的有轨电车

1.2 有轨电车的特性

1.2.1 有轨电车的技术特性

决定有轨电车(以下"有轨电车"皆指"现代有轨电车")技术特征的最主要因素是路权。有轨电车系统选择不同的路权及与路权相匹配的车站、车辆和信号,就有不同的客运能力和旅行速度。有轨电车的技术特征主要体现在以下几方面。

1. 线路

线路的主要特征表现为路权和敷设方式。路权是有轨电车最主要的技术特征。依据不同的路权设置,我国的有轨电车系统可分为两个类型:一是以混合路权为主,即路段和交叉口均基本采用混合路权,混合路权的比例一般不低于70%;二是以专用路权为主,路段基本采用专用路权,交叉口采用混合路权,专用路权比例可达80%。从敷设方式来说,有轨电车基本上是地面线路,若采用高架或地下线路则应非常慎重,即使是以专用路权为主的线路,德国标准也规定其高架或地下线路的比例不宜大于5%。

当采用混合路权时,轨面和地面平齐,允许行人和其他社会车辆进入;当采用专用路权时,可以采用交通管制或物理隔离措施,在专用路权区段禁止行人和其他车辆进入。目前,针对有轨电车专用路权常规的做法是在线路内、两线路间或线路两侧一定范围内铺设草坪,既美化城市景观又起到隔离作用,同时还能吸收车辆运行时产生的噪声。

2. 车站

车站的主要特征表现为站间距、站台长度、站台高度和车站建筑。其中,站间距体现了有轨电车的功能定位。而有轨电车与公共汽车的功能定位基本相同,因此其站间距也应与公共汽车基本一致。有轨电车系统平均站间距为300~1 000 m,中心城区站间距多在500 m以内,郊区站间距在500 m以上。站间距的选择要考虑诸多因素,如沿线人口密度、商业等公共设施和列车的旅行速度等。站台长度实际上考虑的是车辆长度,控制车辆长度是考虑有轨电车对其他道路交通方式的影响。有轨电车站台最大长度一般控制在40~60 m。以混合路权为主的线路应当采用低站台,并尽可能地利用人行道作为站台进行乘降;以专用路权为主的线路,由于站台可以在享有专用路权的路段单独设置,故便于调节站台高度,且应优先采用高站台。车站通常结构简易,设置灵活,一般包括遮雨棚、运营信息显示板、座椅、照明等。

3. 车辆

随着科学技术的不断发展,有轨电车车辆出现了多种类型,按照地板高度划分,有70%和100%低地板车辆;按照车轮形式划分,有钢轮钢轨和胶轮导轨;按照车辆长度划分,有单节车和铰接车,且铰接车还有四轴、六轴和八轴之分;对于采用模块化的车辆,则有2模块和多模块之分,最多可达8模块。

其中,模块化设计和低地板车辆是现代有轨电车车辆发展的两大潮流。

模块化设计理念是将车辆划分为若干个各自独立而又相互联系的模块。模块可以是车辆的一个组成部分,也可以是车辆的一个或几个部件或设备的组合,例如带驾驶室和不带驾驶室的端部模块、中间模块、铰接模块、转向架模块等。由于每个模块可以独立生产和组装,因此,模块化设计使得车辆不再采用贯通式纵梁,相比以往结构简化,生产制造也简单方便;更容易保证质量、缩短工时;互换性增强、有利于维修保养。一旦出现故障,只需处理或更换损坏的模块即可,而无须进行整车作业,由此可大大节约工时、人力和费用。当车辆被划分为若干模块后,通过增减中间模块和铰接模块,可以组成不同编组的列车,由此增加了列车在道路上运营的灵活性,减少车辆在曲线上的内外偏移量,也不易与相邻列车发生碰撞。同时,也可满足不同城市、不同地区、不同线路、不同建设阶段的客流需求,且可单向或双向运行。

低地板车辆使得车辆地板与站台齐平,方便老人、儿童以及残障人士上下车。自1984年西门子(Siemens)为日内瓦提供高度为480 mm的低地板车辆,由此揭开了低地板车辆的发展序幕,低地板车辆的使用比例还在不断扩大,目前世界上30多个国家约140座城市已拥有低地板有轨电车。如今,欧洲新购有轨电车几乎全为低地板车辆,第三代100%低地板有轨电车将是市场的主流产品,也是今后的发展趋势。不过,车辆选型与站台高度密切相关:对于以混合路权为主的线路而言,由于尽可能利用人行道作为站台,应优先选择低地板车辆;对于路段专用路权的线路而言,一般情况下站台均在专用路权路段单独设置,此类有轨电车没有必要苛求采用低地板车辆,通过调节站台高度来适应车辆反而是更经济、更可靠的做法。

4. 信号

有轨电车信号包含两层含义:一是列车运行的自动控制;二是列车所要遵守的道路交通信号。

由于有轨电车具备混合路权的特性,注定有轨电车列控技术与轻轨、地铁等交通方式有着本质区别。

对于以混合路权为主的线路而言,在交通量较大的道路交叉口应采用信号控制,且可以采用有轨电车优先信号,但不应强求;对于以专用路权为主的线路而言,全部交叉口均应采用信号控制,并以采用有轨电车优先信号为宜。优先信号的目的是减少有轨电车在交叉口的等候时间,使有轨电车优先通过交叉口,从而提高其运行效率。

5. 运营

从运营模式来说,有轨电车属于道路交通范畴,这是其最主要的特点之一。《城市轨道交通技术规范》(GB 50490—2009)对有轨电车涉及运营安全方面有明确的要求:有轨电车与道路交通混行时不得超过道路交通法规允许的最高速度;与道路交通混行的有轨电车还应具备独立于黏着制动功能之外的制动系统和用于黏着制动的撒砂装置;相应地,车辆也应具备符合道路交通法规要求的前照灯、示宽灯、方向指示灯、尾灯和后视镜。

1.2.2 有轨电车的运营特性

现代有轨电车运能较大,有潜在运能储备,设计高峰小时单向最大客运量为0.8万~

1.5万人次/h,而地面常规公交的高峰小时单向最大客运量小于0.8万人次/h,二者相较而言,有轨电车运能更大,但其运能小于地铁3万～7万人次的高峰小时单向最大客运量。由此可见,有轨电车是一种运量介于公共汽车和地铁之间的低运量轨道交通系统,其线路、轨道、车站及设备要求远低于地铁,可以与汽车共用道路,拆迁量少,对城市其他建筑物影响较小,对比轻轨、地铁等轨道交通方式,有轨电车以其灵活方便、适应性强、建设周期短、单位综合造价和运营成本较低等优势受到欢迎。然而,在目前的技术条件下,有轨电车的可靠性较难达到其他轨道交通方式的水平。

总的来说,有轨电车虽然可以作为骨干公共交通系统和旅游观光特色线路,但其并非是全局性的或者服务主要交通走廊的一种交通方式。有轨电车在公共交通系统中主要承担辅助轻轨、地铁和区域轨道交通的职责,作为轨道交通骨干网络的补充以加密线路,服务于人口密集、对运营速度要求不高、短距离出行比例较高、对道路景观及出行舒适度要求较高的交通走廊。

对于已有其他轨道交通方式如地铁、区域轨道交通和轻轨的城市而言,有轨电车可以发挥对其他轨道交通方式的补充作用。

总之,在明确有轨电车的性质、特征以及与城市发展关系的基础上,有轨电车适用于以下几种情况:

(1) 作为其他轨道交通方式的补充,服务于城市旧城区或中心城区(含新区)的个别交通走廊,这些交通走廊的通勤、商务出行比例不高。

(2) 作为城市旧城区或中心城区的特色景观,增加城市的旅游吸引力,并主要服务于短距离出行,对运营速度要求不高但对出行舒适度要求较高的城市居民或游客。

(3) 可用于地下管线不能触碰、地下情况复杂,交通走廊实际最高出行需求普遍小于1.5万人次/h的区域。若乘客对出行可靠性要求较高,或者交通走廊的实际最高出行需求大于1.5万人次/h,则应建设轻轨或地铁。

(4) 结合其他轨道交通方式和道路公共交通,在局部地区推行以公共交通出行为导向的土地开发。

1.3 我国有轨列车的发展现状

我国的地铁建设发展至今,无论是线路规模、运量规模、城市分布,还是建设速度、规划线网,均为世界领先。尤其在北京、上海、广州、深圳(以下简称"北上广深")的城市公共交通领域中,地铁发挥的作用日益显著,且深受人们欢迎。这充分体现了地铁建设不仅缓解了城市交通拥堵,而且对城市用地拓展、旧城改造、土地升值、促进地区经济发展起到十分重要的作用。

在北上广深等特大型城市中,随着中心区的拓展,城市轨道交通也开始向城市外围地区延伸。然而,全部采用同一种轨道交通大运量制式似乎不合理,且从客运量效益角度分析,也是很不经济的,故而应该使用适宜的中运量等级系统。有轨电车在运量和速度上均有一定限制,并且后来的跨座式单轨、直线电机、磁浮等,新制式、新车辆、小编组、短列车的中运量系统模式在一些城市都有所突破和创新。同时,近年来有轨电车的不断完善和发展,使轨道交通的中运量系统(运能为 1 万~3 万人次/h)得到充实,且品种多样化,这就使得想要建设轨道交通的城市可以有更多选择。

近几十年来,我国城市轨道交通建设标准日益提高,高架线受环评的严格控制,即使是中运量的高架系统,也纷纷进入地下,从而使工程难度加大、工期延长,造价不断攀升,地铁平均造价已提升至 7 亿~8 亿元/km。尤其是特大城市均已进入网络化、深层地层的建设,由于其车站埋深大、工程风险大、换乘节点多、地面拆迁量大等原因,工程造价已经向 14 亿~15 亿元/km 挺进。这对于城市的财政承受能力是一个极大的挑战,也对一般城市建设地铁的可持续性提出了警示,也可能会使许多城市的地铁梦遥不可及。而有轨电车因是地面线,造价低、工期短,效果立竿见影,所以应运而生。

大连、长春等城市至今仍保留着有轨电车线路,其中大连是中国保留有轨电车线路最多、经营最完善的城市,有轨电车已经成为大连的特色旅游资源。新建的天津市滨海新区有轨电车项目和上海市浦东新区张江开发区有轨电车项目均采用胶轮导轨电车。沈阳市浑南新区正在建设中国规模最大的有轨电车网络,并将采用长春轨道客车股份有限公司生产的 100%低地板车辆,该车辆的出现为中国有轨电车车辆的自主研发打开了大门。

总体而言,我国现代有轨电车正处于发展初期。2019 年年底,我国累计有 40 座城市开通了城轨交通运营,运营里程达 6 730.27 km。其中,地铁占比 77.07%,占主导地位,占有率较 2018 年有所提升;市域快轨占比 11.63%;有轨电车占比 7.13%;轻轨占比 3.08%;磁浮占比 0.94%;自动旅客捷运系统(Automated People Mover,APM)占比 0.15%,如图 1-2 所示。

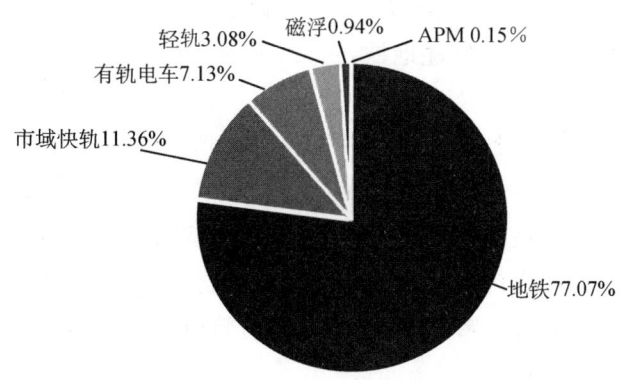

图 1-2　2019 年我国城市轨道交通运营中各类型占比

第2章 有轨电车平交路口控制技术

改革开放以来,随着社会经济的发展、城市化步伐的加快,交通拥堵问题日益严重,由此造成的一系列后果,如不可再生资源的大量消耗、各种环境污染问题、城市道路空间资源严重压缩等,已严重影响了居民的日常生活。截至2019年年底,全国机动车保有量已达3.48亿辆,且仍在持续增长。然而,目前我国的现状是道路交通等基础设施的建设与发展速度远远落后于交通需求的增长,并且交通管理与技术水平相对滞后。由此引发了能源浪费、环境污染、交通拥堵等一系列问题。然而,要想从根本上解决交通拥堵问题,仅仅从道路交通等基础设施入手是远远不够的,其作用也是十分有限的,所以必须大力发展城市公共交通。

城市公共交通主要包括常规公共交通、地铁和现代有轨电车。其中,常规公共交通是目前应用最为普遍的公共交通系统,其优点是造价相对低廉、运营方式较为简单;缺点是载客量相对较小,燃料是不可再生的石化能源且对环境的污染较大,在现有城市道路设施条件下车辆的准点率难以保证。地铁的优点是载客量大、运行速度快、舒适度高、采用环境污染小的电能源、噪声小、发车频率高,且享有专有路权从而能够保证到站准点率,因此也就能很好地解决常规交通存在的问题。但是地铁也有缺点,其建设成本高、建设周期长、工程技术复杂、后期管理运营投入大。因此,修建地铁需要相当大的政府财政投入。鉴于此,并不是每座城市都适合修建地铁,尤其是一些中小城市。在这样的背景下,现代有轨电车便应运而生。

现代有轨电车的轨道敷设在城市道路的路面上,新型的轨道交通方式决定着其独有的运营特点,即采用完全独立、半独立或者混合路权,受城市道路交通信号的控制。在城市道路交通管理中,交叉口是一个不可或缺的重要组成部分,相交道路的各种车辆及行人都在道路交叉口汇集、通过或转换方向,并且相互之间会产生干扰,进而导致有轨电车行车速度降低、交叉口通行能力受影响,继而也会使有轨电车的运营效益下降,故需要改变原有路口交通信号控制方案。

在《现代有轨电车交通工程技术标准》(征求意见稿)中规定,有轨电车的运输能力应当和道路的交通容量相适应,其设计的长期主干线高峰行车对数不得低于20 km/h,需为其采用适当的保障措施和信号优先策略。因此,为有轨电车设置相关的道路交叉口信号优先系统,提高有轨电车速度的关键因素之一是交叉口信号优先方案的好坏及方案执行的情况。通过在交叉口为有轨电车提供信号优先通行,可有效降低有轨电车在交叉口的红灯等待时间,减少有轨电车在交叉口的延误,保证有轨电车快捷运行,提高其服务水平,使乘客出行能更加便捷。

然而,改变路口的交通信号方案必然会对道路交通产生一定的影响。因此,对社会车辆在交叉口的延误分析和信号协调措施的研究是有轨电车路口信号优先通行技术的关键环节,只有协调好有轨电车和社会车辆在交叉口的信号控制,才能保证城市道路交通顺畅。故本章主要讨论有轨电车信号优先控制的影响以及设计方案。

2.1 有轨电车道路环境交通影响分析

有轨电车由于其主要特征是运行在城市道路上,因此城市现有的道路交通环境与有轨电车之间必然会相互影响。在道路交通资源一定的前提下,当道路交通资源的分配倾向于有轨电车时,其他车辆的出行方式必然会受到影响。因此,在进行有轨电车信号优先控制方案设计时,除了要考虑通过一系列措施(如采用独立车道、通过交叉口获得信号优先等)来保证有轨电车的运行速度外,还要考虑有轨电车路权分类、有轨电车车道布置形式等因素对既有道路交通状况的影响。

2.1.1 城市道路交通特征分析

在分析有轨电车对道路环境交通产生的影响之前,首先要对既有城市道路交通环境本身进行分析研究。在进行有轨电车线路设计以及站点布设过程中,无论是城市道路的物理特征还是道路交通特征都会和有轨电车相互影响。所以有必要先对城市道路交通特征进行分析。

城市道路交通特征分为道路本身的物理特征和交通特征两方面。其中,道路本身的物理特征主要包括:城市道路分级、道路设计速度、横断面布置和平面线形设计等;交通特征主要包括城市道路通行能力和服务水平。

1. 城市道路物理特征

根据《城市道路工程设计规范》(CJJ 37—2012)对城市道路分级、设计速度、横断面布置和平面线形设计做出的相应规定,一旦城市道路中加入有轨电车后,一方面有轨电车需要符合规范要求,另一方面城市道路也需要考虑是否满足有轨电车的要求。

1) 道路分级

《城市道路工程设计规范》(CJJ 37—2012)规定,城市道路应按道路在道路网中的地位、交通功能以及对沿线的服务功能等,分为快速路、主干路、次干路和支路四个等级,并应符合下列规定:

(1) 快速路应中央分隔、全部控制出入、控制出入口间距及形式,应实现交通连续通行,单向设置不应少于两车道,并应设有配套的交通安全与管理设施。快速路两侧不应设置吸引大量车流、人流的公共建筑物出入口。

(2) 主干路应连接城市各主要分区,应以交通功能为主。主干路两侧不宜设置吸引大量车流、人流的公共建筑物出入口。

(3) 次干路应与主干路结合组成干路网,应以集散交通的功能为主,兼有服务功能。

(4) 支路宜与次干路和居住区、工业区、交通设施等内部道路相连接,应以解决局部地区交通、服务功能为主。

当道路作为货运、防洪、消防、旅游等专用道路使用时,除应满足相应道路等级的技术要求外,还应满足专用道路及通行车辆的特殊要求。

根据城市道路各等级的规范要求,有轨电车在不同等级的道路上应满足该等级道路的功能需求。

2) 设计速度

根据《城市道路工程设计规范》(CJJ 37—2012)规定,各级道路的设计速度应符合表2-1的规定。平面交叉口内的设计速度宜为路段的0.5~0.7倍。而有轨电车作为道路交通方式的一种,显然其运行速度不能超过各级道路本身的设计速度。

表 2-1 各级道路的设计速度

道路等级	快速路			主干路			次干路			支路		
设计速度/(km·h^{-1})	100	80	60	60	50	40	50	40	30	40	30	20

3) 横断面布置

根据《城市道路工程设计规范》(CJJ 37—2012)规定,当快速路两侧设置辅路时,应采用四幅路;当快速路两侧不设置辅路时,应采用两幅路。主干路宜采用四幅路或三幅路;次干路宜采用单幅路或两幅路;支路宜采用单幅路。对设有公交专用车道的道路,横断面布置应结合公交专用车道的位置和类型进行全断面综合考虑,并应优先布置公交专用车道。一条机动车道的最小宽度应符合表2-2的规定。需要注意的是,在进行有轨电车线路布设时,应结合城市道路的横断面布置情况进行设计。

表 2-2 一条机动车道的最小宽度

车型及车道类型	设计速度/(km·h^{-1})	
	>60	≤60
大型车或混行车道/m	3.75	3.50
小客车专用车道/m	3.50	3.25

4) 平面线形设计

根据《城市道路工程设计规范》(CJJ 37—2012)规定,道路平面线形宜由直线、平曲线组成,平曲线宜由圆曲线、缓和曲线组成。应处理好直线与平曲线的衔接,合理地设置缓和曲线、超高、加宽等。

道路圆曲线最小半径应符合表2-3的规定。一般情况下应采用大于或等于不设超高最小半径值;当地形条件受限制时,可采用设超高最小半径的一般值;当地形条件特别困难时,可采用设超高最小半径的极限值。平曲线与圆曲线最小长度应符合表2-4的规定。

表 2-3　圆曲线最小半径

设计速度/(km·h^{-1})		100	80	60	50	40	30	20
不设超高最小半径/m		1 600	1 000	600	400	300	150	70
设超高最小半径/m	一般值	650	400	300	200	150	85	40
	极限值	400	250	150	100	70	40	20

表 2-4　平曲线与圆曲线最小长度

设计速度/(km·h^{-1})		100	80	60	50	40	30	20
平曲线最小长度/m	一般值	260	210	150	130	110	80	60
	极限值	170	140	100	85	70	50	40
圆曲线最小长度/m		85	70	50	40	35	25	20

在直线与圆曲线或大半径圆曲线与小半径圆曲线之间应设缓和曲线,且缓和曲线应采用回旋线,其最小长度应符合表 2-5 的规定。当设计速度小于 40 km/h 时,缓和曲线可采用直线代替。

表 2-5　缓和曲线最小长度

设计速度/(km·h^{-1})	100	80	60	50	40	30	20
缓和曲线最小长度/m	85	70	50	45	35	25	20

当圆曲线半径大于表 2-6 中不设缓和曲线的最小圆曲线半径时,直线与圆曲线可直接相连。

表 2-6　不设缓和曲线的最小圆曲线半径

设计速度/(km·h^{-1})	100	80	60	50	40
不设缓和曲线的最小圆曲线半径/m	3 000	2 000	1 000	700	500

当圆曲线半径小于《城市道路工程设计规范》(CJJ 37—2012)中不设超高最小半径时,在圆曲线范围内应设超高。最大超高横坡度应符合《城市道路工程设计规范》(CJJ 37—2012)的相应规定,具体如表 2-7 所列。当由直线段的正常路拱断面过渡到圆曲线上的超高断面时,必须设置超高缓和段。另外,当圆曲线半径小于等于 250 m 时,应在圆曲线内侧加宽,并设置加宽缓和段。

表 2-7　最大超高横坡度

设计速度/(km·h^{-1})	100,80	60,50	40,30,20
最大超高横坡度	6%	4%	2%

5）停车视距设计

停车视距是指同一车道上，车辆行驶时遇到前方障碍物而必须采取制动停车时所需最短行车距离。简单地说，停车视距就是驾驶员在发现前方障碍物而采取制动并停住所需要的最短距离。停车视距可分解为反应距离、制动距离和安全距离三部分来研究。

一般来说，在设计停车视距 S_t 时，可以采用式(2-1)：

$$S_t = S_1 + S_2 + S_0 = \left(u_1 \times \frac{t}{3.6}\right) + \frac{u_1^2}{254 \times \varphi_2} + S_0 \tag{2-1}$$

式中　S_1——驾驶员反应时间内车辆行驶的距离；

　　　S_2——车辆从开始制动到完全停止所行驶的距离；

　　　S_0——安全距离；

　　　t——驾驶员反应时间，一般取 2.5 s；

　　　φ_2——路面与轮胎之间的纵向摩阻系数，因轮胎、路面、制动等条件的不同而不同，计算停车视距一般按路面潮湿状态考虑；

　　　u_1——车辆行驶速度，当设计速度在 80～120 km/h 时，u_1 为 85% 设计速度；当设计速度在 40～60 km/h 时，u_1 为 90% 设计速度；当设计速度在 20～30 km/h 时，u_1 即为设计速度。

除了需要满足式(2-1)外，在实际建设过程中，考虑道路交通环境受天气、驾驶员行为习惯及周边事物等的影响，停车视距的设计还应符合下列规定：

（1）停车视距应大于或等于表 2-8 中的规定值，积雪或冰冻地区的停车视距宜适当增加。

（2）当车行道上对向行驶的车辆有会车可能时，需采用会车视距，其值应为表 2-8 中停车视距的两倍。

（3）对货车比例较高的道路，应验算货车的停车视距。

（4）对设置了平、纵曲线且可能影响行车视距的路段，应进行视距验算。

表 2-8　停车视距

设计速度/(km·h⁻¹)	100	80	60	50	40	30	20
停车视距/m	160	110	70	60	40	30	20

综上所述，根据相关规范要求，在进行有轨电车线路设计时，需要在不同的曲线段，结合停车视距要求和有轨电车的车辆特性对有轨电车进行限速，以保障有轨电车在城市道路上运行的安全性，同时保障有轨电车的运行不会干扰道路交通参与者的视距，避免发生交通事故。

2. 城市道路通行能力及服务水平

城市道路通行能力是指在一定的道路和交通条件下，道路上某一路段或某交叉口单位时间内通过某一断面的最大车辆数。在进行有轨电车线路设计时，主要考虑的是其对交叉口区域通行能力的影响。由于交叉口区域交通流复杂,存在大量交通分流点、合流点以及冲突点,因此必须对相关标准及影响进行考察。

《城市道路工程设计规范》(CJJ 37—2012)规定,其他等级城市道路根据交通流特性和交通管理方式,可分为路段、信号交叉口、无信号交叉口等,应分别采用相应的通行能力和服务水平,具体要求如表 2-9 和表 2-10 所列。

表 2-9 其他等级城市道路中一条车道的通行能力

设计速度/(km·h^{-1})	60	50	40	30	20
基本通行能力/[pcu·(km·ln)$^{-1}$]	1 800	1 700	1 650	1 600	1 400
设计通行能力/[pcu·(km·ln)$^{-1}$]	1 400	1 350	1 300	1 300	1 100

表 2-10 信号交叉口服务水平

指标	服务水平			
	一级	二级	三级	四级
控制延误/(s·veh^{-1})	<30	30～50	50～60	>60
负荷度	<0.6	0.6～0.8	0.8～0.9	>0.9
排队长度/m	<30	30～80	80～100	>100

无信号交叉口可分为次要道路停车让行、全部道路停车让行和环形交叉口三种形式。其中,次要道路停车让行交叉口的通行能力应保证次要道路上车辆可利用的穿越空档能满足次要道路的交通需求。

城市道路一旦加入有轨电车后,有轨电车势必会对城市道路的交通特性产生一定的影响。在现代有轨电车经行的交叉口,其明显特征为有轨电车与社会车辆在交叉口会发生冲突,使交通流运行受到干扰,从而降低车辆运行速度和交叉口通行能力,如图 2-1 所示。然而,即使在有轨电车不通行的时候,由于其轨道铺设在地面上,社会车辆为了避免颠簸、减轻由轨道造成的不良驾驶状况,驾驶员的通常反应都是减速,如此一来交叉口的通行能力就会下降。

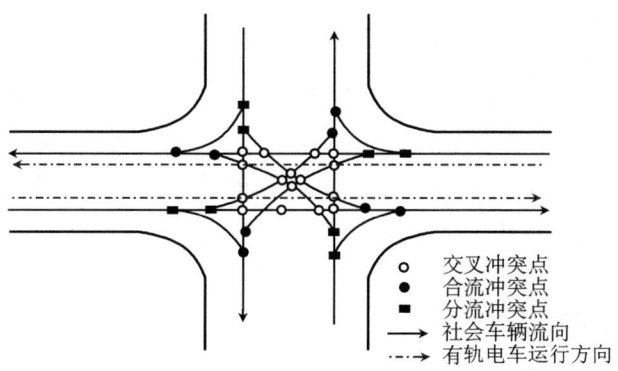

图 2-1 有轨电车通过无信号控制交叉口时产生的冲突点

2.1.2 有轨电车线路及站点布设交通影响分析

有轨电车的线路布设特征主要是指有轨电车的路权形式和有轨电车线路横断面布置。然而,不同的路权形式和横断面布置会对有轨电车和社会车辆的运行产生不同的影响。

1. 有轨电车路权形式及交通影响

1)有轨电车路权形式

建设一条现代有轨电车线路主要采取的路权形式有以下三种。

(1)完全独立路权(A级路权)

有轨电车完全独立的路权形式主要体现在路段的车道独享和交叉口的立交化。这种路权形式有以下特点:

① 在大多数情况下,为现代有轨电车专用路的形式,即没有与线路并列运行的其他交通方式。

② 线路多为旧铁路线改造而成,而非在既有道路上建设。

完全独立路权能够保证现代有轨电车在路段上高速、安全地运行,但现代有轨电车线路中完全独立路权的路段很少,否则其系统制式已经可以接近轻轨的水平。

(2)半独立路权(B级路权)

拥有半独立路权的现代有轨电车线路最为普遍,在路段中有独立的路权供现代有轨电车运行,而在交叉口处与道路平交,所以是与其他交通方式混行。

半独立路权形式有以下特点:

① 有轨电车线路多为城市道路改造而成,社会车辆线路与有轨电车线路平行运行。

② 路段中通常有物理隔离设施将有轨电车与社会车辆隔开。常用的隔离设施包括绿化带、栅栏、路缘石等,其中以路缘石的应用最为普遍,不仅因为其造价低廉,而且消防车、急救车等特殊车辆在紧急情况下可以越过隔离设施,在有轨电车车道上畅行。

③ 交叉口处一般采取一定的信号优先措施以提高有轨电车的服务水平。

(3)混行路权(C级路权)

混行路权是指在线路上除了有轨电车运行外,还有社会车辆运行在有轨电车的车道之上,按照混行交通的对象不同,分为以下几种情况。

① 与社会车辆混行

现代有轨电车与社会车辆混行会大大降低现代有轨电车的行车速度,而且存在一定的运行安全隐患。由于在线路运营初期,发车间隔较大,若为独立路权则线路利用率很低,此时可以首先采取混行路权的方式,并为今后改造为独立路权预留出条件。

由于各种列车自动控制方式都无法解决混行车道中机动车造成的突发事件,有轨电车在与社会车辆混行的路段中只能采取驾驶员控制列车的方式。同时,这种混行路权需要以完善的针对有轨电车的交通法规为基础,减少社会车辆争抢路权、阻塞车道等不利于有轨电车运行的交通现象出现。

② 与行人混行

在商业区的步行街内只允许有轨电车进入,电车与行人共享路权。这种路权形式在慕尼黑、苏黎世、曼海姆、阿姆斯特丹等城市都有成功的经验。在商业区的步行街上运行有轨电车不仅没有与行人产生冲突,反而受到了乘客和行人的欢迎,因为它运行于商业区的中心地带,能够将乘客尽可能地运送到目的地,而无须在步行街的入口处就下车步行。另外,车站通常离大型商场的出入口、广场和餐厅较近,一方面这里是人流集散地,另一方面乘客可以在周边的休闲场所候车。

对于行人而言,有轨电车运行于商业区的步行街比其他公共交通方式更合适,因为:

(a) 与社会车辆相比,由于有轨电车精确地运行在既定轨道上,因此安全程度更高。

(b) 噪声污染小,并且由于使用了电力牵引,行驶过程中完全没有尾气排放(无轨电车也有这些优点)。

(c) 美观的车辆成为步行街上的一道风景线。

通常采用白色实线划出有轨电车运行时的车道以警示行人,也可以利用不同的地面铺设材料将有轨电车的行车道和其他商业区域及行人空间区分开来。为了确保安全,有轨电车在欧洲商业区内的行驶速度通常被限定在 25 km/h(15 mph)以下。当普通商业区范围不超过 1~2 km 时,有轨电车在其间的平均行驶速度被限定在 12 km/h 以下。

③ 与公交车混行

在部分区段,有轨电车可与公交车共用一条有独立路权的车道,共享车站设施。这种路权形式的特点有:

(a) 车站设施共享,方便有轨电车与公交线路间的换乘。

(b) 专用路权的利用率大大提升。

公交车与有轨电车混行的方式之一是公交车运行于有轨电车车道上,公交车有较大的行驶自由度。另一种方式为公交车同样运行于轨道之中,其轨道与有轨电车轨道重合,线路可以位于绿化带中。但在这种混行方式中,有轨电车与公交车很难实现超车,各线需严格执行时刻表才不至于互相干扰。同时,有轨电车的轨道与轨道槽间的联结强度需经特殊加强处理以应对公交车轮胎对该处长时间的反复荷载。

2) 交通影响分析

根据有轨电车所采用的路权方案的不同,其对道路交通产生的影响也大相径庭(表 2-11),有轨电车设计占用路权水平越高,其通行能力越强,对道路交通影响越小,可靠性越高,但同时可能会导致便捷性下降以及成本的增加,具体不同路权的影响如下。

表 2-11 有轨电车各路权形式下的交通影响对比

路权形式	完全独立路权	半独立路权	混行路权
交通影响	不存在交通冲突; 增加公交分担率,沿线道路更顺畅	交叉口存在安全隐患; 交叉口有限导致横向车辆延误增加	与社会车辆混行:存在较大的安全隐患,社会车辆与有轨电车延误增加; 与行人混行:安全性较高; 与公交车混行:与公交车互相干扰
适用范围	郊区线路; 城市快速路	大多数城市道路	城市次干路、支路; 商业密集的步行街

(1) 完全独立路权影响

完全独立路权为有轨电车专用路的形式,即没有与线路并行的其他交通方式,所以有轨电车和其他车辆之间不会相互影响,从而能够保障有轨电车和其他车辆各自的运行效率与安全性。

此外,考虑有轨电车建成后受公交优先政策的影响,公交出行分担比例的提高,小汽车出行比例降低,再除去车流量稳步增长的影响,有轨电车沿线道路通行状况较现状应更顺畅。

(2) 半独立路权影响

半独立路权在路段中采用独立路权,所以有轨电车在路段上不会和其他车辆互相影响。半独立路权在交叉口处与道路平交,有轨电车与其他车辆混行。交叉口混行会导致有轨电车与其他车辆之间产生交通冲突,一方面有轨电车制动距离长,所需的停车视距比一般的机动车长,所以混行交叉口存在较大的安全隐患;另一方面,交叉口处一般会采取一定的信号优先措施以提高有轨电车的服务水平,这就导致了横向道路上机动车的延误增加。

(3) 混行路权影响

① 与社会车辆混行。有轨电车在路段和交叉口都会和社会车辆产生冲突,故存在较大的安全隐患。在这种情况下,有轨电车和社会车辆的速度都会有所降低,从而整个道路的通行能力下降,车辆的行程时间增加,继而延误增加。此外,还会出现社会车辆争抢路权、阻塞车道的现象,有轨电车的服务水平得不到保障。

② 与行人混行。在商业区的步行街内只允许有轨电车进入,有轨电车与行人共享路权,会采用一定的措施将有轨电车行车道和其他商业区域及行人空间区分开,有轨电车并没有与行人产生冲突,且有轨电车运行速度较低,可以保障行人安全。

③ 与公交车混行。只与公交混行,所以在路段上和社会车辆及行人之间不会相互影响,在交叉口的相互影响与半独立路权的影响类似。但在这种混行方式中,有轨电车会与公交车相互干扰,如此便需要严格按照各自的时刻表运行。

2. 有轨电车线路横断面布置及交通影响

1) 有轨电车线路横断面布置

有轨电车一般应用于短程的客流服务,线路通常沿着城市道路布设,可与城市道路共享通道(混合路权),也可设置专用道(专用路权),若在区间交叉或与其他交通方式线路交叉时,可采用平交方式。一般采用双线右侧行车制,有轨电车在道路横断面上的布置方式分为三种:双线集中布设于道路中央、双线分设于道路两侧和双线集中布设于道路一侧。

(1) 中央布置形式

有轨电车双线集中敷设于道路中央,机动车及非机动车布设于有轨电车两侧,站台设置于道路中央,如图 2-2 所示。

(2) 两侧布置形式

有轨电车双线分设于道路两侧的非机动车道上,站台设置于人行道上,非机动车设在道路最外侧,如图 2-3 所示。

图 2-2　中央布置形式

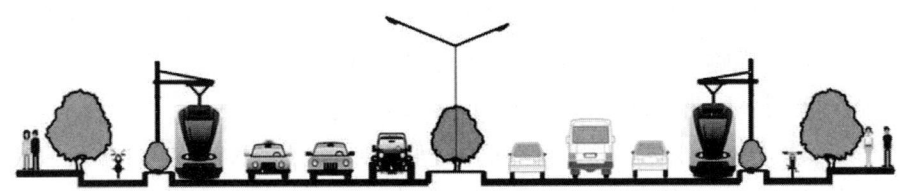

图 2-3　两侧布置形式

(3) 一侧布置形式

有轨电车双线集中布置于道路一侧的非机动车道上,站台设置于人行道和机非分隔带上,非机动车道设在道路的最外侧,如图 2-4 所示。

图 2-4　一侧布置形式

2) 交通影响分析

(1) 中央布置方式的交通影响

① 沿线单位、街坊出入口:当采用中央布置形式时,有轨电车与沿线两侧单位出入的右转车辆之间不会相互影响,而与出入的左转车辆之间会相互影响,左转车辆可通过在邻近交叉口掉头的方法解决此问题。

② 交叉口:对于沿线采取了禁左措施的 T 形交叉口,即只允许"右进右出",有轨电车线路敷设对禁左的 T 形交叉口不造成影响;但是对于可以左转的 T 形交叉口,有轨电车对路口左转交通会有影响,对直行及右转交通无影响。为了解决有轨电车与左转交通之间的冲突,需采取调整信号灯相位及周期或采取封闭、禁左、绕行等措施,有轨电车的路中布设对这些 T 形交叉口的通行能力和服务水平会有一定的影响。有轨电车穿越十字形交叉口,沿中央布设将占用既有交叉路口的左转专用车道。另外,为了提高有轨电车的通行效率,尽量考虑有轨电车信号优先,但这会对既有交叉路口信号控制造成一定的影响,

同时对沿线十字形交叉口的通行能力造成一定影响。

③ 行人过街：由于有轨电车线路沿中央布设，车站设置在道路中央，乘客上下车集散均需要穿越道路，乘客候车时与机动车之间的干扰较大，乘客的安全性难以得到保障，需要在站台四周（除上、下车门处）设置安全护栏；同时，乘客上下车需要横穿道路，存在安全隐患。因此，对过街行人造成一定影响，需综合考虑客流量及过街行人需求来设置立体过街设施。

(2) 两侧布置方式的交通影响

① 沿线单位、街坊出入口：由于线路敷设于道路两侧，有轨电车与沿线两侧单位出入的车辆之间会相互影响。为了降低这种影响，需要将出入口合并，集中设置，这样沿线单位出入车辆将借用一段非机动车道，如此对非机动车的影响就很大。

② 交叉口：有轨电车两侧布局对同向左右转交通均产生影响，同时对垂直方向右转交通也会有影响。为了解决各相位交通冲突，需在同方向增设左右转信号灯，在垂直方向增设右转信号灯。然而，相位一旦增多，必然会影响交叉口的通行能力，进而影响全线道路的通行能力。

③ 行人过街：站台设置于人行道上，方便乘客上下车，安全性高，便于与其他公共交通方式接驳。

(3) 一侧布置方式的交通影响

① 沿线单位、街坊出入口：对布设有轨电车的一侧，有轨电车与该侧单位出入车辆相互干扰大。为了降低这种影响，需要将出入口合并，集中设置，这样沿线单位出入车辆将借用一段非机动车道，如此对非机动车的影响就很大。

② 交叉口：有轨电车一侧布局对同向左右转交通均会产生影响，同时对垂直方向右转交通也会有影响。为了解决各相位交通冲突，需在同方向增设左右转信号灯，在垂直方向增设右转信号灯。然而，相位一旦增多，必然会影响交叉口的通行能力，进而影响全线道路的通行能力。

③ 行人过街：另一侧的乘客需要穿过整条马路来乘车，可能会出现行人二次过街的情况，增加行人等候时间，甚至由于过街长度变长，引发行人乱闯马路。

有轨电车线路横断面各种布置形式产生的交通影响对比如表 2-12 所列。

表 2-12　有轨电车线路横断面各种布置形式交通影响对比

线路布置形式		中央布置方式	两侧布置方式	一侧布置方式
交通影响	沿线单位、街坊出入口	与沿线两侧单位出入的右转车辆不会相互影响； 与出入的左转车辆会相互影响	与沿线两侧单位出入的车辆会相互影响； 对非机动车影响较大	与一侧单位出入的车辆会相互影响； 对非机动车影响较大
	交叉口	与左转交通互相影响； 禁左影响交叉口通行能力与服务水平； 信号优先影响交叉口控制	与左右转交通均会有影响； 增设右转相位，影响交叉口通行能力	与左右转交通均会有影响； 增设右转相位，影响交叉口通行能力

(续表)

线路布置形式	中央布置方式	两侧布置方式	一侧布置方式
行人过街	乘客上下需要穿越马路,安全性降低	乘客上下车方便	另一侧乘客需要穿越整条马路
适用情况	原有道路有较宽绿化带;沿线交叉口有较多的线路	线路一侧的单位数量较少;一般为沿河流或公园的道路;机动车单行道上,靠近机动车道一侧线路的方向应与机动车同向	较少采用,一般用于在既有道路上不能做较大改造,只能在非机动车道上铺设的线路

3. 有轨电车站点布设及交通影响

车站是有轨电车系统的基本设施,只有通过车站吸引和疏散客流,才能完成运送乘客的任务。车站的位置、布置形式及其规模,对有轨电车的运营效益具有决定性的作用。

1) 站台类型及交通影响

车站按照站台形式分类,基本可分为岛式、侧式以及两种形式相结合的混合式站台车站。岛式站台设置在上、下行线路之间,侧式站台设置在上、下行线路两侧,混合式站台通常用于换乘站。

(1) 岛式站台车站

岛式车站的站台布置在两条轨道的中间,一般宽度较宽,可达 4 m,上、下行车辆都要利用该站台进行上、下客,上、下行车辆皆为左开门。该种站台形式面积大,适合布设行人立体过街设施,总用地面积小,但对站台一侧用地要求高,适用于有中央分隔带或路外侧等道路用地相对宽裕的地方,以及道路交叉口处,特点与轨道交通中的岛式站台相近。各岛式站台如图 2-5 所示。

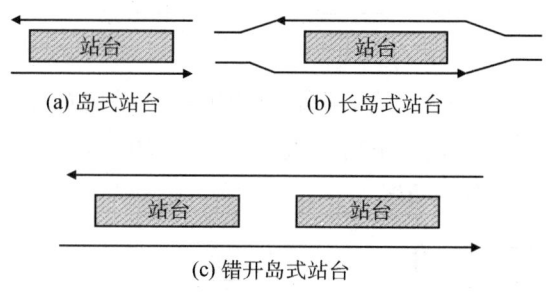

图 2-5　各岛式站台示意图

(2) 侧式站台车站

对称侧式站台布置在轨道线的两侧,一侧各一个站台,且宽度相对较窄,车辆上、下行分不同站台进行上、下客,车辆右侧开门[图 2-6(a)]。该站台形式的两侧在同一断面,占地面积大,对断面要求高,适合布设在路外侧。

考虑位于同一断面的车道宽度,侧式站台可以错开布置,即不对称侧式站台,结合交叉口出口道，能够均衡交叉口两侧的渠化和展宽，同时乘客分散在两侧的人行横道上，有利于交通组织[图2-6(b)]。侧式站台适用于道路横断面宽度相对紧张，采用人行横道进行乘客组织的情况。

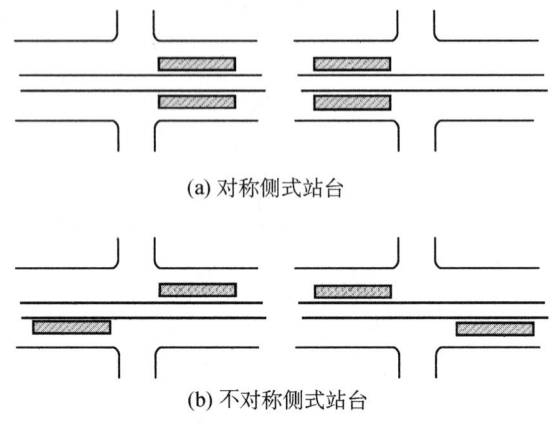

图 2-6　侧式站台示意图

有轨电车岛式站台与侧式站台形式的适用性如表 2-13 所列。

表 2-13　有轨电车岛式站台与侧式站台形式的适用性

特征	岛式站台	长岛式站台	对称侧式站台	不对称侧式站台
站台宽度/m	3～4	2～2.5	2～2.5	2～2.5
线路与车站占用道路宽度/m	7.5～8.5	6.5～7.5	9.5～11	7.5～9.5
换乘便捷性	异向换乘较方便	异向换乘较方便	异向换乘较不便	异向换乘很不便
适用情况	几乎全部路段（除非路宽受限）	路宽受限且长度足够布置车站	路段中，一般有轨电车专用路	路宽受限的交叉口处

（3）混合式站台车站

混合式站台是将岛式和侧式混合，结合实际情况，可采用对齐式混合的形式和错开式混合的形式（图 2-7）。站台形式上下行一边右开门，一边左开门，往往适用于设置空间有限，同时客流来源主要在一侧的情况。

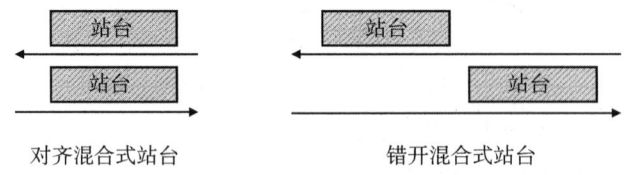

图 2-7　混合式站台示意图

2) 车站布设位置及交通影响分析

（1）车站布设位置

车站是有轨电车系统的基本设施，只有通过车站吸引和疏散客流才能最终完成运送乘客的任务,而车站的位置、布置形式及其规模对有轨电车的运营效益具有决定性的作用。沿道路横向,车站的位置取决于线路的布设方式;沿道路纵向,车站可分为路中式车站和路端式车站两种。

路中式车站位于路段之上,路中式车站占用的道路资源较多,对机动车影响较大,乘客到达车站需要设置过街设施。另外,由于城市道路交叉口间的距离通常较短,所以路中式车站应用较少。

相比而言,路端式车站有着较为广泛的应用,它的位置靠近交叉口处。由于交叉口处的道路一般都有增加进口道、交叉口加宽等既有措施,所以路端式车站无须拓宽交叉口即可满足车站道路用地的需求。路端式车站分为近端和远端两种形式。近端式车站位于交叉口进口道,车辆在过交叉口前进站停靠;而车辆驶过交叉口后停靠的车站为远端式车站。

(2) 交通影响分析

① 对有轨电车运营的影响

路中式车站:有轨电车在路口信号优先简单,原理是在有轨电车接近路口时,通过信息系统传递信号给平交路口信号系统,当车辆到达路口时,信号灯自动变换绿灯。车站设在路段上,车辆启动后,在通过路口时向路口信号系统传递指令,保证车辆顺利通过路口。

路端式车站:采用进口道设站时(近端式车站),可在车辆进站前调整交叉口信号周期,使得有轨电车停站时交叉口信号为红灯,出站时交叉口信号变为绿灯,信号优先措施较为简单,有轨电车只需经历一次由减速到停车再到加速启动的过程,如此可以降低有轨电车的行程延误。当采用出口道设站时(远端式车站),较难实现有轨电车在交叉口处的完全优先,部分有轨电车可能需经历两次由减速到停车再到加速启动的过程,如此便增加了有轨电车的行程延误。

② 对道路交通组织的影响

路中式车站:假设车站位于道路中央,为保证乘客安全,乘客上下车需通过设在车站一端的人行横道进入,且人行横道需设置行人过街信号灯。如此便会影响相关机动车道的通行能力。

路端式车站:车站出入口可设在路口人行横道处,此时乘客可通过设在路口的人行横道进出车站,无须增设信号装置。但采用进口道设站时(近端式车站),在交叉口进口道已经拓宽的基础上,有轨电车站台仍需进一步拓宽进口道,如此便造成进口道拓宽面积较大,且与出口道形成错位,不利于交叉口内机动车的行驶。然而,采用出口道设站时(远端式车站),可避免路口拓宽面积过大、错位车道及与下车乘客相互干扰的弊端。

有轨电车不同车站布设位置交通影响对比如表 2-14 所列。

(3) 站点位置影响的定量分析

根据成都益州大道有轨电车线路图,对有轨电车站台在近端式布设以及远端式布设情况下,其对有轨电车行车的影响进行仿真分析。在仿真中,有轨电车路段自由流行驶车速为 60~65 km/h,交叉口限速为 20 km/h,仿真测试结果如表 2-15 所列。

表 2-14　有轨电车不同车站布设位置交通影响对比

车站布设位置		路中式车站	路端式车站	
			近端式车站	远端式车站
交通影响	有轨电车运营影响	有轨电车路口信号优先简单	有轨电车只需经历一次由减速到停车再到加速启动的过程	有轨电车可能需要经历两次由减速到停车再到加速启动的过程
	道路交通组织影响	(1) 人行横道需要设置行人过街信号灯；(2) 影响机动车道通行能力	(1) 乘客可通过路口的人行横道进出车站，无须增设信号装置；(2) 与出口道形成错位，不利于交叉口内机动车行驶	(1) 乘客可通过路口的人行横道进出车站，无须增设信号装置；(2) 对机动车和下车乘客相互干扰少

表 2-15　车站布设位置对有轨电车的影响(仿真结果)

评价指标		站点位置	
		近端式站台	远端式站台
电车平均车速 /(km·h^{-1})	固定信号配时	22.373	22.470
	绿灯延长与红灯早断优先控制	23.827	23.399
	结合有轨电车相位插入的优先控制策略	25.080	24.507

2.1.3　有轨电车过交叉口方式交通影响分析及信号设置

1. 有轨电车过交叉口的各种方式及交通影响

由于有轨电车车道在路段上的布置方式有中央、两侧和单侧三种，所以经过排列组合，有轨电车过平面交叉口的方式共有六种。每种通过方式会对交叉口其他交通产生不同的影响。下面先分析各转换的方式特征，然后集中对比其特征和适用的控制方法。

(1) 中央-中央通过交叉口

在中央-中央通过交叉口方式下(图 2-8)，有轨电车与机动车和行人都没有产生新的冲

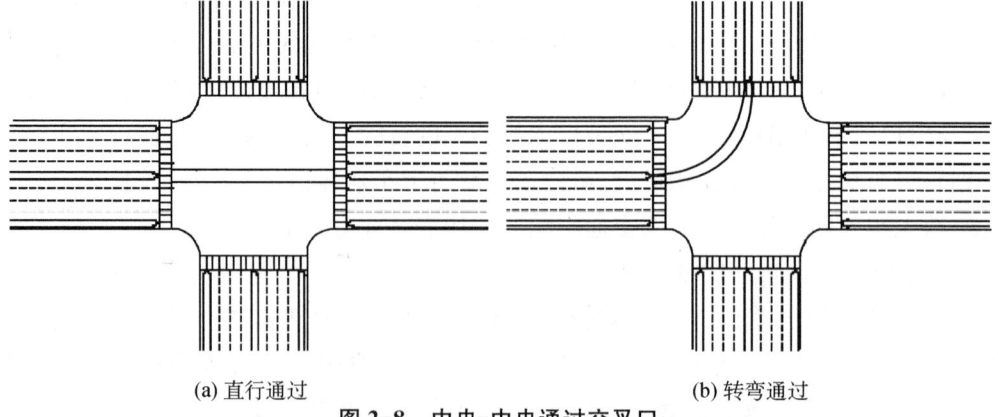

(a) 直行通过　　　　　　　　　　　　(b) 转弯通过

图 2-8　中央-中央通过交叉口

突;有轨电车相位可以很容易地融入原有平交路口常规的四相位中,对原有路口的信号控制系统影响很小;机动车跨越轨道较少,这是对交通组织现状影响最小的方案。

(2) 中央-两侧通过交叉口

在中央-两侧通过交叉口方式下(图2-9),在平交路口需要增加有轨电车的专用相位,如此便会延长整个信号周期。另外,机动车跨越的轨道也较多。

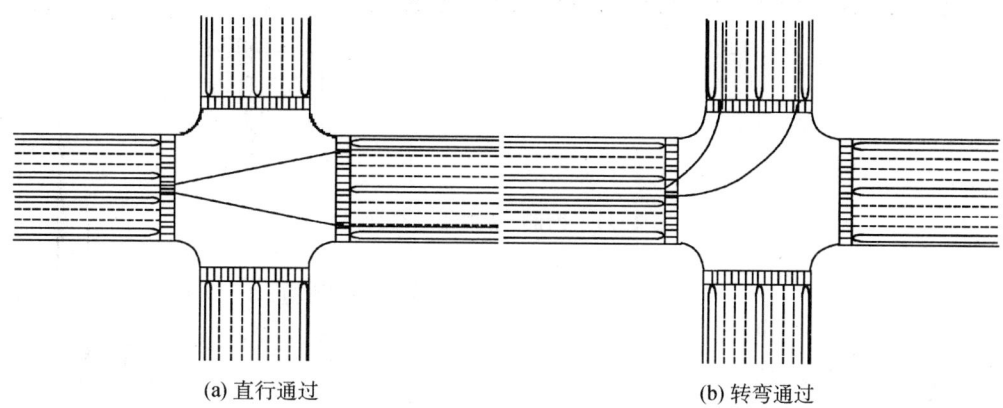

图 2-9 中央-两侧通过交叉口

(3) 中央-一侧通过交叉口

在中央-一侧通过交叉口方式下(图2-10),直行与转弯情况类似,都严重影响了被切割的那一半道路资源,不仅对半条路的机动车有影响,而且还影响了旁边的非机动车和行人。同时,对于非机动车和行人而言,难以用信号控制的方式对其进行约束。

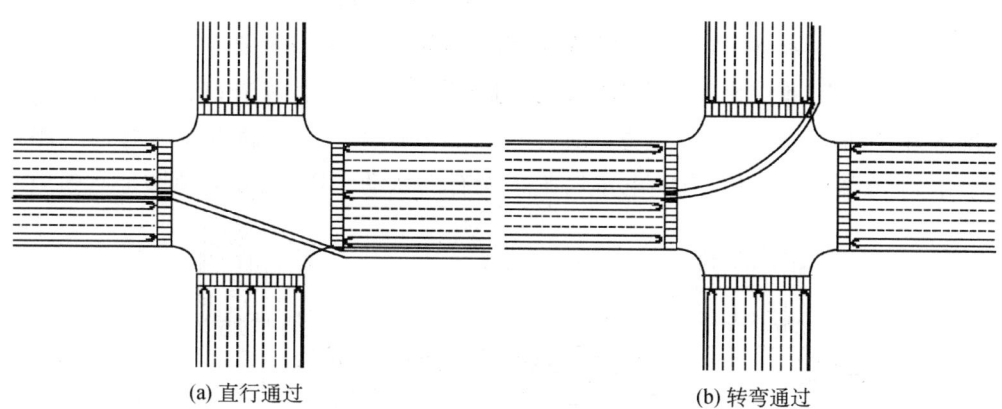

图 2-10 中央-一侧通过交叉口

(4) 两侧-两侧通过交叉口

在两侧-两侧通过交叉口方式下(图2-11),有轨电车直行通过路口时,除了右转的机动车会与有轨电车发生冲突外,其余部分与"中央-中央"通过交叉口的方式非常类似。只要能保证对右转机动车实现信号控制,该种通过方式也是一种很好的选择。

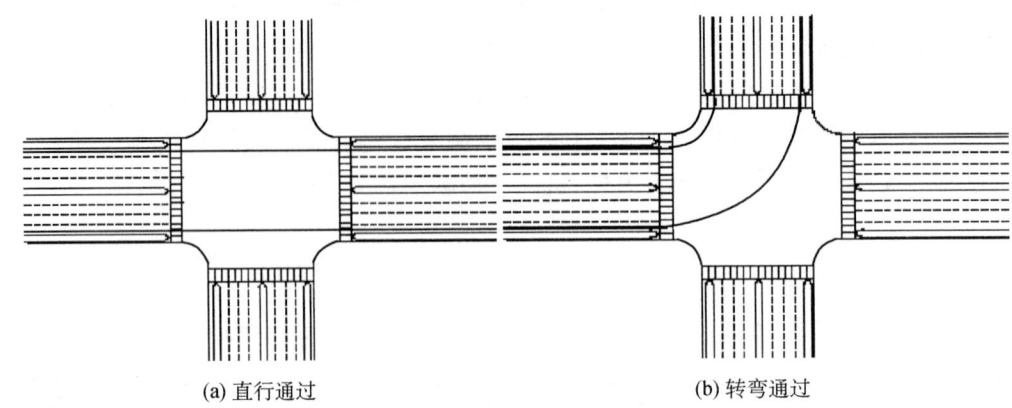

(a) 直行通过　　　　　　　　　(b) 转弯通过

图 2-11　两侧-两侧通过交叉口

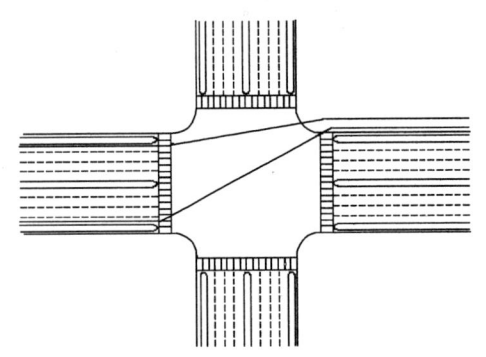

图 2-12　两侧-一侧直行通过交叉口

（5）两侧-一侧通过交叉口

在两侧-一侧直行通过交叉口方式下（图 2-12），有轨电车直行通过路口与转弯通过路口的情况类似，都是有轨电车切割了所有的机动车道，因而必须增加有轨电车的专用相位，这就延长了整个信号周期。在没有重要的制约因素情况下，不建议选用此种通过方式。

（6）一侧-一侧通过交叉口

在一侧-一侧通过交叉口方式下（图 2-13），有轨电车直行通过路口时对相邻进口道右转交通影响较大，既影响相邻进口道机动车的右转，还影响行人和非机动车的右转。且对于行人和非机动车而言，难以用信号控制的方式进行约束。但在相邻进口道右转交通量很小的情况下，配合信号优先系统，该方式还是一种很好的选择。有轨电车转弯通过路口同"两侧-单侧"布置形式相似，有轨电车切割了所有的机动车道，因此必须增加有轨电车的

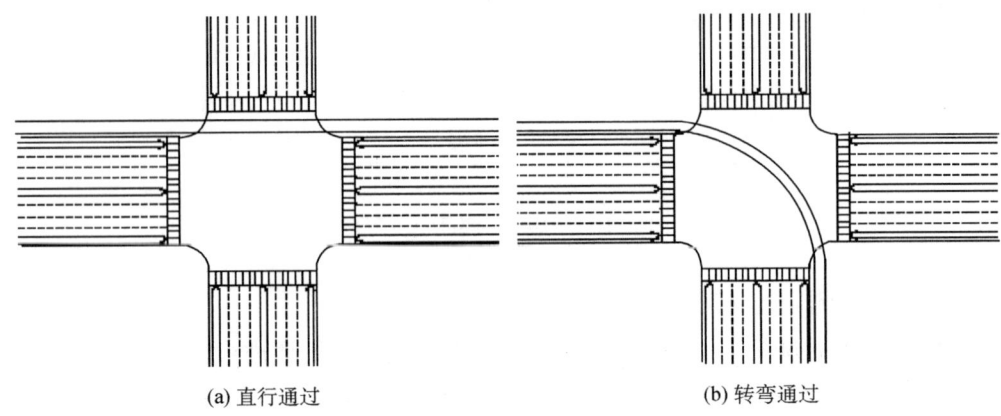

(a) 直行通过　　　　　　　　　(b) 转弯通过

图 2-13　一侧-一侧通过交叉口

专用相位,这就延长了整个信号周期。不建议选用该种通过交叉口的方式。

目前,有轨电车线路布设方式大多采用中央布置方式和一侧布置方式,所以通过交叉口的方式也主要为:中央-中央通过交叉口、中央-一侧通过交叉口、一侧-一侧通过交叉口。

2. 有轨电车过交叉口各方式对比及信号优先设置

根据以上对于有轨电车过交叉口的各种方式的交通影响分析,结合交通工程中有关平面交叉口信号组织的相关知识,可以总结出以下关于有轨电车通过交叉口方式的交通特征以及信号设置方案,具体如表 2-16 和表 2-17 所列。

表 2-16　有轨电车过交叉口各方式交通特征对比

有轨电车过交叉口方式	交通特征
中央-中央通过	(1) 有轨电车与其他交通方式没有产生新的冲突; (2) 对原有路口的信号控制系统影响很小; (3) 机动车跨越轨道较少,对交通组织现状影响小
中央-两侧通过	(1) 需要增加有轨电车的专用相位,延长了整个信号周期; (2) 机动车跨越轨道较多
中央-一侧通过	(1) 严重影响了被切割的那一半道路资源; (2) 对于非机动车和行人,难以用信号控制的方式进行约束
两侧-两侧通过	除右转的机动车会与有轨电车发生冲突外,与"中央-中央"通过方式相似
两侧-一侧通过	(1) 有轨电车切割了所有的机动车道; (2) 必须增加有轨电车的专用相位,从而延长了整个信号周期
一侧-一侧通过	(1) 有轨电车直行通过路口,相邻进口道右转交通受影响较大; (2) 对于行人和非机动车,难以用信号控制的方式进行约束; (3) 有轨电车转弯通过路口同"两侧-单侧"通过方式相似

表 2-17　有轨电车过交叉口信号控制设置方案

类型	交叉口示意图	信号控制策略
路中直行过路口		有轨电车使用同进口道信号灯直行绿灯相位;直行红灯时在停车线内等待;禁左不禁右
路中转路侧直行过路口		有轨电车使用专用信号相位,可与右转车同时放行;有轨电车通行时,直行和左转均为红灯;有轨电车信号为红灯时,在停止线内等候;相交道路右转为红灯

（续表）

类型	交叉口示意图	信号控制策略
路侧直行过路口		有轨电车使用道路信号灯直行绿灯相位；有轨电车到达时，与有轨电车冲突的右转信号灯为红灯；直行方向为红灯时，有轨电车在停车线内等候
路侧转路中过路口		有轨电车使用专用信号相位；有轨电车通行时，直行、左转和右转均为红灯；有轨电车信号为红灯时，在停止线内等候；相交道路右转可通行
路中左转		使用道路信号灯左转绿灯相位；有轨电车通行时，交叉口内所有右转信号均为绿灯；左转信号灯为红灯时，有轨电车在停止线内等候
路中转路侧左转		有轨电车使用专用信号相位，相交道路右转车可同时放行；有轨电车通行时，同进口道及对向进口道方向各流向均为红灯；有轨电车信号为红灯时，在停止线内等候
路侧左转		使用道路信号左转相位；左转为红灯时，有轨电车在停止线内等候；有轨电车通行时，除相交道路右转信号外，其他所有流向信号灯皆为红灯
路侧转路中左转		使用有轨电车专用信号相位；相交道路右转信号为绿灯；有轨电车信号为红灯时，在停止线内等候

(续表)

类型	交叉口示意图	信号控制策略
路中右转	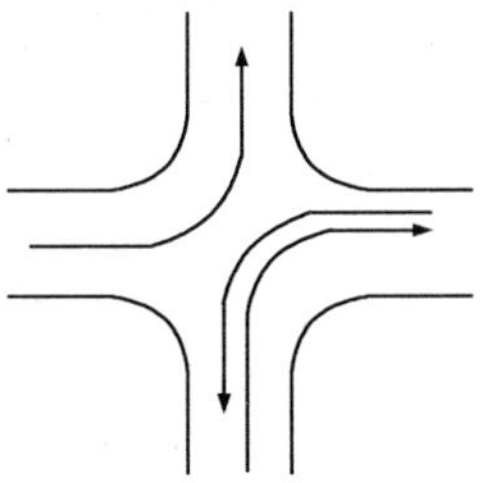	有轨电车使用相交道路的左转专用相位;右转车可通行;相交道路左转信号灯为红色时,有轨电车在停止线内等候
路中转路侧右转	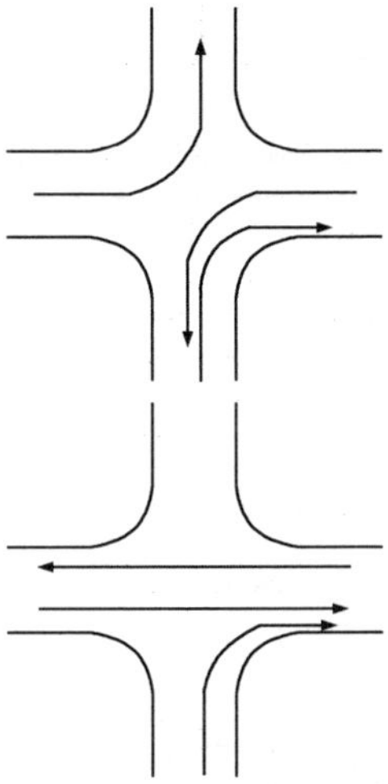	有轨电车使用相交道路的左转专用相位或直行相位;右转车不可通行;相交道路信号灯为红色时,有轨电车在停止线内等候
路侧右转	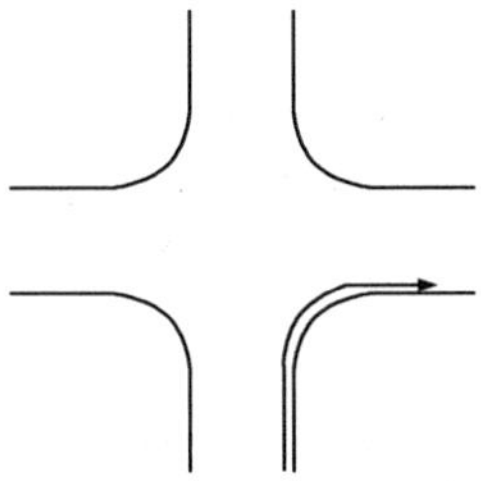	可利用信号交叉口内的任何信号相位通行

2.1.4 有轨电车折返交通影响分析

1. 有轨电车折返

按照轨道交通行车组织的要求,各车站可根据行车要求设置不同用途的线路,线路按其在运营中的作用分为正线、辅助线(折返线、渡线、联络线等)和车厂线。

其中,折返线是指在线路两端终点站或中间站,为能开行折返列车而设置的专供改变列车运行方向的线路。在轨道交通线路中,全线的客流分布一般不太均匀,通常需要根据行车交路的要求,在终点站与中间站或中间站与中间站之间开行折返列车。对于可折返的车站需配置折返线,折返线的形式应能满足折返能力的要求。

1) 折返站折返线布置形式

折返站折返线的布置形式多种多样,按照不同类别可以划分不同种类,如表 2-18 所列。城市轨道交通折返线布置方案如表 2-19 所列。

表 2-18 折返站分类

分类方法	折返站(线)类别
折返线衔接方式	尽头式、贯通式
折返线与站台的位置	纵列式、横列式和混合式
站台的布置形式	岛式、侧式和岛侧式
列车折返作业方式	站前折返、站后折返和混合折返
折返线数量	单折线、双折线

表 2-19 城市轨道交通折返线布置方案

折返线布置形式		方案	示意图	特点
纵列式	尽头式	1	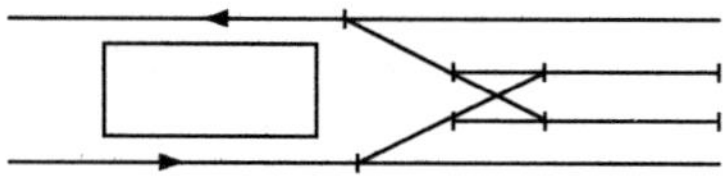	布置特点：折返线设于车站列车到达方向的前端，与站台纵列布置；优点：车站客运业务与列车折返作业分离，列车控制简单，作业顺畅，对于双折返线车站，其中一条可用于暂时存放列车；缺点：一般情况下纵列式工程量较横列式大，折返结构较复杂，远端道岔距车站过远，不利于管理和维修
		2	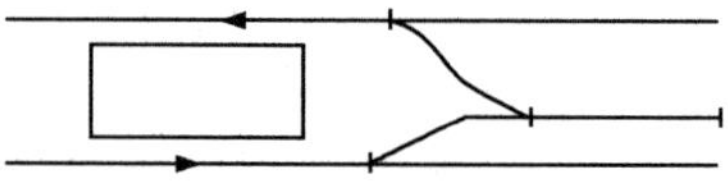	
	贯通式	3	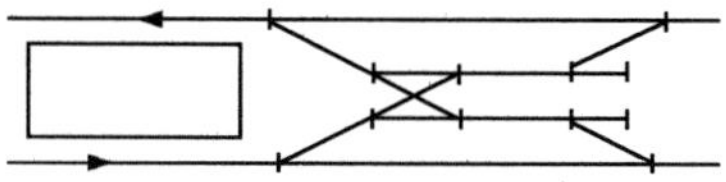	
		4	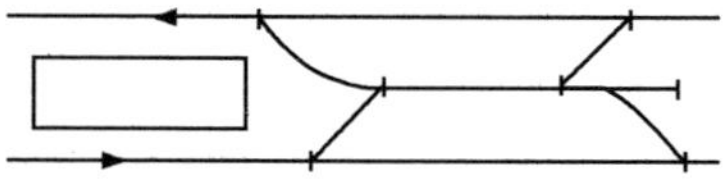	
		5	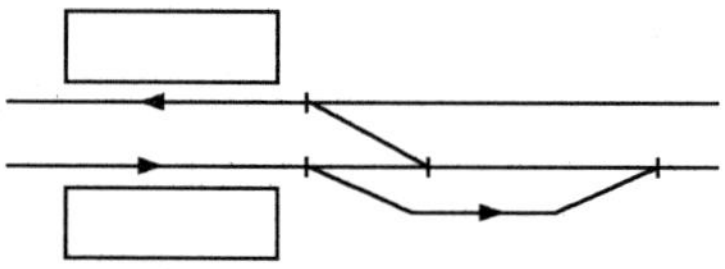	
横列式	尽头式	6	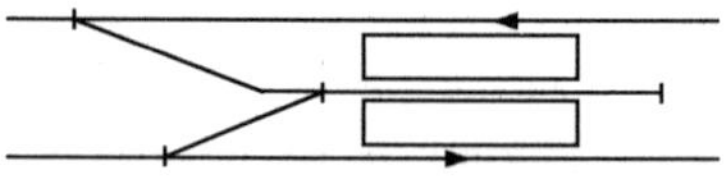	布置特点：折返线与站台平行布置；优点：当横列贯通式折返线设于中间折返站时，折返列车与通过列车作业干扰小，作业组织灵活，集列车到发、折返转向、越行待避等功能于一体，能实现双向列车的折返作业，机动性强；缺点：车站宽度较纵列式有所增加，因横列式折返站一般只设单折返线，对意外事件的应对能力较差
	贯通式	7	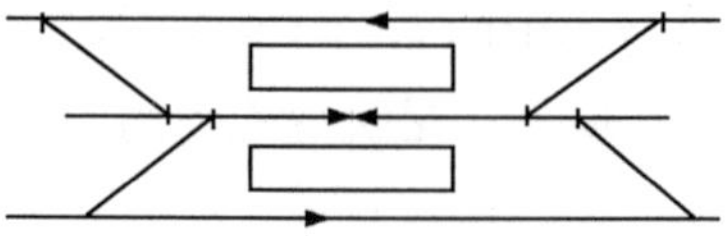	

（续表）

折返线布置形式	方案	示意图	特点
混合式	8		布置特点：兼具纵列式和横列式的特点； 优点：同时具有站前和站后两种折返方式，通过合理增设配线，形成接车、转线、发车的平行进路，使两列（或以上）列车在站内能平行完成折返作业，缩短列车折返时间，提高折返能力； 缺点：工程量较大

2) 折返线的位置

在线路起终点站，为了满足运行的需要必须设置折返线。当线路因客流分布和行车组织需要，须采用分区段运行模式时，在折返站也要设置折返线，其折返能力应与该区段的通过能力相匹配。

3) 折返线的长度

折返线的长度应是远期列车停留占用长度、安全防护距离、车挡长度三者之和。其中，远期列车停留占用长度和安全防护距离之和为折返线的有效长度，其主要影响因素包括：

(1) 行车速度。列车进入折返线的允许速度对于停车末端预留的安全防护距离有影响。理论上讲，安全防护距离越长，入线的允许速度越高，有利于加快列车进入折返线的进程，尽快开通后续进路，提高折返能力。对于侧向通过道岔进入折返线的列车，将受到道岔限速的影响。在实际设计过程中，为留有安全余量，信号设计列车过岔速度往往略小于道岔侧向允许通过速度。

(2) 列车计算长度。列车编组车辆数直接决定了列车计算长度，为了减少日后改扩建的难度，应按远期客流量确定列车编组数，从而计算列车长度。

(3) 车挡长度。对于不同类型的车挡，其设备和需要缓冲的距离不同。一般而言，滑动式缓冲车挡可按 25 m 计算，液压式缓冲车挡可按 8 m 计算。具体设计时，按照实际情况确定。

2. 折返对有轨电车运行效率的影响

1) 折返能力

折返站的折返能力不仅是决定城市轨道交通全线运输能力的基础，也是决定城市轨道交通运营组织的关键。影响折返站折返能力的主要因素有折返站折返线布置形式、线路通过能力、折返作业量、折返线运营控制及组织要求、工程建设条件等。

折返能力的定义为：城市轨道交通折返站上某一方向单位时间内所能折返的最大的列车数量，由列车到达及出发的最小追踪间隔决定。类似于上述端点站的通过能力影响整条线路的通过能力。

折返能力一般分为：设计折返能力与可用折返能力。其中，设计折返能力即为最大折返能力（理论能力或理论最大能力），一般由于其他因素的综合影响，实际很难达到。折返能力计算公式为：

$$n_{折返} = \frac{3\ 600}{I_{折返}} \tag{2-2}$$

式中　$n_{折返}$——折返站折返线在单位时间内的最大折返列车数，对/h；

$I_{折返}$——折返列车在折返站的折返间隔时间，s。$I_{折返}$取决于采用的折返站选型、信号系统、折返列车、折返线长度及折返作业方式。根据以往的研究结果以及设计人员的经验，常见站型的折返能力如表2-20所列。

表2-20　常见站型的折返能力

站型	折返能力/(对·h^{-1})	站型	折返能力/(对·h^{-1})
方案1	24~28	方案5	20~26
方案2	26~30	方案6	24~28
方案3	24~26	方案7	28~30
方案4	22~26	方案8	≥40

注：站型中的方案同表2-19中的方案。

2）影响分析

（1）线路通过能力影响

线路通过能力是指在采用一定车辆类型、信号设备和行车组织方法条件下，城市轨道交通系统线路的各项固定设备在单位时间内（通常是高峰小时）所能通过的列车数。线路的通过能力主要取决于最小列车间隔和车站停留时间。在设计时，最小列车间隔与闭塞分区长度、信号系统参数、列车长度、交叉口和折返影响有关，而列车在车站的停留时间则与站台高度、车门数量与宽度、验票方式及车站能力限制有关。

城市轨道交通折返站按其在列车运行交路上的位置可以简单地划分为终点折返站和中间折返站。折返站的折返能力对整条线路的通过能力的影响是举足轻重的。折返站的折返能力是城市轨道交通线路通过能力的一个环节，没有与线路相适应的折返能力，将直接影响城市轨道交通线路的通过能力，甚至限制线路通过能力的有效发挥。

同时，当线路的通过能力为一定的情况下，譬如受到线路状况的制约以及城市轨道交通信号系统等"瓶颈"制约时，以期通过提高折返线的折返能力来提高整条线路的通过能力也无异于杯水车薪，故无法使线路通过能力的提高达到预期的效果。

（2）折返作业量的影响

折返作业量决定了折返线需要提供的能力，同时，它也是决定折返配置形式的主要因素。折返能力大，也就意味着折返间隔时间较短，这通常是折返线布置所追求的目标。一般情况下，折返线的设置数量取决于高峰时段单位小时内的折返作业量，如折返间隔时间大于线路乘客输送能力需要的折返间隔时间,为了满足密集发车的需要,折返线设置的数量应该大于1条。在同样的折返线数量条件下,由于折返线布置形式的不同,最小折返间隔时间不同,相应的折返能力也不同。

折返线能力不但要满足折返作业量的需求,而且要预留一定的折返能力,以满足突发客流和故障运营的需求,从而提高折返线的灵活性。

3. 折返对有轨电车运行安全造成的影响

当有轨电车在站台进行折返时,会存在一定的安全隐患,该安全隐患主要源于有轨电车之间的进路冲突,实质上是有轨电车过道岔的安全问题。以有轨电车在终点站的站前单股道折返为例(图2-14),对有轨电车折返安全性进行分析。

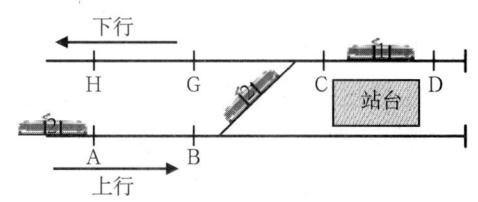

图2-14 列车终点站折返示意图

第一辆有轨电车从A点开始运行至下行站台CD,停站时间内办理反方向的折返进路;停站时间到后,由下行道站台出发,开始折返运行。若在第一辆有轨电车办理B点至D点的进路后,第二辆有轨电车紧接着办理相同的进路,有可能造成车辆在车站追尾,或是第二辆有轨电车脱轨(第一辆有轨电车已经办理反方向折返进路,道岔已经转到正线上)。若第一辆有轨电车办理反方向的折返进路后,第二辆有轨电车紧接着办理了B点至D点的进路,则会造成第一辆有轨电车脱轨,因为此时道岔已经转到折返线上。

只有当第一辆有轨电车全部出清G点后,再办理第二辆有轨电车B点至D点的进路,两辆有轨电车的折返才不会相互影响,才能保证有轨电车的折返安全。这就需要一套道岔控制子系统来控制车辆的进路、信号、道岔之间的相互制约关系。

2.2 城市道路交通流特征及信号控制

现有城市道路交通流特征和信号控制方式是有轨电车线路设施设计的基础,在充分了解现有城市道路的交通特性后,从有轨电车对现有城市道路交通影响最小的角度出发,对有轨电车线路设施进行充分考虑,才能使得有轨电车更好地融入城市道路。本节主要从城市道路交通流特征、城市道路交叉口交通流组织方式、城市道路平交路口信号控制这三个方面出发,阐述城市道路的交通流特征和信号控制。

2.2.1 城市道路交通流特征

1. 交叉口交通流特征

交通流特征是研究交通流随时间和空间变化规律的模型和方法体系,它是交通规划、道路与交通工程设计、交通控制与管理等科学技术工程领域的理论基础。

1) 交叉口交通流通行环境现状

目前,我国的城市道路交通仍然存在着许多问题,主要表现在交叉口内各方向交通流

相互干扰,以及交叉口与路段交通流之间的干扰。具体体现在:

(1) 交叉口进出口道拓宽、交叉口进出口道附近存在公交停靠站或路边停车、路段有公交专用道等因素引起交叉口进出口存在短车道的情况。

(2) 交叉口间距较近或快速路上、下匝道临近交叉口,造成交叉口上游或下游存在交织段的情况。

(3) 主要道路上存在较多居住小区及单位的机动车进出口和停车场车辆进出口等进出道路交通的情况。

上述这些情况在一定程度上降低了交叉口的通行能力,给交叉口的正常通行带来了不利影响,恶化了交叉口交通流的通行环境。

2) 交通流构成现状

在我国道路交叉口交通流构成中,混合交通现象严重,主要体现在:

(1) 车型混合严重。不同车型组成的比例变化较大,各种车辆的动力性能又相差较远,导致各种不同型号车辆的运行速度、启动时加速度和爬坡能力等都有较大差异。若单纯地将其他车型以线性方式换算成标准车,则无法与真实的交通流状况相符。在信号控制交叉口通行能力计算中,应将大车和坡度的影响组合考虑,并且在计算大车换算系数中结合大车率及大车位置进行考虑。

(2) 交通方式混合严重。机动车通行空间与非机动车通行空间在交叉口缺乏明确的划分,导致交叉口内部各种交通方式混行,从而严重影响了通行效率和安全。

3) 典型的交叉口通行能力计算方法

(1) 冲突点法

停车线法是以停车线断面为出发点,研究信号交叉口通行能力的估算。根据对现有信号控制交叉口实际交通运行状态的分析发现,对信号交叉口通行能力真正起作用的地点是在交叉口中的冲突点上,而不是在停车线上。基于此,我国学者基于对车辆通过信号交叉口实际运行状态的分析,提出了计算车辆通过冲突点的信号交叉口通行能力的分析方法——冲突点法。

在冲突点法中,一个重要的方面就是确定"可穿越空档"的次数。一般的计算方法是根据直行车流量按空档的概率分布算得的。由于我国城市道路的车流离散系数较大,车流呈现出的无规律性较强,同时影响我国城市道路车流离散规律的因素又有很多,故很难用简单的模型来描述车流的运动规律。因此,用概率分布求得的"可穿越空档"次数只是一个近似值,并不能精确地反映实际交通状况。但这种方法对于我国混合交通环境下的信号交叉口通行能力计算还是十分有效的。

车辆通过交叉口一个冲突点的各类间隔时间的总和如式(2-3)所列:

$$G = t_{lh} + (n_{l0}-1)h_l + \tau_2 + \sum_{}^{g+1}(n_s-1)h_l + \sum_{}^{g}(n_l-1) + g \times \tau - t_{st} \quad (2-3)$$

式中 n_s, n_l ——分别为紧接着运行通过冲突点的直行车辆数和左转车辆数;

n_{l0}——绿灯初期通过的左转车辆数;

t_{lh}，t_{st}——分别为左转头车、直行尾车从停车线行驶到冲突点所需时间(包括驾驶员反应时间)；

h_l——一条车流紧接着运行通过冲突点时的安全车头时距(在混合交通的情况下，如用小汽车折算单位计算其流量时，则 h_l 取小汽车的安全车头时距，如直接用混合交通的流量，则 h_l 取混合交通的计算车头时距，此时需假设左转车同直行车在组成比例上相近，左转车车头时距同直行车车头时距相等)；

τ——$\tau=\tau_1+\tau_2$，直行车流中能穿越左转车的可穿越空档的时间长，一般取值 4.5~10 s，τ_1 为前档，τ_2 为后档，本节中取经验值 6 s；

G——绿灯时长；

g——直行车流中，一个绿灯时长内出现的"可穿越空档"的次数，g 可根据直行车的流量，按空档的概率分布算得。

现行的十字形交叉口绿灯时间是已经固定的，那么在固定的绿灯时间内，一个周期车辆通过一个冲突点的通行能力为

$$n = \frac{G - \alpha_m - \beta}{h_m} + m \tag{2-4}$$

式中 m——进口道直行车道的数量；

α_m——由穿越空档所致的损失时间，一条直行车道时，$\alpha_m = g(\tau - 2h_l)$，2 条直行车道时，$\alpha_m = g(2\tau - 3h_l)$；

β——有无专用左转车道时的得失时间，无专用左转车道时，$\beta = t_{sh} - t_{st}$ (t_{st} 是直行车从停车线行驶到冲突点时间)，有专用左转车道时，$\beta = t_{lh} - t_{st}$。

整个交叉口一个周期的通行能力为

$$\sum n = n_N + n_S + n_E + n_W + \sum n_{右} \tag{2-5}$$

式中 $\sum n_{右}$——通过右转专用车道的右转车实际到达数；

n_N，n_S，n_E，n_W——分别为北、南、东、西四个进口道的通行能力。

整个交叉口 1 h 的通行能力为

$$C = \frac{3\,600}{T_c} \sum n \, (\text{pcu/h}) \tag{2-6}$$

式中，T_c 为信号周期时长，s。

(2) 停车线法

停车线法是由北京市政设计院提出的。它以进口处车道的停车线作为基准面，认为凡是通过该面的车辆就已通过交叉口，所以称为停车线法。停车线法不同于与某一具体的信号配时方法结合在一起的方法(这些配时方法在各自的适用范围内，优化的控制参数能使得信号交叉口取得较好的交通效益，相应地，信号交叉口的通行能力也较采用其他控制参数时要高一些，这实际上是计算不同交通状态下的最佳实际运行通行能力)，它所关

心的是信号交叉口在既定的几何条件和信号控制条件下（先确定控制参数，但不论该控制参数设置是否合理）所能达到的通行能力。

① 一条直行车道的通行能力为

$$C_s = \frac{3\,600}{T_c} \times \frac{t_g - t_s}{t_i} \tag{2-7}$$

式中　C_s——一条直行车道的通行能力；
　　　T_c——信号灯的周期；
　　　t_g——一个信号周期内的绿灯时间；
　　　t_s——一个信号周期内的绿灯损失时间，包括启动、加速时间，通常认为在绿灯亮起前的黄灯时间车辆已经做好准备，待绿灯一亮即可启动，故一般只计算加速时间损失；在小汽车车流占绝对比例的城市道路中，加速时间损失通常取 2.3 s；
　　　t_i——前后两辆车通过停车线的平均时间，即平均车头时距。

② 一条右转车道的通行能力为

$$C_r = \frac{3\,600}{t_r} \tag{2-8}$$

式中　C_r——一条右转车道的通行能力；
　　　t_r——前后两辆右转车连续驶过停车线断面的间隔时间，根据观测，当大车与小车各占一半时，t_r 平均值均为 4.5 s；若仅为小汽车时，t_r 均值在 3～3.6 s。但是此处的计算必须考虑过街行人与非机动车对道路通行能力的影响。

③ 当设左转车辆专用信号时，一条左转专用车道的通行能力如式(2-9)：

$$C_l = \frac{3\,600}{T_c} \times \frac{t - 2.3}{t_0} \tag{2-9}$$

式中　C_l——一条左转专用车道的通行能力；
　　　T_c——信号灯的周期；
　　　t——一个信号周期内左转显示的时间；
　　　t_0——左转车辆连续通过交叉口的平均车头时距。

④ 一条直左车道的通行能力为

$$C_{sl} = C_s \left(1 - \frac{3}{4}\beta_l\right) k \tag{2-10}$$

式中　C_s——一条直行车道的通行能力；
　　　β_l——该车道中左转车比例；
　　　k——折减系数，取 0.7～0.9。

4) 交叉口交通渠化形式

交叉口交通渠化的形式多种多样,各自的特点也不同。

(1) 拓宽进口道

在一定信号周期下,扩宽进口段,增加进口道的车道数可以增加交叉口的通行能力。

(2) 提前右转

提前右转可以缓解交叉口交通拥挤,其原理在于通过让某方向进口道的车辆提前右转,驶出交叉口,从而提高交叉口的通行能力。由于不存在与其他流向的车辆产生冲突,因而此交通渠化形式对交叉口的干扰非常小。

据有关研究表明,一个提前右转车道就能够将交叉口的通行能力提高到原来的120%。但是,提前右转的条件是,交叉口有充分的空间能设置提前右转车道而不影响非机动车和行人的正常通行。

(3) 人行横道以及网格线前移

人行横道以及网格线前移可以减少车辆通过交叉口的通行时间,以便让更多的车辆在信号周期中的绿灯时间通过,从而提高绿灯时间的车辆通行率,大概率地减少车辆的延误。同样地,人行横道以及网格线前移也需要交叉口有足够的空间,如果交叉口的空间不够,就会导致各个方向的车流之间产生很大的冲突,尤其会加剧对向车道左转方向的车流冲突,导致交通安全隐患。

(4) 利用立体空间差异

立体空间差异渠化设计主要是指利用纵向高度的不同。以成都市成温路口渠化设计为例,如图 2-15 所示,在设计时,非机动车驻足区与行人驻足区分别高出行车道路面大约 5 cm 及 3 cm,两个区域与路面均用较缓的坡度衔接,以保证行人过街的舒适感,并保障非机动车的行驶速度,具有人性化的设计思想。

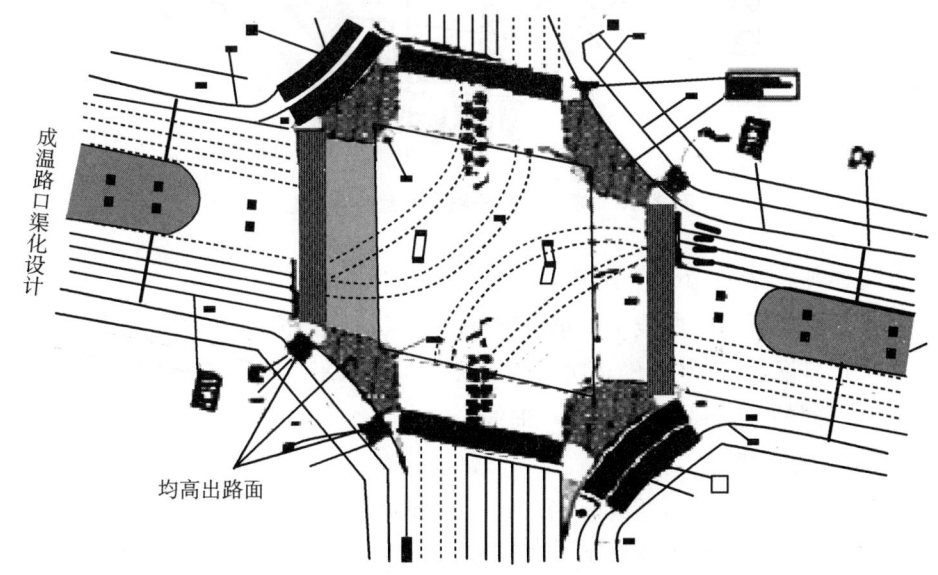

图 2-15 成都市成温路口立体空间差异渠化设计

(5) 绿化带阻隔

在飞速发展的大背景下,道路交通环境非常需要绿化。绿化带阻隔除了能提高道路运行的安全性外,还能够吸附空气中的尘埃,净化汽车尾气中的有害气体,改善城市生活的人居环境。

道路边缘绿化带的阻隔可以减少行人与非机动车、行人与机动车之间的干扰,提高道路通行能力,保障道路交通安全。

(6) 导流线引导车流走向

导流线引导车流走向主要是通过在交叉口路面画出冲突比较严重的车流的行驶路线,从而引导车流走向,规范车流的行驶方向,避免交叉口交通运行出现紊乱。

(7) 交叉口转弯处采用流线性设计

以成都市科华路口渠化设计为例,如图 2-16 所示,图形中的网格区域的周边均采用了流线性设计,比较符合非机动车和机动车的行驶轨迹,充分体现了人性化。此外,对交叉口交通流的走向还具有诱导作用。

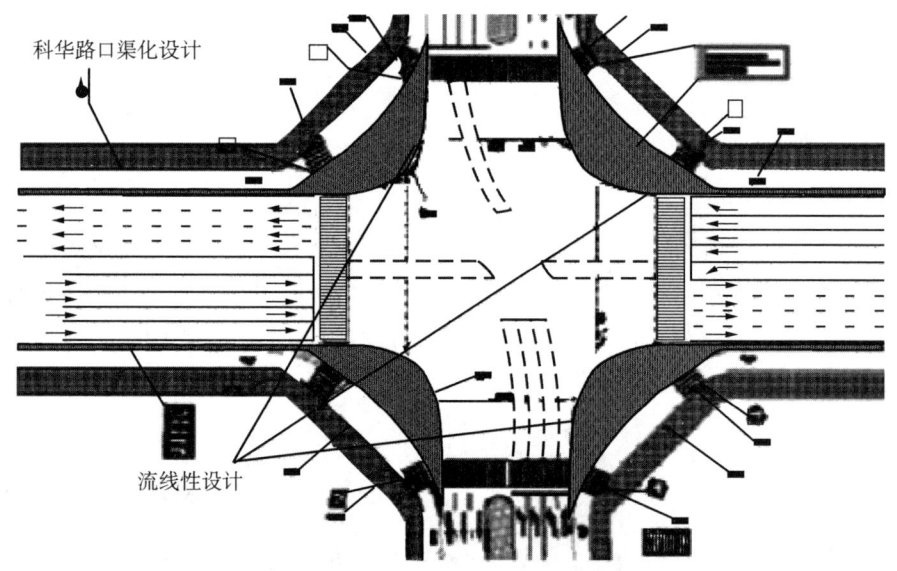

图 2-16　成都市科华路口流线性渠化设计

5) 交叉口到达-离开累计曲线模型

交叉口到达-离开累计曲线可以很好地反映交叉口交通流的通过情况,可用于计算车辆延误、交叉口排队长度、平均停车次数等交叉口服务水平指标。根据不同的交叉口运行状态,可对应不同的车辆到达-离开累计曲线。

(1) 交叉口畅通状态

根据交叉口畅通的定义,所有车辆历经一次排队,并在一个周期内通过交叉口;或绿灯初期在排队末位的车辆,能够在下一绿灯相位通过交叉口,且绿灯相位结束时停车线无车辆排队(图 2-17)。该交通状态对应的到达-离开累计曲线如图 2-18 所示。

图 2-17 交叉口畅通状态

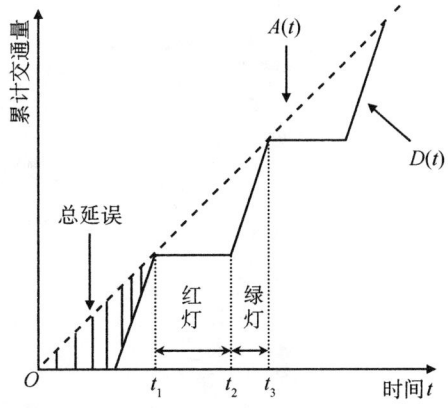

图 2-18 畅通状态最低车速对应的到达-离开累计曲线

假设车辆均匀到达,设到达率为 a,绿灯期间车辆会以饱和流率通过交叉口,设为 s。信号灯的红灯时间与绿灯时间分别设为 r 和 g,交叉口信号周期为 $T=r+g$,则应该有 $aT/sg=1$。设路段长度为 L,路段平均行驶车速为 v,一个周期内通过的车辆数为 n,则该路段的总延误 d 可由式(2-11)计算得到。

$$d = \frac{rn}{2} \tag{2-11}$$

车均行程时间可定义为

$$t' = (1/n) \times (Ln/v' + rn/2) = L/v' + r/2 \tag{2-12}$$

则畅通状态下的最小车速为

$$V_s = L/t' = L/(L/v' + r/2) \tag{2-13}$$

(2) 交叉口缓慢状态

根据缓慢的定义,所有车辆历经两次排队,并在两个周期内通过交叉口;或者红灯末期排队的最后一辆车可以在之后的第二个绿灯相位结束前通过交叉口。该交通状态的到达-离开累计曲线如图 2-19 所示。交叉口缓慢状态实景图如图 2-20 所示。

缓慢状态与畅通状态类似,区别在于缓慢状态有初始排队长度 n,同理也有 $aT/sg=1$。以一个周期为例,排队长度 $n'=sg$,根据定义,初始排队长度 n' 应等于一个周期内交叉口通过的车辆数 n。一个周期内的延误 d 可由式(2-14)计算得到。

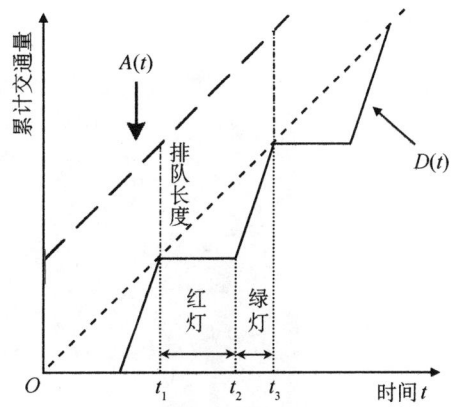

图 2-19 缓慢状态最低车速对应的到达-离开累计曲线

图 2-20 交叉口缓慢状态

$$d = \frac{n'}{2} + n'T = \frac{rgs}{2} + sg(r+g) \tag{2-14}$$

车均行程时间可定义为

$$t' = \left[Ln/v' + \frac{rgs}{2} + sg(r+g)\right]/n = L/v' + \frac{r}{2} + (r+g) \tag{2-15}$$

缓慢状态下的车辆最低行驶速度为

$$V_s = L/t' = L\bigg/\left[L/v' + \frac{r}{2} + (r+g)\right] \tag{2-16}$$

上述两个到达-离开累计曲线都是建立在一个周期内的到达离开率一致的前提下，而根据常发性拥堵的定义，当交叉口一个周期内的车辆达到率大于离开率时，会形成车辆排队并无法及时消散，从而导致交叉口出现车辆逐渐拥堵的现象（图 2-21）。该交通状态的

图 2-21 交叉口拥挤形成（车辆到达率＞车辆离开率）

到达-离开累计曲线如图 2-22 所示。该状态下一定时间内的延误可根据图 2-22 中两虚线区域的面积计算。

当拥堵交叉口采取一定的协调措施后，使得交叉口内一个信号周期的车辆离开率大于到达率时，拥堵交叉口的排队便开始消散，排队长度逐渐变短，最终恢复到畅通状态，如图 2-23 所示。该交通状态的到达-离开累计曲线如图 2-24 所示。

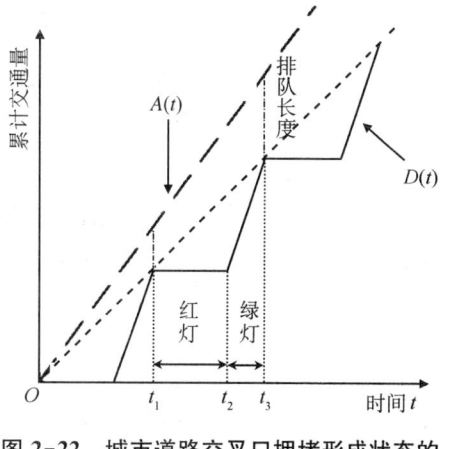

图 2-22 城市道路交叉口拥堵形成状态的车辆到达-离开累计曲线

2. 城市道路交通流参数

1）路段和交叉口交通流参数

城市道路交通流参数按物理特性可分为路段交通流参数和交叉口交通流参数。

图 2-23 交叉口拥挤消散（车辆到达率＜车辆离开率）

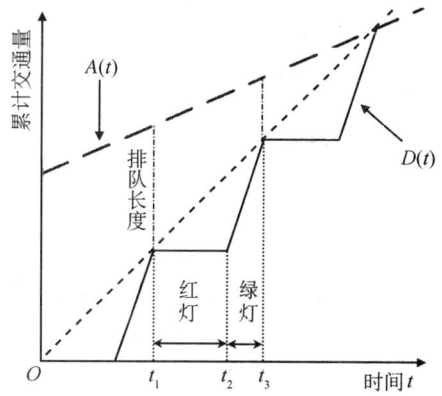

图 2-24 城市道路交叉口拥堵消散状态的车辆到达-离开累计曲线

（1）路段交通流参数

路段交通流参数包括路段交通量 Q(veh/h) 和路段长度 L(km) 两个基础指标，它们可以通过直接测量得到。另外，路段交通流参数还包括：路段行程时间、平均行程车速、85% 车速、车流密度、占有率、车头时距、延误、总延误等。

（2）交叉口交通流参数

城市道路交叉口交通流参数主要包括：交叉口交通量、通行能力、饱和度、平均延误时间、排队长度、停车次数、停车率、停车平均延误、总冲突点数、服务水平等。若为信控交叉口，一般还会考虑信号周期时长、绿信比、进口道饱和流量、流量比、信号损失时间、有效绿灯时间等指标。目前，国内外较为常用的交叉口核心参数有：通行能力、饱和度、延误、服务水平、行程时间、停车次数、停车率及排队长度等。

2）主要交通流参数定义

（1）车辆密度

可定义 t 时刻第 j 条车道的车辆密度为

$$p_j(t) = N_j(t)/L_{\text{road},j} \qquad (2\text{-}17)$$

式中 $N_j(t)$——t 时刻第 j 条车道上的车辆总数；

$L_{\text{road},j}$——车道 j 的总长。

(2) 速度

① 时间平均车速：单位时间内测得通过道路某断面各个车辆的地点车速，这些点速度的算术平均值即为该断面的时间平均车速，如式(2-18)所示。

$$\bar{v}_t = \frac{1}{n} \sum_{i=1}^{n} v_i \qquad (2\text{-}18)$$

式中 $\bar{v}_t$——时间平均车速，km/h；

v_i——第 i 辆车的地点车速，km/h；

n——单位时间内观测到的车辆总数。

② 空间平均车速：在某一特定瞬间，行驶于某一特定道路长度内的全部车辆的车速分布平均值。当观测长度一定时，空间平均车速的数值为地点车速观测值的调和平均值，如式(2-19)所示。

$$\bar{v}_s = \frac{l}{\dfrac{1}{n}\sum_{i=1}^{n} t_i} \qquad (2\text{-}19)$$

式中 t_i——第 i 辆车行驶长度为 l 的距离所用的时间，s；

N——总的车辆数；

l——路段长度。

时间平均车速与空间平均车速的关系如式(2-20)和式(2-21)所示。

$$\bar{v}_s = \bar{v}_t - \frac{\sigma_t^2}{v_t} \qquad (2\text{-}20)$$

$$\bar{v}_t = \bar{v}_s + \frac{\sigma_s^2}{v_s} \qquad (2\text{-}21)$$

式中 σ_t——时间平均车速观测值的均方差，$\sigma_t = \sqrt{\dfrac{\sum(v_i - \bar{v}_t)^2}{n}}$；

σ_s——空间平均车速观测值的均方差，$\sigma_s = \sqrt{\dfrac{\sum(v_i - \bar{v}_s)^2}{n}}$。

(3) 流量

流量是指在选定的时间段内，通过道路某一地点、某一断面或某一条车道的交通实体数。按交通实体类型分，有机动车交通量、非机动车交通量和行人交通量，一般如不加说明则指机动车交通量，且指双向的车辆数。交通量是一个随机数，不同时间、不同地点的交通量都有变化。交通量随时间和空间而变化的现象,称之为交通量的时空分布特性。研究或观察交通量的变化规律,对于交通规划、交通管理、交通设施的规划、设计方案比较和经济分析以及交通控制与安全均有重要意义。

由于交通量时刻在变化,因而在表达方式上通常取某一时间段内的平均值作为该时间段的代表交通量。如果以辆/d 为单位,平均交通量表达式为

$$平均交通量 = \frac{1}{n}\sum_{i=1}^{n}Q_i \tag{2-22}$$

式中　Q_i——规定时间段内的日交通量,辆/d;
　　　n——规定时间段的时间,d。

(4) 行程车速

行程车速又称区间车速,是车辆行驶总路程与通过该路程所需的行程时间(包括停车时间)之比。行程时间是一项综合性指标,用以评价道路的畅通程度,估计行车延误情况。想要提高运输效率归根结底是要提高车辆的行程车速,表达式为

$$行程车速 = \frac{行驶总路程}{行程时间} \tag{2-23}$$

其中,行程时间包括行驶时间和中途受阻时的停车时间。

(5) 车均延误

信号交叉口延误比较复杂,涉及因素多,主要与信号周期、配时以及交通量有关,此外还与随机因素有关。对于单独路口进口道的车辆信号延误计算,实际上经典的交通工程著作中介绍的是 Webster F.V. 发表在 *Traffic Signal Settings* 中的公式。

Webster 提出的交叉口进口车道延误的计算公式如下

$$d = \frac{c(1-\lambda)^2}{2(1-\lambda x)} + \frac{x^2}{2q(1-x)} - 0.65\left(\frac{c}{q^2}\right)^{\frac{1}{3}} x^{(2+5\lambda)} \tag{2-24}$$

式中　d——每辆车的平均延误,s;
　　　c——信号周期时长,s;
　　　λ——绿信比,即有效绿灯时间与信号周期时长的比率;
　　　q——车流到达率,pcu/s;
　　　x——饱和度,即观测最大流量与信号交叉口进口道的通行能力之比,$x = q/\lambda s$。

式(2-24)中的第一项表示车辆到达率恒定时产生的正常相位延误,第二项是车辆到达随机性所产生的延误,第三项是从车流模拟试验得到的。当饱和度较低时,第二项和第三项所占的比重很小;随着饱和度的增加,第二项和第三项的影响就愈来愈大。

(6) 总延误

总延误是指在每一信号灯周期内,到达的车辆由于等待红灯、排队等所要花费的时间,每辆车的平均延误时间是总延误时间与累计通过车辆数之比(图 2-25)。延误是评价

信号控制交叉口信号控制参数是否最佳的重要指标,其表达式为

$$总延误 = \frac{最长排队延续时间 \times 最大排队长度}{2} \qquad (2-25)$$

$$每车平均延误 = \frac{总延误时间}{累计通过的车辆数} \qquad (2-26)$$

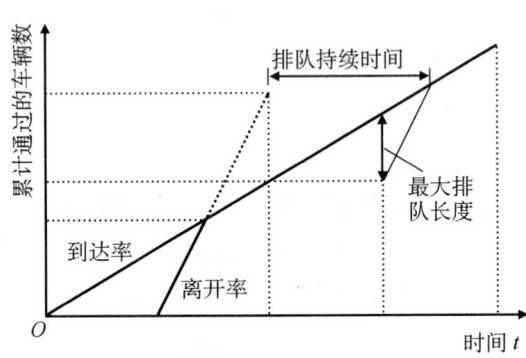

图 2-25 交叉口延误时间

(7) 平均排队长度

车辆通过站场、交叉口等各种节点或"瓶颈"时,由于受到这些节点对通过速率的限制,故不能以正常速率通过,从而车辆逐渐积存在上游,最终形成排队,等待通过。因此,车辆排队等待通行意味着交通流速率的下降,以及交通运输网效率和服务水平的降低。车辆平均排队长度表达式为

$$平均排队长度 = 平均等待时间 \times 平均到达率 \qquad (2-27)$$

或

$$Q_a = \frac{\lambda^2}{\mu(\mu - \lambda)} \qquad (2-28)$$

式中　Q_a——平均排队长度,辆;

λ——车辆到达率,辆/s;

μ——车辆离开率,辆/s。

也可定义车道 j 的平均排队长度为

$$\bar{n}_j = \frac{1}{k} \sum_{k=1}^{K} n_j(k) \qquad (2-29)$$

式中　K——统计期间内的信号周期数;

$n_j(k)$——第 k 个周期,绿灯启亮时,第 j 条车道的排队车辆数。

(8) 平均停车次数

平均停车次数可以直观地反映交叉口的延误情况和服务水平。定义统计周期内,车道 j 的平均停车次数为 K 个周期内每个周期的平均排队长度(停车数量)的和除以 K 个周期内共计 t 个时刻的交通流量总和,即

$$h_j = \frac{\sum_1^K n_j(k)}{\sum_1^t \dot{p}_j(t)} \quad (2\text{-}30)$$

在未知排队长度的情况下也可按式(2-31)计算

$$h_i = 0.9 \frac{1-\lambda_i}{1-y_i} \quad (2\text{-}31)$$

式中 h_i——第 i 相位停车次数;

λ_i——第 i 相位绿信比;

y_i——第 i 相位流量与该相位饱和流量之比。

(9) 信号交叉口通行能力

指道路上某一地点、某一车道或某断面处,单位时间内可能通过的最多的交通实体(车辆或行人)数,亦称道路容量、交通容量或简称容量。一般以辆/h、人/h 表示。车辆多指小汽车,当有其他车型混在其中时,均采用等效通行能力的当量小客车单位。

信号交叉口通行能力为各进口道通行能力之和,而进口道通行能力为该进口道各车道组通行能力之和。"车道组"指在同一进口道上的具有相同功能的一条或多条车道。车道组的通行能力为

$$C_i = S_i \times (g_i/C) \quad (2\text{-}32)$$

式中 C_i——第 i 个车道组的通行能力,辆/h;

S_i——第 i 个车道组的饱和流率,辆/绿灯小时,又称绿灯小时通行能力;

g_i——分配给第 i 个车道组的绿灯时间,s;

C——交叉口的信号周期,s。

饱和流率的计算公式如下

$$S = S_0 \cdot N \cdot f_w \cdot f_{HV} \cdot f_g \cdot f_P \cdot f_{bb} \cdot f_a \cdot f_{RT} \cdot f_{LT} \quad (2\text{-}33)$$

式中 S_0——每车道的理想饱和流率,一般取 1 900 辆/h,我国一般取 1 500 辆/h;

N——车道组中的车道数;

f_w——车道宽度修正系数,标准车道宽度为 3.65 m;

f_{HV}——交通流中重型车校正系数;

f_g——进口道坡度修正系数;

f_P——停车修正系数;

f_{bb} —— 公共汽车停车影响校正系数；

f_a —— 地区类型修正系数；

f_{RT} —— 车道组中右转车校正系数；

f_{LT} —— 车道组中左转车校正系数。

(10) 饱和度

饱和度是交叉口实际交通量与通行能力的比值。在交通量一定的情况下，饱和度与通行能力成反比，二者在交叉口评价中具有相同的效应，且饱和度对交叉口的评价更具直观性。当饱和度接近或超过 1 时，交叉口处于拥挤状态，在这种情况下，只用停车延误来判断交叉口的服务水平是不恰当的，而是要结合饱和度一起评价。饱和度的表达式为

$$x_i = \frac{q_i}{CAP_i} \tag{2-34}$$

式中 x_i —— 饱和度；

q_i —— 实际到达的交通量；

CAP_i —— 车道通行能力。

3. 交通参数检测方式及特征

交通信息检测主要指对动态交通信息的采集技术，分为固定式交通信息采集和移动式交通信息采集。其中，固定式交通信息采集主要采用环形线圈感应式检测术、视频检测、地磁、红外和微波检测等采集技术实时采集交通流数据，并进行分析处理。最后，将分析处理结果通过专用通信机传送给路口、区域和交通信号控制系统和信息发布系统等，为这些系统提供决策依据。各种固定式交通信息采集技术的特点如下。

1) 环形线圈感应式检测

环形线圈感应式检测是指由环形线圈作为检测传感器的一套能检测到车辆通过或存在于检测区域的技术。环形线圈感应式检测器通常由三部分组成：环形线圈车辆传感器、传输馈线和检测处理单元。多个环形线圈感应式检测器检测到的交通信息通过控制单元后，经调制解调器传给远端的控制中心，这样就组成了一个完整的车辆检测系统，如图 2-26 所示。

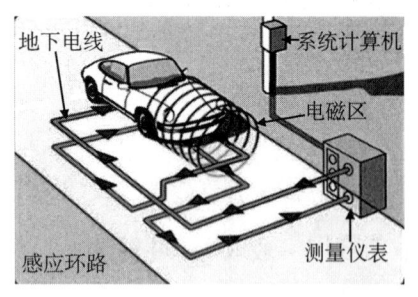

图 2-26　环形线圈感应式车辆检测系统

环形线圈的检测处理单元可以分析线圈的输出信号，从中获得需要的交通参数，主要可应用在车流量统计、车辆分类识别、车速估计、占有率估算等方面。

环形线圈感应式检测在我国应用广泛，主要是因为其设备具有性能稳定可靠、灵敏度高、数据准确、对周围环境要求不高等优点，故拥有较好的发展空间。

2) 视频检测技术

对于交通管理人员而言，交通路口的电视图像是最直接的交通信息，也是最大的交通信息源。视频图像含有丰富的交通信息，随着人们对图像信息研究和应用的深入，目前已经可以从视频图像中直接获取现场交通情况。现在，常用的基于视频参数的检测方法有虚拟线圈法和运动物体检测与跟踪法。

（1）虚拟线圈法

通过软件在视频图像上按车道设置虚拟车道检测器（图 2-27），当车辆通过虚拟检测器时就会产生一个检测信号，再经过软件数字化处理及计算就能得到所需的交通数据。

（2）运动物体检测与跟踪法

以运动物体为目标，跟踪每个运动物体在视频图像序列中的位置，进而得到每个物体的运动速度以及运动物体的总数。视频检测流程如图 2-28 所示。

图 2-27　基于视频检测技术的虚拟线圈

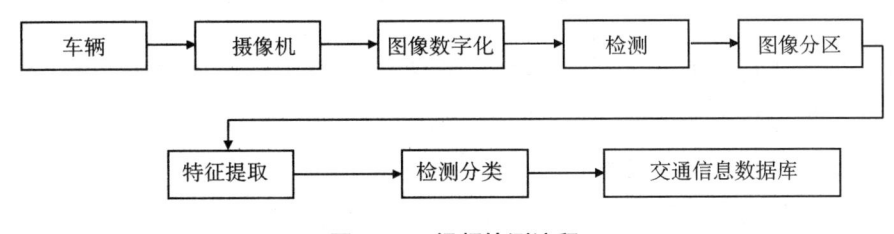

图 2-28　视频检测流程

视频采集是指利用视频、计算机及现代通信等技术，实现交通动态信息采集。视频检测系统通过安装在路口或路段的摄像机采集交通图像，再对图像进行处理，从而得到车流量、瞬时车速、指定时段内的车流统计平均值、车型分类、占有率、车头时距、交叉口排队长度等动态交通信息，通过对这些信息的进一步分析可实现对监控范围内交通事件的自动报警，也可为道路交通的信号控制、信息发布、交通诱导、指挥等提供实时交通动态信息。视频检测系统如图 2-29 所示。通常一台摄像机可观测多条车道，系统也可以处理多个摄像机拍摄的数据。

视频采集检测对摄像机会有一定的要求。其中，照度与分辨率的要求与一般电视监视系统的要求是一样的。在安装位置上则要求摄像机位置较高，且一般正对检测区域为好。

视频检测技术的特点在于：

（1）安装方便，不破坏路面，施工时基本不影响交通；

（2）探测器设置方便、灵活；

（3）可以实现大区域交通信息采集；

（4）系统采用模块化、结构化设计，可扩展性好，系统运行效率高；

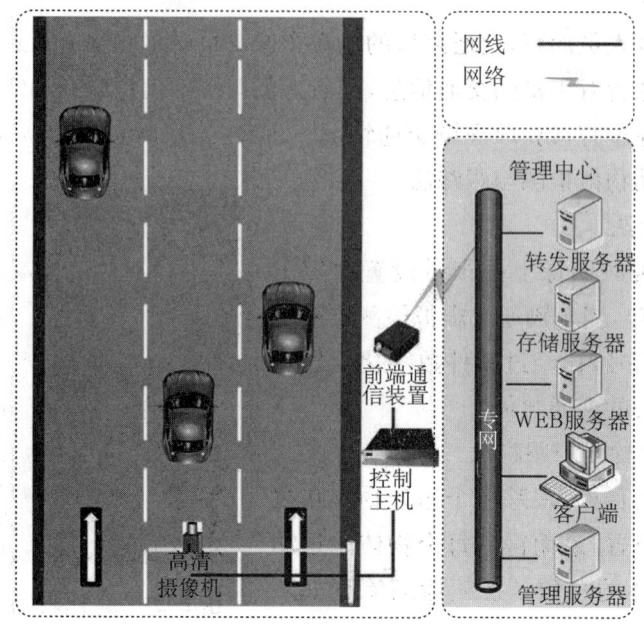

图 2-29　视频检测系统

（5）可实时进行多车道的车流量、占有率、平均车速等信息的采集与统计；

（6）可实时进行机动车车型的采集、区分和统计；

（7）可实时进行各种交通异常状况的采集与报警，如拥堵、事故等；

（8）可实时进行各种车辆违章行为的采集，如超速、闯红灯等；

（9）可从视频交通数据抓取的图像中自动检测和识别车牌号码，静态图像中的车辆及车辆行为采集与识别；

（10）维护方便。

3）微波检测技术

较为常用的微波检测技术有雷达测速仪以及远程交通微波检测（Remote Transport Microwave Sensor，RTMS）技术。交通雷达测速仪目前广泛应用于道路交通巡逻、车流速度检测等方面，特别是在交通管制方面起着重要的作用。雷达测速仪主要是利用多普勒原理来测量移动车辆的速度。

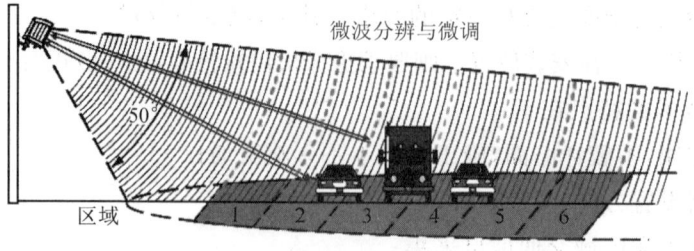

图 2-30　微波检测技术

远程交通微波检测技术是向行驶的车辆发射调频微波,波束被行驶的车辆阻挡而发生反射,反射波通过多普勒效应使频率发生偏移,根据频率的偏移可检测出有车辆经过,经过接收、处理、鉴频放大处理后输出一个检测信号,以达到检测道路交通信息的目的。运用远程交通微波检测技术可收集车道车流量、道路占有率和平均速度等数据,且输出的信号含有多车道信息,可代替传统的多个感应线圈检测器。

远程交通微波检测器是交通信息检测系统的重要组成部分,被广泛应用于交通信号控制系统、高速公路监控系统、区域交通事故报警系统等领域,不仅能够采集数据,而且能够在内部处理多种需要的交通参数。其主要功能与特点如下:

(1) 精确检测各车道的交通流量、道路占有率、平均速度和车流量以及排队状况等信息。

(2) 检测器输出信号与一般常见的检测器兼容,可通过数据接口与控制系统相连或直接代替多个感应线圈检测器。同时,检测器具有存储能力,可将检测到的数据进行存储,也可以通过串行总线接入其他系统,或通过网络传输到交通信息中心。

(3) 检测器工作在微波波段,可在不中断交通与关闭车道的情况下,方便、安全地安装在现有路侧电线杆上,易维护、操作简单,并且由于其波长较长,不受气候环境的影响,能全天候工作。

4) 红外线检测技术

红外线检测器可分为主动与被动两种,都装备有特制的光学系统,在光学系统焦面上安装了红外线光敏材料。红外线传感器可安装在车流上方以观测驶来或驶离的交通流,也可安装于路旁,主要可用于信号控制及车流量、车速和车辆类型的测量;监视人行横道上的行人及向驾驶员发布交通信息等。但在红外线检测技术中,车辆经过引起的传感器信号与路面和车辆的发射率差、路面和大气的温度差等都有关,故在阴天、雨天等湿度大的天气情况下,大气温度与天晴时会有一定误差,从而会影响车辆经过的检测信号。

5) 超声波雷达检测技术

超声波传感器发射的声压波的频率为 25~50 kHz,超出人的听觉范围。大多数超声波传感器发射脉冲波,可提供车辆计数、出现及道路占有率等交通信息。超声波传感器的探测区域范围由超声波发射器的波幅决定,通过测量由路面或车辆表面反射回来的脉冲超声波的波形,可确定由传感器到路面或车辆表面的距离,即通过路上有车和无车时传感器所测信号的差别来判断车辆的出现。恒定频率超声波传感器利用多普勒效应可测量车辆行驶速度。

6) 地磁检测技术

车辆本身含有的铁磁物质会对存在车辆区域的地磁信号产生影响,使该区域的地球磁力线发生弯曲。当车辆经过传感器附近时,传感器能够灵敏感知到信号的变化,经过信号分析处理就可以得到检测目标的相关信息,如车流量、车辆速度等交通流信息。地磁技术主要用于动态交通流的检测,其特点如下:

(1) 检测精度高;

(2) 具有自适应、自学习能力;

(3) 适应各种复杂天气;

(4) 抗干扰性强,工作性能稳定可靠;

(5) 安装维护方便;

(6) 使用寿命长。

综上所述,各种固定式交通信息检测技术的优缺点对比结果如表 2-21 所列、精度对比结果如表 2-22 所列。

表 2-21 不同类型的固定式交通检测技术优缺点对比

检测器类型	优点	缺点	可检测参数
感应线圈检测器	技术成熟,安装容易,成本低,性价比高;可测参数多,检测精度高,灵敏度可调	安装过程对路面的可靠性和寿命影响很大;安装或维护需中断交通;易被重型车辆、路面维修等损坏	直接:交通流量、占有率;间接:车速、车队长度、车身长度
地磁检测器	安装方便,经济耐用;可检测小型车辆,包括自行车;适合于金属结构,如桥梁	不能检测静止或低速的车辆;容易漏测紧跟车辆;检测器材料易老化,灵敏度逐年降低	直接:交通流量、占有率;间接:车速
微波检测器	在恶劣气候下性能出色,可全天候工作;可以侧向检测多车道;可检测静止的车辆;直接检测车速	道路具有铁质的分隔带时,或路侧有障碍物时检测精度下降;检测器安全条件要求较高,侧向安装时需要后置距离;测速精度低	直接:交通流量、占有率、车速;间接:车队长度、车头时距
超声波检测器	体积小,安装方便,使用寿命长,可移动,可多车道检测	检测精度不高,探头下方通过的非车辆也会产生反射波,容易造成误检;抗干扰能力差,易受环境影响	直接:交通流量、占有率;间接:车速、车队长度
红外线检测器	检测快速准确、轮廓清晰;可以侧向检测多车道;可检测静止车辆	受环境温度和气流的影响性能降低;易受车辆本身热源的影响、抗噪声能力不强,检测精度不高	直接:交通流量、占有率、车速、车辆分型、静止车辆;间接:车队长度
视频车辆检测器	可为事故管理提供可视图像;可提供大量交通管理信息;单台摄像机和处理器可检测多车道;能进行异常事件检测	检测精度稳定性不高,易受整个系统软、硬件的限制;大型车辆遮挡随行的小型车辆、积水反射或昼夜转换等均可造成检测误差;图形处理需考虑多种干扰因素的补偿	直接:交通流量、占有率、车速、多车道覆盖、车队长度、车头时距、车型、逆行、事件报警

表 2-22 不同类型的固定式交通检测技术精度对比

内容	感应线圈	视频	微波	超声波	红外线
技术成熟度	高	中	高	高	高
交通量检测精度	中	中	中	中	高
车型分类精度	低	低	中	低	中
速度检测精度	中	中	中	中	高

(续表)

内容	感应线圈	视频	微波	超声波	红外线
抗干扰能力	高	中	中	中	总
设备稳定性	高	高	中	中	中
维护方便性	高	高	高	高	高
使用寿命	长	长	长	中	长
价格	低	低	中	中	中
备注	全天候,但存在跨道误检问题	算法实时性差,易受光线影响	存在车辆互相遮挡现象	漏检情况严重	受环境影响较大

固定式交通信息采集方式的缺点:

(1) 路网上设备覆盖率较低,采集的交通信息不能全面反映路网交通状况;

(2) 受技术特点限制,不同的固定式交通信息采集方式具有不同的采集特点和环境适应性,信息源的可靠性不高;

(3) 在安装和维护过程中需要破坏路面或影响正常交通流;另外,每年对设备的维护和保养需要花费大量人力、物力和财力。

移动式交通信息采集技术主要是基于 GPS、电子标签、汽车牌照、手机信令等。不同的移动式交通信息采集技术的优缺点如表 2-23 所列。

表 2-23 不同的移动式交通信息采集技术的优缺点对比

技术	优点	缺点	可检测参数
GPS	数据检测连续性强;可全天候工作	需要足够多装有 GPS 的车辆运行在城市路网;检测数据通信容易受到电磁干扰;在城市中的检测精度与 GPS 定位精度有很大关系	直接:交通流量、瞬时车速;间接:行程时间、行程车速;可实现多车道覆盖
电子标签	数据检测连续性强;可全天候工作;可提供自动收费服务	每辆车皆须安装电子标签,且必须有足够多车辆安装;必须有良好的滤波算法,以消除个别车辆因运行故障导致的数据误差	直接:交通流量;间接:行程时间、行程车速;可实现多车道覆盖
汽车牌照	数据检测连续性强;可全天候工作;车辆无须安装其他设备;可检测路网所有车辆	检测精度也受天气和光源影响较大;检测精度也受汽车牌照的清晰度影响	直接:交通流量;间接:行程时间、行程车速;可实现多车道覆盖
手机信令	可提供城市、高速公路等整个路网的交通信息;不需要安装高成本的车载设备;可直接获得速度、行驶方向及行程时间等信息;克服了固定检测器只能检测固定位置交通信息的缺点	有时会发生丢包现象;实际速率比理论值低;存在转接时延	整个路网(包括高速公路、快速路、城市干道等)的车辆位置、速度、行程时间、行驶方向、交通事件信息

2.2.2 城市道路交叉口交通流组织方式

1. 城市道路交叉口交通流组织优化基本概念

道路交通组织优化是基于时间和空间的有效结合,将不同时段、不同路段、不同车种、不同交通流向的各类交通流(机动车流、非机动车流、行人流)科学合理地分配在现有的城市道路网资源中,使得所有交通参与者的出行安全、出行成本以及各条道路的饱和度均能处于可控范围内,即各路段在尽可能地分担交通压力的同时也要保障自身的正常运转,使整个城市道路网系统始终处于高效、有序、安全地运转状态中。换言之,通过硬件措施(工程措施)和软件措施(控制措施)的有效结合,使得城市交通量尽可能平均地分布在现有路网上,让交通量由高峰时段向平峰时段转移,由密集区域向稀疏区域转移,最终达到整个路网的均衡和稳定。

城市道路交叉口作为城市各条道路相互连接的转换器,可以实现不同车流之间的交叉转换。同时,交叉口作为路段"瓶颈",汇集了各种机动车、非机动车和行人,各种交通流在此进行合流、分流、交叉等,这使其成为整个交通系统的枢纽,进而影响着整个城市的交通安全和畅通。

城市道路交叉口根据其交叉形式、控制方式以及相交道路的空间位置的不同可以进行如下分类,如图 2-31 所示。

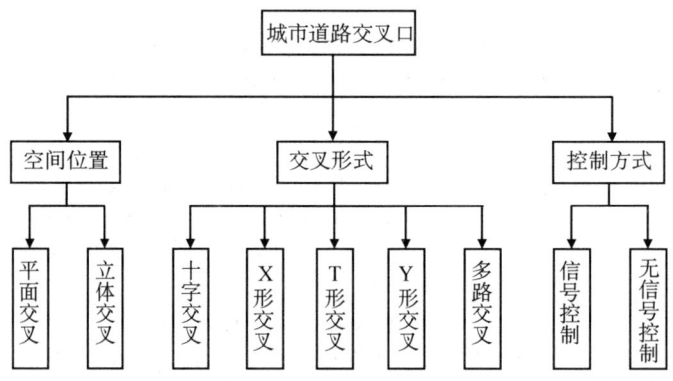

图 2-31 城市道路交叉口分类

2. 城市道路交叉口交通组织基本原则

在对城市道路交叉口进行组织优化时,需要遵循以下三条基本原则。

(1) 交通分离原则

根据通过交叉口的各种交通流的不同流向与流速,可将其在时间和空间上进行分离。如按交通流种类的不同可采取不同的交叉口放行方法,以确定机动车、非机动车的放行顺序和放行轨迹;按交通流流向的不同可进行进口道导向车道设置,通过采用专用信号相位的方式来减少或消除由于各方向交通流交织而产生的冲突点;按行驶速度的不同可将快、慢车道进行物理隔离或明确路权,使不同速度的交通流能各行其道,等等。

(2) 交通量控制和调节原则

根据交叉口自身的客观条件,针对不同方向、不同时段汇集于此的各种交通流进行有效控制和调节,起到疏导交通的作用。如对通过交叉口的车流进行限速;对城市中心地段的交叉口限车种;对交叉口某进口道禁止或限制左转;按平峰时段和高峰时段更换不同的组织方案,等等。

(3) 按交通性质疏导原则

对于消防车、警车、救护车等特殊车种以及公交车,交叉口对它们适当放宽限制,以满足特殊需求和保障公交优先。

3. 城市道路交叉口交通组织基本思路

城市道路交叉口交通组织优化的基本思路如图 2-32 所示。

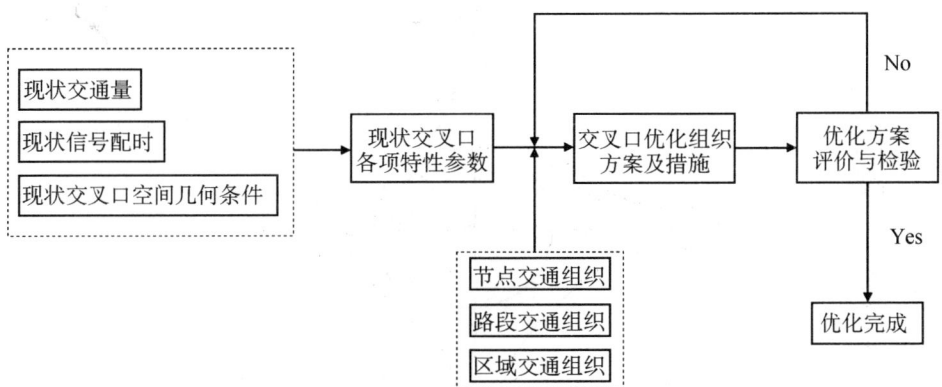

图 2-32 交通组织优化基本思路

首先,任何交通组织优化都必须从现状着手,对交叉口的各项交通特性(包括交叉口的几何特征、交叉口内的流量流向、信号配时方案等)进行详细调查及了解。其次,对于调查得到的相关数据进行定性与定量分析,包括对通行能力、延误、冲突点数的计算分析。再次,得到初步的交通组织优化方案,主要包括导向车道的设置、禁限措施的提出、完善交叉口内标志标线、对信号配时进行优化等一系列措施,从空间和时间上减少甚至消除冲突点,与此同时仍然要保证其通行能力及效率的最大化。最后,再对初步方案进行检验和评价,对各项具体优化措施做进一步的改进,得到最终的交通组织优化方案。

4. 机动车交通组织方式

交叉口车辆交通组织的目的就是保证交叉口内车辆行驶安全、通畅,提高交叉口的通行能力。常用的交通组织方法有:限定车流行驶方向、设置专用车道、渠化交叉口、实行信号管制等。

1) 设置专用车道

设置专用车道的目的是组织不同行驶方向的车辆在各自的车道上分道行驶,互不干扰。根据行车道宽度和左、直、右不同方向车辆的交通量大小可做出多种组合的车道划分。

2）左转弯车辆的交通组织

左转弯车辆是引起交叉口车辆冲突的主要原因，合理地组织左转弯交通流，是保证交通安全、提高交叉口通行能力的有效方法。左转弯车道交通组织方法可采用以下几种形式：

（1）设置专用左转车道。

（2）实行交通管制，即通过信号灯控制或交通警手势指挥，在规定时间内不准左转或允许左转。

（3）变左转为右转，具体可采用如下三种方式实现。

① 环形交通：利用环岛组织逆时针单向交通，变左转为右转，使冲突车流变为分流与合流，如图 2-33 所示。

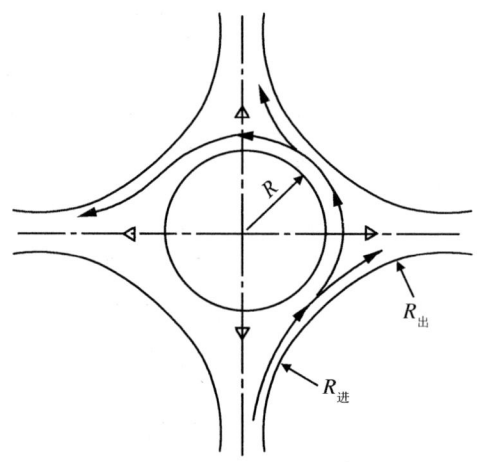

图 2-33　环形交通示意图

② 街坊绕行：使左转车辆环绕邻近街坊道路右转行驶实现左转，如图 2-34 所示。这种方法绕街坊行程增加很多，通常仅用于左转车辆所占比例不大、旧城道路扩宽困难，或在桥头引道坡度大的十字形交叉口，为防止车辆高速下坡时直角转弯发生事故而采用。

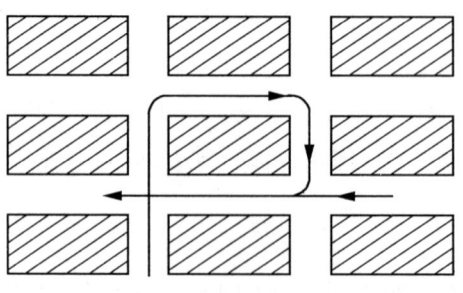

图 2-34　街坊绕行示意图

③ 远引绕行：如图 2-35 所示，利用中间带开口绕行左转。

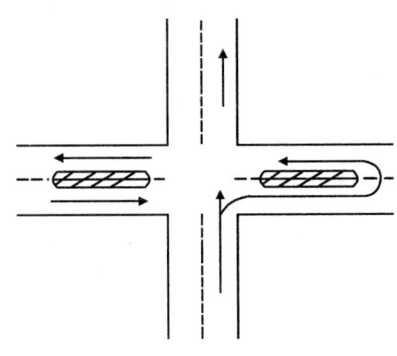

图 2-35　远引绕行示意图

3）组织渠化交通

在行车道上画线或用绿带和交通岛来分隔车流，使各种不同类型和不同速度的车辆，沿规定的方向互不干扰地行驶，这种交通组织称为渠化交通。

(1) 渠化的适用条件

一般情况下，交通渠化在以下类型的交叉口中较常使用：①相交道路交通量悬殊的交叉口；②畸形交叉口；③丁字形路口。总的来说，渠化交通对解决畸形交叉口的复杂交通问题尤为有效。

(2) 渠化的基本原则

交叉口渠化设计总的要求是利于交通安全、提高通行能力及行车速度，减少延误和方便行车、行人。综合起来有如下八条原则：简单易懂、符合规范、有利安全、方便直接、保证视距、美观醒目、便于认识、位置合理。

(3) 渠化的具体方法

① 用分车线、分隔带或交通岛等，把不同方向和速度的车辆划分车道行驶，使行人和驾驶员很容易看清互相通行的方向，避免车辆互相侵占车道和干扰行车路线，从而减少车辆相互碰撞的机会，增加行车安全性。

② 利用交通岛的布置，限制车辆行驶方向，使斜交对冲的车流为直角交叉或锐角交叉。

③ 利用渠化交通设置的交通岛或分隔带，设置各种交通标志，并可作为行人过街时避让车辆的安全岛。

4）调整交通组织

当旧城道路改建困难时，可对城市道路网进行综合考虑，采取改变交通路线、限制车辆行驶、控制行驶方向、组织单向交通，以及适当封闭一些主要干道上的支路等措施，从而简化交叉口交通，提高整个道路网的通行能力。

5）实行信号管制

采用自动控制的交通信号指挥系统，以提高行车速度和通行能力。

5. 交通标志

交通标志是用图形、符号、文字，配以特定的形状和颜色，向交通参与者传递法定信息，用以管制、警告及引导交通的道路交通管理设施。信号交叉口常用的与交通组织相关的交通标志有：导向车道指示标志、有禁限措施的交叉口的禁令标志、警告标志等。

1) 指示标志

指示标志是交通标志中主要标志的一种，用以指示车辆和行人按规定方向、地点行驶。指示标志为蓝底加上白图案，形状分为圆形、长方形和正方形，如图 2-36 所示。

图 2-36　指示标志

2) 禁令标志

禁令标志也是交通标志中主要标志的一种,对车辆加以禁止或限制的标志,根据交叉口交通组织的具体需要,在交叉口可禁限某车种或某方向禁行,此时必须设置相应的交通禁令标志,如图 2-37 所示。

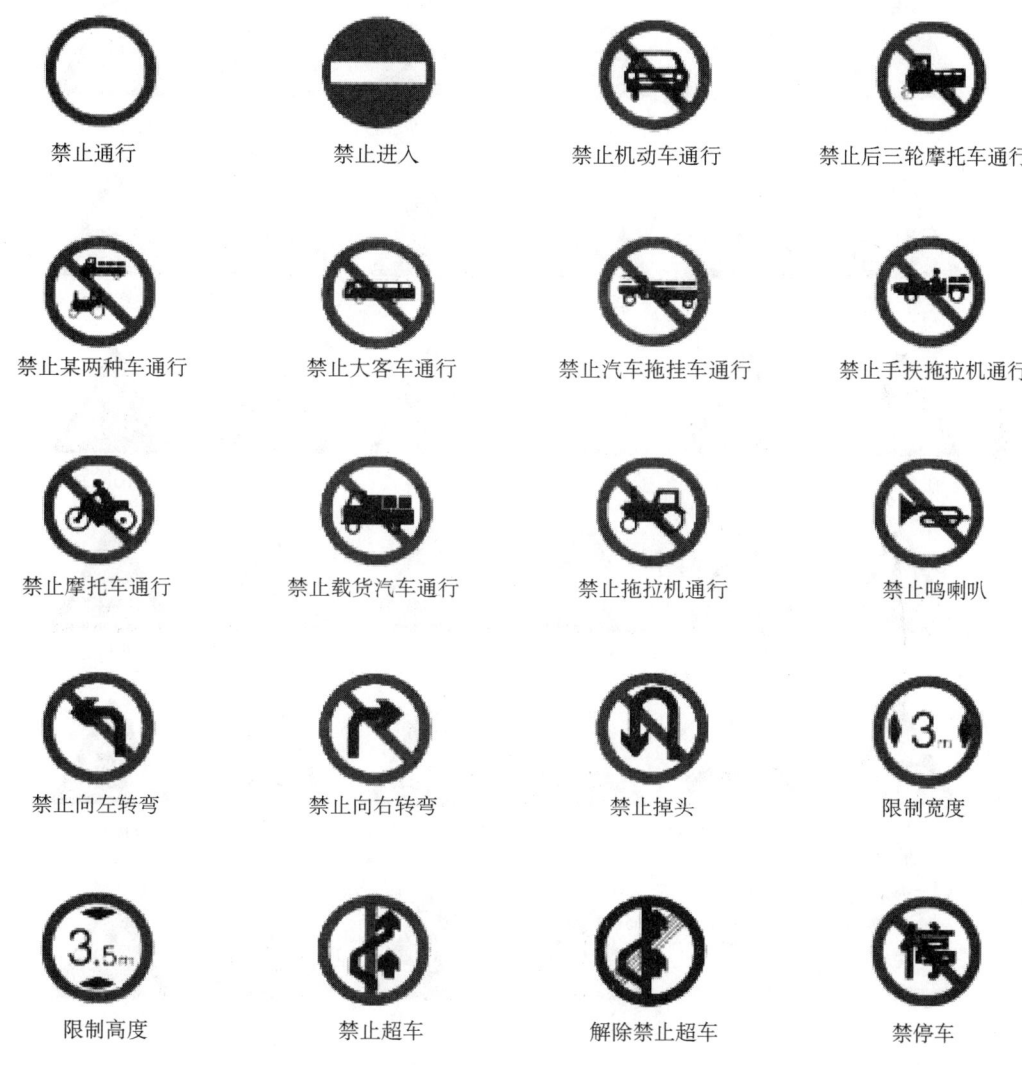

图 2-37　禁令标志

3) 警告标志

警告标志是指警告车辆、行人注意危险地点的一种标志。警告标志为黄底、黑边、黑图案,形状为等边三角形,顶角向上(图 2-38)。驾驶员一旦见到警告标志,应引起注意,谨慎驾驶、减速慢行。

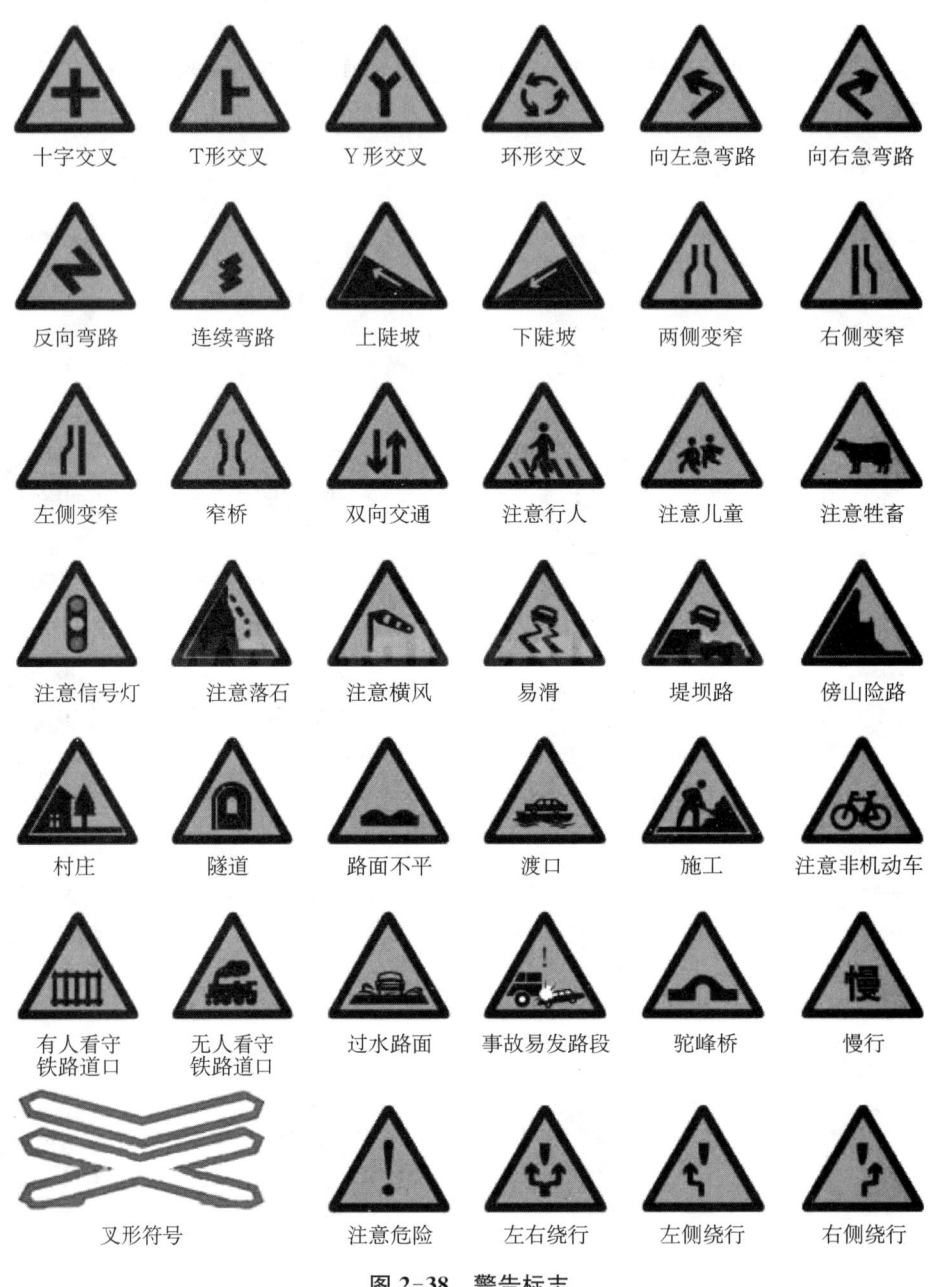

图 2-38　警告标志

2.2.3　城市道路交叉口信号控制

目前,城市道路交叉口采用的信号控制主要有三类:定时控制、感应控制和自适应控制。

定时控制也叫定周期控制,主要根据交叉口历史交通量数据来确定配时方案。感应控制主要根据交叉口的交通量变动进行实时控制,没有固定的周期和绿信比。自适应控制又称为优化控制,控制系统根据检测器传输过来的交通量信息,实时生成对某种性能指标来说是最佳的配时方案,并自动调节各个参数(周期、绿信比和相位差等)。

国外曾经对这三类信号控制方式的控制效果进行过定性的对比研究,研究结果如图 2-39 所示。在交通量比较小的情况下,感应信号控制的控制效果最好。从整体上看,自适应信号控制的控制效果是最佳的,但随着交通量的逐渐增大,当达到或超过信号交叉口的通行能力时,采用定时信号控制更为有效。下面本书主要具体介绍定时控制与感应控制,自适应控制仅做简要介绍。

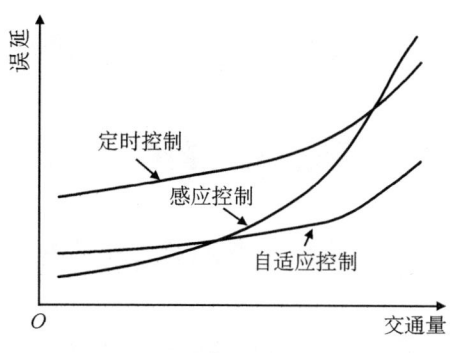

图 2-39 不同信号控制方法的延误

1. 定时控制

在城市道路交叉口,交通信号控制机按照事先设定的配时方案进行控制,称为定时信号控制,也称定周期控制。另外,一天只用一套配时方案的称为单段式定时信号控制;一天内按照不同时段的交通量采用几套不同的配时方案的称为多段式定时信号控制。其中,多段式定时控制由于可以提供早、晚高峰及平峰时段的不同配时方案,交通控制效益相对较高。

单点交叉口定时信号设计的主要内容包括:确定多段式信号配时时段、配时时段内的设计交通量、初始试算周期时长、交通信号相位方案、信号周期时长、各相位绿信比、服务水平的评估、绘制信号配时图。

1) 配时时段的划分

城市道路交叉口的交通量是随时间变化的,为了使信号控制能适应不同时段的不同交通需求,以提高交叉口的服务水平,信号配时应按不同时段的不同交通量来设计。时段划分可视实际情况,分为早高峰时段、下午高峰时段、晚高峰时段、早低峰时段、中午低峰时段、晚低峰时段等。

2) 设计交通量的确定

定时信号配时的设计交通量,需要按照各配时时段内交叉口进口道不同的流向分别确定。各流向的设计交通量取各配时时段中的高峰小时最大 15 min 流率 $Q_{15\ min}$ 换算的小时交通量,计算见式(2-35)。

$$q_{dmn} = 4 \cdot Q_{15\ min} \tag{2-35}$$

没有最大 15 min 流率数据时,可以用高峰小时流量 Q_{mn} 及高峰小时系数 $(PHF)_{mn}$ 来计算设计流量。

$$q_{dmn} = Q_{mn} \cdot (PHF)_{mn} \tag{2-36}$$

3) 交通相位方案

在信号相位方案确定之前,要合理划分交叉口各进口道,明确各条车道的功能。信号相位是信号轮流给某些方向的车辆或者行人以通行权的一种次序,是一股或多股交通流,

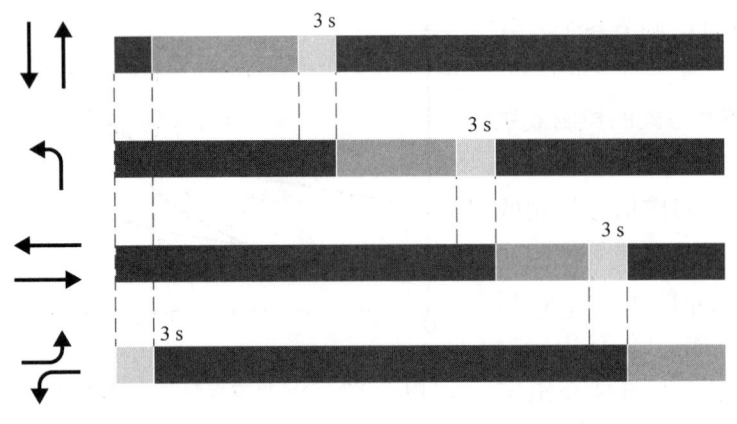

图 2-40 某交叉口四相位信号控制相位图

在一个周期时间内不管任何瞬间都获得完全相同的信号灯色显示。如图 2-40 所示为某交叉口四相位信号控制相位图。所谓的确定信号相位方案,就是把不同的信号相位适当地组合排序。合理选用组合信号相位是决定信号控制交叉口交通效益的关键因素之一。交叉口相位相序方案的确定要考虑以下几点:

(1) 允许大量的行人或者自行车迅速连续通过人行横道,某些行人与自行车绿灯的顺序能影响整个交叉口的相位顺序;

(2) 复杂交叉口的相位顺序可以由固定顺序的两个方向交通流来确定;

(3) 相邻交叉口信号方案的协调或者公共交通管理需要的相位差决定了交叉口的相位顺序;

(4) 为了提高交通流的通行效率,某些独立的交通流在一个周期内能获得几次绿灯,以此限制相位顺序的选择等。

4) 信号周期时长

增加信号周期时长可以提高交叉口的通行能力,但周期时长达到 120 s 后,通行能力就会提高缓慢,而延误却增长很快,所以信号周期时长不宜超过 120 s。当然,信号周期时长也不宜过短,如此才能保障通行安全。

定时信号控制的优点:

(1) 因信号启动时间可取得一致而有利于相邻交叉口交通信号的协调,特别是要联结几个相邻交通信号或一个信号网络系统的时候。

(2) 定时信号控制正常工作时,不必通过检测器对车辆进行检测。因此,不存在路边停车及其他因素影响车辆检测的问题。

(3) 定时信号控制更加适用于有大量、均匀行人交通的地方。

(4) 定时信号设施成本低,安装、维护方便。

2. 感应控制

交叉口感应信号控制,是交通信号机按照车辆检测器测定的到达进口道的交通需求,使信号显示时间适应所测得的交通需求的一种控制方式。交通感应信号控制按照检测器设置的不同,分为半感应控制和全感应控制两类。

半感应控制是只在交叉口部分进口道上设置检测器的感应控制方式,适用于主次道路相交且交通量变化较大的交叉口上。这种控制方式的绿灯时间可以根据需要随时调整，使分配到次路的绿灯时间能被充分利用，剩余的绿灯时间则分配给主干道。

全感应控制是在所有进口道上都设置检测器的感应控制方式，适用于相交道路等级相当、交通量相仿且变化较大的交叉口。在这种控制方式下，交叉口所有相位都通过检测器所获得的交通信息进行控制，一般每个相位都会设置最小、最大绿灯时间。

感应信号控制设置的主要内容有：确定感应控制方式（半感应、全感应）、确定检测器设置的位置、确定感应控制工作原理（感应逻辑）和控制效益的评价。

(1) 感应控制方式的确定

感应控制方式主要是根据道路条件和交通条件进行确定的。首先，要明确相交道路的等级，道路等级不同，控制方式一般也不同。其次，在考虑道路等级的同时，还要考虑相交道路的交通条件，交通流量的不同也将导致控制方式的不同。一般情况下，主次道路相交采用半感应信号控制，次路相交采用全感应信号控制。

(2) 检测器的设置

对于半感应控制来说，按检测器的设置可以将半感应控制进一步细分为两类：①检测器设置在次要道路上的半感应控制。这种感应控制方式，在平时主路上总是绿灯，对次路预置最短绿灯时间。当次路上检测到有车时，立即改变相位，次路开绿灯，后继无车时，相位返回主路；否则，到达最短绿灯时间时，强制换相位。这种控制实际上是次路优先，只要次路有车到达交叉口就会中断主路车流，当次路车辆很少时，次路的非机动车就要等待很长时间。这种感应控制的工作流程如图 2-41 所示。②检测器设置在主要道路上的半感应控制。这种感应控制方式，在平时主路亮绿灯，当检测器在一段时间内未测到主路有车辆时，才换相位让次路通车；主路上测得车辆到达时，通行权重归主路。这种感应控制方式可以避免主路车流被次路车辆打断，且有利于次路上非机动车的通行，工作流程如图 2-42 所示。

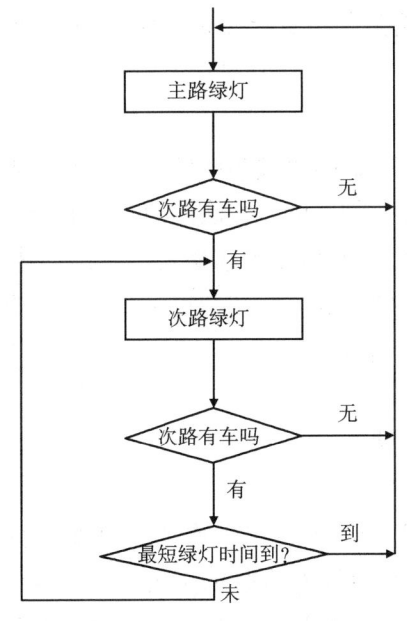

图 2-41 检测器设置在次路的半感应控制

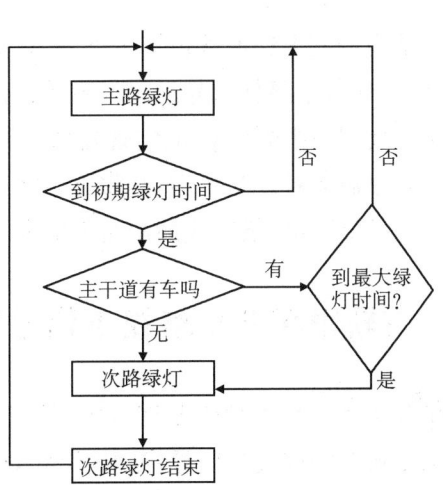

图 2-42 检测器设置在主路的半感应控制

(3) 感应逻辑

感应逻辑是实施感应控制的基础,是感应控制运行的前提。这里仅举例介绍一种感应控制的工作原理,如图 2-43 所示。一个相位起始绿灯,感应信号控制机内预设一个"初期绿灯时间(G_{min})",到初期绿灯时间结束时,如在一个预置的时间间隔内,无后续车辆到达,可更换相位。如果检测器测到有车辆到达,则每测到一辆车,绿灯延长一个预置的"单位绿灯延长时间(G_0)",即只要在这个预置的时间间隔内,车辆中断即更换相位;若连续有车,则绿灯不断延长,直到预置的"极限延长时间(G_{max})"时,即使检测到有后续来车,也中断这一相位的绿灯。

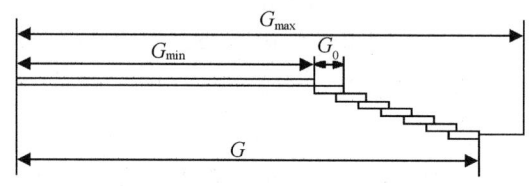

图 2-43 感应控制工作原理

感应信号控制的优点:

(1) 对于交通量变化大且不规则、难于用定时控制处置的交叉口,以及必须减少对主要干道干扰影响的交叉口,用感应控制效益更大。

(2) 对于不适宜联动定时控制的交叉口而言,宜用感应控制。

(3) 适用于交通只在一天的部分时间里需要信号控制的交叉口。

(4) 感应控制在轻交通交叉口有其优越性,不会使主要道路上的交通产生不必要的延迟。

(5) 对于存在某几个流向的交通量时有时无或多变的复杂交叉口而言,使用感应控制可得到最大效益。

3. 自适应控制

自适应控制方法通常包括两类:一类是在线生成式,即通过车辆检测器实时采集交通量数据,在线求解最佳信号配时方案,然后进行信号控制。该类方法能够及时响应交通流的随机变化,控制效果好,但实现起来比较复杂。另一类是方案选择式,即根据不同的交通流事先求解各种配时方案,并将方案储存在中心计算机内,系统运行时按实时采集的交通量数据,选取其中最适应的配时方案来实施信号控制。

2.3 有轨电车共享路权下信号优先设计

下文主要研究有轨电车加入城市道路后对道路交通产生的影响,以及由此导致城市道路交通特征的改变和信号控制的调整,通过对调整后的有轨电车全线的运行效率和安全保障进行分析,最后设计了有轨电车信号优先方案。本节主要从有轨电车共享路权下的交通组织方式、交叉口信号控制、交叉口运行效率及安全、信号优先设计和信号控制子系统五个方面展开。

2.3.1 有轨电车共享路权下的交通组织方式

有轨电车通常采用地面线路,因此与城市综合交通运输之间相互影响较大。根据城市综合交通运输现状及规划,合理地进行交通组织优化设计是有轨电车方案选择的重要方面。合理地解决好乘客、行人及车辆的交通组织,不仅有利于城市综合交通运输,更有利于有轨电车的运行效率和安全保障。

1. 有轨电车乘客交通组织方式

有轨电车站台与人行道不同的位置关系,决定了不同的乘客交通组织方式。

1) 中央布置形式

如图 2-44 所示,由于有轨电车站台布设于道路中央,位于轨道与机动车之间,乘客候车时与机动车之间的干扰较大。为了确保乘客的乘降安全,要在站台四周(上、下车门处除外)设置安全护栏。此外,乘客上下车需要横穿道路,存在安全隐患,故可视客流量情况在必要时建设过街天桥或地下通道。

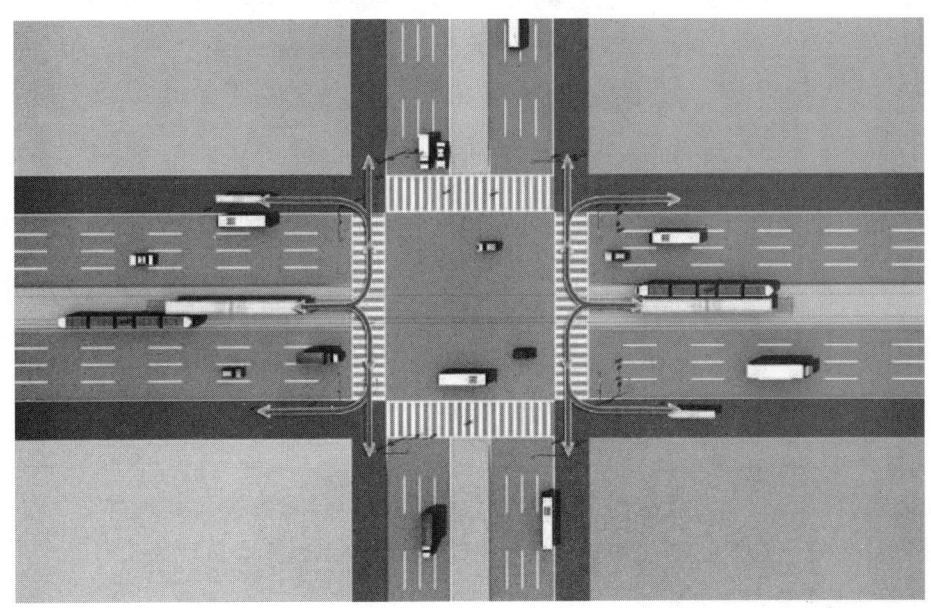

图 2-44 路中布置有轨电车站台的客流组织示意图

2) 两侧布置形式

有轨电车站台设置于人行道上,与公交车站处于同一位置,乘客无须穿越道路,安全性高,也便于与公交车实现无缝接驳。

3) 一侧布置形式

如图 2-45 所示,有轨电车站台设置于人行道上,与公交车站处于同一位置,便于与公交车实现无缝接驳;但另一侧乘客上下车需要横穿道路,存在安全隐患。此种形式可视客流情况在必要时建设过街天桥或地下通道。

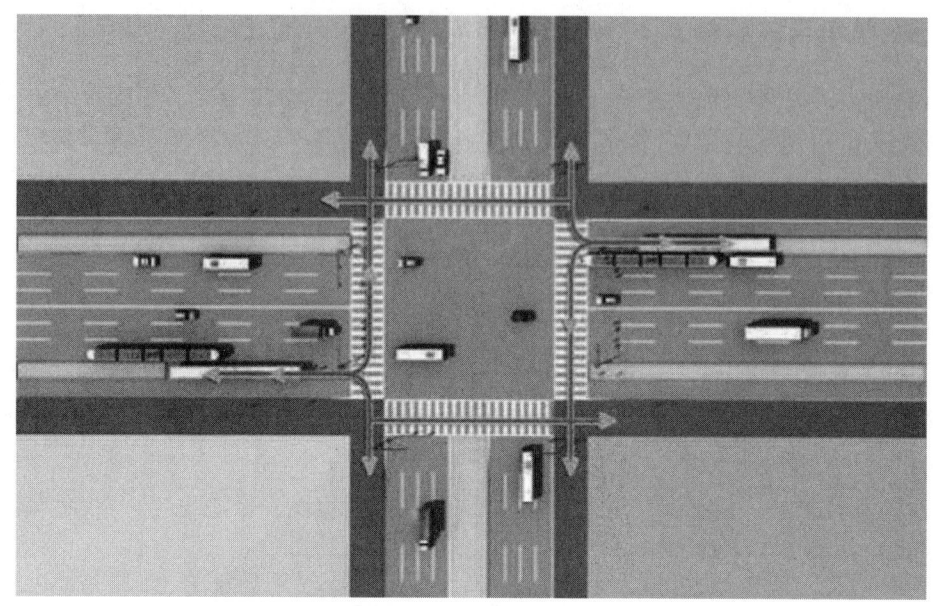

图 2-45　路侧布置有轨电车站台的客流组织示意图

2. 行人交通组织

1) 中央布置形式

行人被组织到道路外侧,对有轨电车的干扰较小;只有横过马路的行人才会对有轨电车存在干扰,一般通过路口信号灯控制可以解决这一问题。

2) 一侧和两侧布置形式

行人被组织到道路次外侧,与有轨电车相邻。由于行人的随意性大,因此该形式存在安全隐患,需要设置物理隔离,以保证行人安全。

3. 交叉口交通组织

交叉口是制约城市道路交通运输能力的瓶颈,因此合理解决和处理好交叉口处的交通是至关重要的。为了提高有轨电车的运行速度,一般采用交叉口优先信号。

1) 有轨电车线路中央布置形式

当有轨电车线路布置在路中央时,对交叉口左转交通会有影响,对直行及右转交通无影响,因而有轨电车系统对交叉口通行能力的影响较小。为了解决有轨电车与左转交通之间的冲突,可考虑增设左转专用相位或采用禁左措施。

2) 有轨电车线路一侧或两侧布置形式

有轨电车线路一侧或两侧布局对同向、左右转交通均会产生影响,同时对垂直方向右转交通也有影响。可在同方向增设左右转信号灯解决各相位交通的冲突。但相位增多,必然会影响到交叉口的通行能力,进而影响全线道路的通行能力。

4. 路段交通组织

城市道路沿线两侧通常分布了大量的企事业单位、商场、饭店等吸引人流的公共区域,单位车辆出入、公交停靠和路边临时停车在所难免,因此需要综合考虑这些因素对有轨电车的影响,合理进行路段交通组织设计。

1) 有轨电车线路中央布置形式

有轨电车位于道路中央,两侧单位出入口接机动车道,路段出入的右转车辆对有轨电车没有影响,而左转车辆对有轨电车会有影响(图2-46)。可采取各个出入口只准右进右出,左转车辆可在邻近交叉口掉头等措施解决(图2-47)。

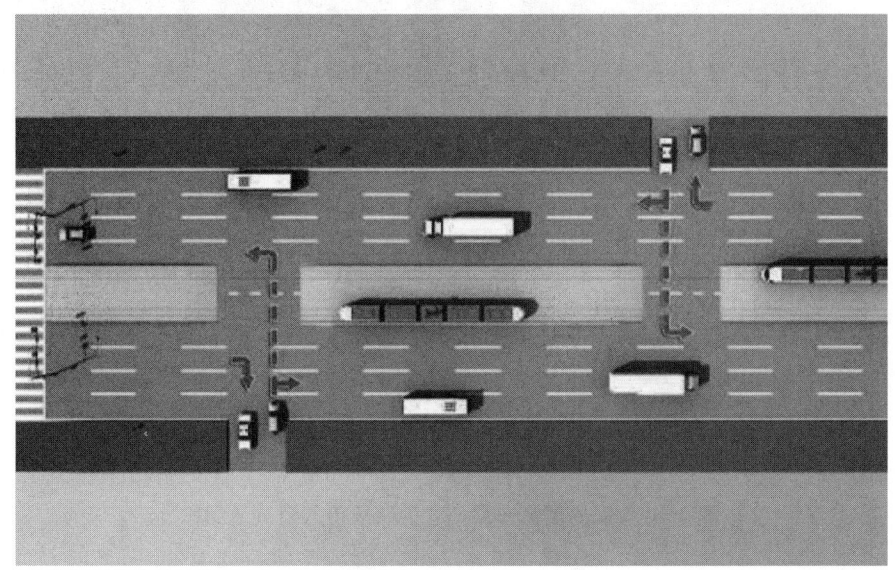

图 2-46 采用路中布置形式的路段出入口对有轨电车的影响

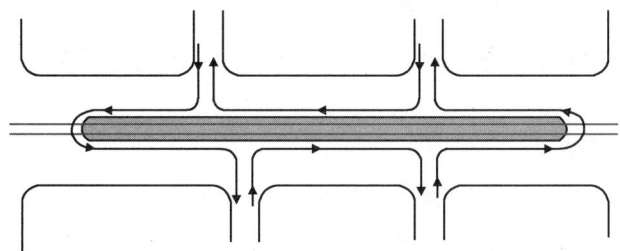

图 2-47 采用路中布置形式的路段出入口交通组织

2) 有轨电车线路一侧和两侧布置形式

由于有轨电车线路敷设于道路两侧,道路沿线单位车辆出入与有轨电车交叉干扰影响较大(图2-48)。为了减少由于车辆进出导致的与有轨电车的交叉,需要关闭道路沿线部分单位的出入口,可几个出入口合并,并借用一段非机动车道,但如此对非机动车的影响就比较大(图2-49)。此外,公交车停靠和路边临时停车也会占用有轨电车行车道,容易造成冲突。

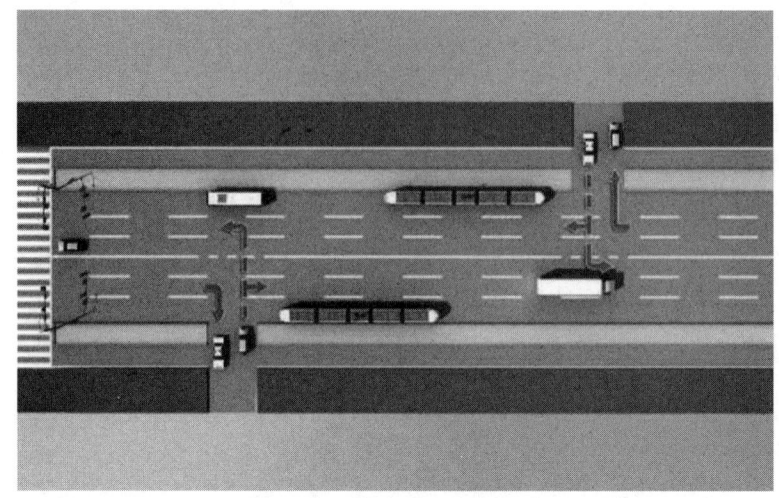

图 2-48 采用路侧布置形式的路段出入口对有轨电车的影响

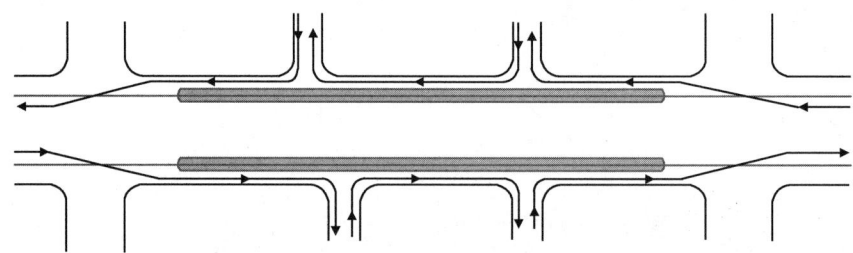

图 2-49 采用路侧布置形式的路段出入口交通组织

2.3.2 有轨电车共享路权下的交叉口信号控制

1. 有轨电车交叉口信号优先控制类型

有轨电车交叉口信号优先控制策略可分为绝对优先控制策略、相对优先控制策略和部分优先控制策略三种。

1) 绝对优先控制策略

当安装在交叉口进口处的检测器检测到有轨电车车辆到达时,交通信号控制器就无条件中断当前的信号相位,直接给予有轨电车通过信号,当交叉口出口道检测器检测到有轨电车已通过交叉口时,再恢复原来的信号相位。绝对优先控制策略的特点是有轨电车在到达交叉口的任意时刻都能享有绿灯,一路通行。

绝对优先控制策略保障了有轨电车能不受延滞的通过交叉口,但也因此给横向车流带来了严重影响。当横向交通量较大时,绝对优先控制策略容易引起横向交通拥堵。因此,这种控制策略通常也仅限于应用在横向交通量较低的道路交叉口。

2) 相对优先控制策略

与绝对优先控制策略类似,相对优先控制策略也需要通过布置在交叉口进口处的检测器来检测有轨电车的位置，从而判断是否给予其相应的信号优先。不同于绝对优先控制策略，相对优先控制策略是通过调整一个信号周期内不同相位的出现时间以及相位时长来达到使有轨电车优先通行的目的。检测器的具体安装位置依据有轨电车车辆平均行驶速度、交叉口出清时间及安全制动距离等因素确定（通常选择距离交叉口 100～150 m），信号优先过程包括以下四个阶段：

第一阶段，确定有轨电车位置。根据有轨电车到达的地点，确定交叉口是否要进行信号优先。

第二阶段，有轨电车向交叉口的信号机提出信号优先请求。路旁的交通信号控制器决定是否对有轨电车到达预定点后提供信号优先控制。

第三阶段，交叉口的信号机同意有轨电车提出的信号优先请求。同时根据实时交通数据确定如何操作。

第四阶段，实施信号优先。根据有轨电车和前方交叉口的相对位置，通过调整信号时长使信号灯提前变绿，或延长绿灯时间，以便有轨电车能顺利通过交叉口。

在相对优先控制策略下，交叉口信号配时有三种基本的调整方式：绿灯提前、绿灯延长和相位插入。

3) 部分优先控制策略

在绝对优先和相对优先控制策略中，试图对每一列有轨电车都提供优先通行条件。当运行计划排车较密但又不集中到达交叉口时，可能会造成信号相位的频繁调整，这对同向车流和横向车流均会造成干扰。因此，可以有选择地为部分有轨电车车辆提供优先信号，即部分优先控制策略。

依据具体情况的不同，选择的标准可以是下列中的一种或几种：在高峰期为有轨电车提供优先信号，平时不提供优先信号；权衡有轨电车延误与路面交通车辆延误，确定是否为有轨电车提供优先信号。与相对优先控制策略相比，部分优先控制策略的适用范围更广泛。策略的复杂性也决定了实现部分优先控制策略需要更多额外的附加信息，才能为有轨电车车辆在合适的情形下提供优先通行权，因此整个系统的成本会相应增加。

4) 三种控制策略比较与适应性分析

以上三种控制策略各有其特点，且分别适用于不同的交叉口情况。

(1) 绝对优先控制策略赋予有轨电车完全凌驾于其他交通方式之上的优先权。因此，该策略适合在与支/小道路相交路口的信号控制中运用，相交支/小道路等级低，道路方向交通量不大且与电车正线有明显差异，交通需求不迫切。

(2) 相对优先控制策略在优先时段上有所让步，适用于主、次干道相交路口，次干道道路的交通流量小于主干道上有轨电车正线的交通流量，但主、次干道交通流相差不大。给予有轨电车优先通行的同时，还要尽量协调主、次干道交通关系，减少次干道上的交通延误。

(3) 部分优先控制策略一般在主、主干道相交路口，当路口交通流量较大、有轨电车信号优先对横向交通影响较大时采用。既能保障部分有轨电车车辆优先、提高公交效率，又可兼顾横向交通流。

同时，三种优先控制策略的受控主体也不尽相同。绝对优先控制策略与相对优先控制策略相比，其享有优先权的主体相同，即与有轨电车同向运行的任何车辆。但其享有优先权的时间点有所不同，在绝对优先控制策略下，有轨电车在任何时刻都享有优先权；而在相对优先控制策略下，有轨电车需要经过优先途径选择，比如是采用绿灯延长还是插入相位等，可能需要略微等待才能享有优先权。部分优先控制策略与前两者相比，其享受优先权的主体有所差别。在部分优先控制策略下，只有满足特定条件（如特定时段）的有轨电车才能享有优先权。三种优先控制策略的对比结果如表 2-24 所列。

表 2-24　三种优先控制策略对比

控制策略影响	绿灯启动时刻	优先主体	优先级别	对横向车流的影响
绝对优先	不等待	所有有轨电车	最高	最大
相对优先	略有等待	部分有轨电车	较高	较大
部分优先	等待或略有等待	所有有轨电车	最低	最小

有轨电车车辆依据编制数量和运行速度的不同，其通过交叉口的时间也不同，与汽车相比，有轨电车通过交叉口所需时间较长，因此交叉口的绿灯时间要大于有轨电车通过的最小绿灯时间。

2. 有轨电车交叉口信号灯设置方案及控制方法

有轨电车以人工驾驶为主，驾驶员通过目视行车。因此，有轨电车在交叉口信号控制中，信号灯设置存在有轨电车和社会车辆共享同一信号灯，以及有轨电车设置专用信号灯这两种信号灯设置方案。

1）设置专用信号灯

（1）专用信号灯设置的必要性

在 B 级路权下有轨电车行驶速度较快，制动距离长，所需的安全等级较高。有轨电车主要依靠驾驶员目测驾驶，当有轨电车靠近交叉口时，驾驶员需要及时根据前方信号灯显示情况来判断是否需要停车。以下对平面交叉口设置有轨电车专用信号灯的必要性进行分析。

① 通过设置类似正线区间的专用信号灯，方便驾驶员驾驶。

为了方便驾驶员瞭望以及更专注行车，交叉口区的信号灯可采用与道岔区进路表示器同等规格、相同布设位置以及埋地方式。如此驾驶员便可只关注沿线的专用信号灯，而不必再抬头瞭望市政交通信号，一定程度上提高了驾驶效率，同时也减少了工作量。

② 在需要增加有轨电车专用相位的路口，可减小对既有信号的改动。

目前，国内在建或已建成的有轨电车线路，一般有轨电车运行在道路中间，独立路权区段采用绿化带隔离，交叉口区段则与社会车辆混行。

在实际工程中会在某些交叉口遇到这样的情况：有轨电车右转，与同方向直行的社会车辆存在冲突，而通常社会车辆交通信号没有配置单独的右转相位，此时需单独为有轨电车配置右转相位。如在交叉口为有轨电车设置专用信号,即可解决该问题,且与在交叉口信号灯中插入右转相位相比,有轨电车专用信号的设置不会给社会车辆右转造成误导。具体操作时,可将有轨电车右转相位与市政信号灯左转相位合用,通过联锁关系共享该相位时间。

③ 更好地协调有轨电车信号灯与社会车辆交通信号灯的关系。

有轨电车和社会车辆在黄灯时间内存在冲突,可通过设置专用信号灯解决此问题。由于有轨电车车身长度比普通公交车车身长度(大巴最长通常为 12 m)还要长 2～3 倍,所以有轨电车通过交叉口所需的清场时间要比其他车辆多。而有轨电车的性能比常规公交车辆要好,与社会车辆相近,为简便分析,假设有轨电车的车速与社会车辆的车速相等,并认为当车辆整体驶过交叉口之后才安全。假如有轨电车没有设置专用信号灯,并与同向车辆遵从相同的信号显示,在黄灯开始时有轨电车和同方向社会车辆刚好越过停止线,那么交叉口的车辆清场有如下两种情形:

情形 1:采用社会车辆的清场时间作为标准,那么在红灯结束时,社会车辆能恰好完全通过路口,但由于有轨电车车身较长,故不能完全通过路口,与横向运行的车辆存在冲撞风险。有轨电车只能通过加速通行或是减速停车才能避免危险发生。但让有轨电车加速通过交叉口不切实际,且有可能导致严重事故。

情形 2:若采用与有轨电车信号控制相同的清场时间,由于社会车辆通过时间较短,可能使后续的同向车辆在黄灯开始之后进入交叉口内,冒险通过交叉口。通过对交叉口清场时间进行计算,发现有轨电车清场时间比社会车辆平均多 2 s。在交叉口实际运行过程中,可能并不会产生很明显的影响。但从安全性角度来讲,清场时间的确应该按情形 2 (有轨电车的参数)进行计算。

④ 控制中心可利用路口专用信号灯,灵活调整沿线有轨电车。

在有轨电车有专用信号灯的情况下,可准确、稳定地控制沿线列车的分布,并在需要对有轨电车单独调整时,可利用其对电车进行禁行等控制。通过中心进行行车监视,在道路上出现有轨电车密集追踪、车辆拥堵情况时,对于调度中心要求放慢行驶的那些车辆,通过路口专用信号灯,可以控制后续有轨电车车辆在路口等待。

⑤ 专用信号灯穿透力强,在视距不良情况下更安全。

常规交通信号灯的穿透力一般,在雾天或者雨天驾驶员视距受影响的情况下,前方信号灯显示情况在安全停车距离范围内是无法判断的,容易引发有轨电车交叉口事故。有轨电车专用信号灯穿透能力强,故障率小。所以,需要设置有轨电车专用信号灯来保障有轨电车交叉口运行的安全性。

(2) 控制方式

有轨电车专用信号灯需要跟社会车辆交通信号灯联动,以实现协同控制。交叉口信号控制是通过与道路交通控制柜的接口,来避免或减少有轨电车与社会交通的信号相冲突,从而达到控制各自信号显示的目的,保证路口信号开放的秩序,实现有序、安全、通行能力最大化的目标。

信号设备包括社会车辆交通信号设备和有轨电车专用信号设备两部分。社会车辆交通信号设备主要包括社会车辆交通灯控制器和社会车辆交通信号灯,其功能是为交通设备提供信号显示和控制。有轨电车专用信号设备主要包括交叉口信号控制机柜、专用信号灯、列车检测装置和与社会信号灯的接口设备,其功能包括:实现与道路交通控制柜的接口、接收列车优先请求、提供信号显示控制、对列车进入和通过路口状态进行检测、实现与控制中心的实时通信。

以有轨电车相对优先控制策略为例,有轨电车专用信号灯交叉口控制原理如图 2-50 所示。

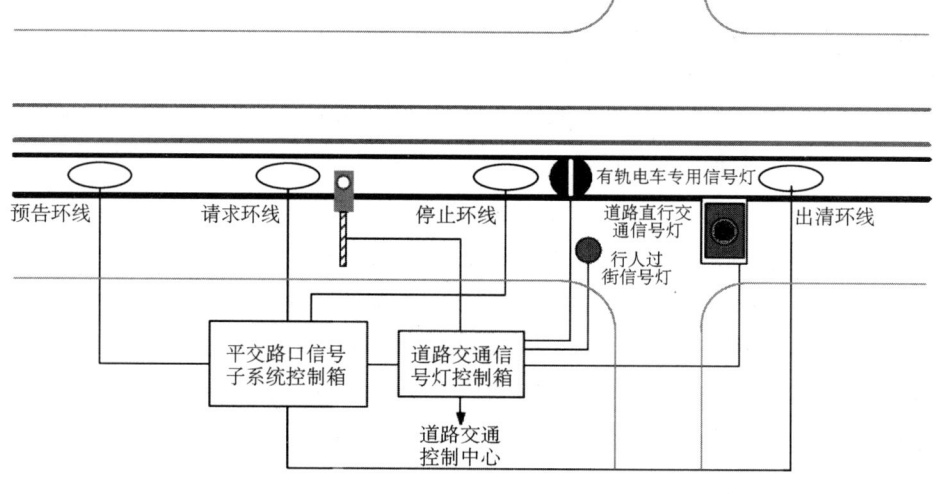

图 2-50 有轨电车专用信号灯交叉口控制原理

① 列车检测环线与有轨电车路口信号控制器相连,当有轨电车经过环线时,信号控制器能接收到车辆接近的信息。

② 当有轨电车接近路口时,通过预告环线和请求环线,路口有轨电车信号控制箱接收到列车即将到达的信息,并将优先通过信息发送给市政交通灯控制器。

③ 经过市政交通灯控制器判断后,如果满足优先通过条件,则给予有轨电车优先权,同时将优先信息反馈给有轨电车信号控制器,由其给出有轨电车专用信号机开放信号,驾驶员驾驶列车通过路口;如果不满足优先通过条件,则不给予有轨电车优先权,驾驶员采取减速并在信号机前停车,直至信号灯给出允许通过的显示为止。

④ 当有轨电车通过入口环线时,路口有轨电车信号控制箱接收到列车到达信息,并将路口"占用"信息发送给市政交通灯控制器,使其保持市政交通灯关闭状态;当有轨电车通过出清环线时,路口有轨电车信号控制箱接收到列车到达信息,并将路口"出清"信息发送给市政交通灯控制器,使其开启市政交通灯信号,使受冲突的交通流疏解。

2) 共用信号灯

在 B 级路权下,一些道路交叉口其他交通方式流量不大,即使有轨电车和社会车辆共享社会车辆交通信号灯,对社会车辆和有轨电车的影响也不大,如此便会选择在这类交叉口采用共用信号灯的方案。在 C 级共享路权下,有轨电车在路段和交叉口均与社会车辆混行,其运行模式和一般公交运行模式相同,有轨电车根据社会车辆交通信号灯过交叉口。所以,一般在 C 级路权交叉口和某些 B 级路权交叉口会采取共用信号灯的方案。

有轨电车在交叉口采用共用信号灯的方式,其优先控制策略与一般公交交叉口优先控制策略类似。

2.3.3 共享路权下有轨电车线路运行效率与安全

1. 有轨电车运行效率分析

影响有轨电车运行效率的因素主要有:停站时间、过交叉口时间、路段行驶时间,而这三个关键时间又受到很多因素的影响(图2-51)。通过定量分析这三个关键时间,可以得到有轨电车在各个点的运行效率和整条线路的运行效率,从而可以从主要影响因素入手,提高有轨电车的运行效率。

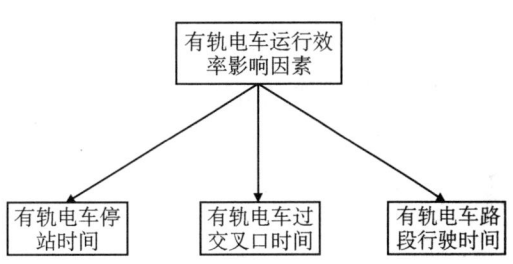

图 2-51 有轨电车运行效率影响因素

1) 有轨电车停站时间分析

(1) 影响因素分析

有轨电车停站时间是指列车到达车站后直至从车站出发在此期间所有作业时间的总和,包括列车减速进站时间、开门时间、乘客上下车时间、列车关门时间和列车加速离站时间。停站时间的长短直接影响到列车的全程运行时间,最终影响线路的设计运能。停站时间受诸多因素影响,主要包括:高峰小时车站上下客人数、高峰小时开行对数、车站售检票系统、车票制式,如图 2-52 所示。

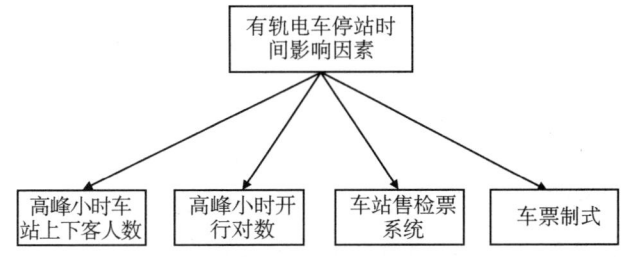

图 2-52 有轨电车停站时间影响因素

① 高峰小时车站上下客人数

高峰小时车站上下客人数直接决定了停站时间的长短,而这一影响因素由早晚高峰上下行方向中最大的上客或下客人数决定,或者是上客和下客的总人数决定,这和列车车门的使用情况有关,也与车站售检票系统有关。

② 高峰小时开行对数

有轨电车的停站时间一般不宜大于列车的发车间隔。首末站可通过折返线的设置来实现列车的平行进路，其停站时间可以大于发车间隔。因此，列车发车间隔将是停站时间较大的限制因素，高峰小时发车间隔由高峰小时列车对数决定，而高峰小时列车对数则由高峰断面客流决定。因此，客流的大小对列车停站时间的影响较大。

③ 车站售检票系统

根据不同的售票和检票位置，有轨电车系统售检票方式主要分为三类：车上售检票、车外售检票和车外售票/车上检票。不同的售检票形式将对有轨电车停站时间造成一定的影响，需要根据车站的上下客流需求，决定采用何种售检票形式。对于客流需求较大的线路或车站，必须采用上下客效率较高的售检票方式，以减少停站时间，提高客运效率。

④ 车票制式

目前，有轨电车系统票价制度有两种，即单一票价制和计程计时票价制。车票制式对停站时间的影响和车站的售检票系统有关，若是在站外售票则两种制式下对停站时间的影响是一致的，若是采用车上售检票，影响则不同。车上售检票若采用单一票价制，乘客只需上车刷卡即可，而若采用计程计时票价制，那么乘客上下车均要刷卡，由此导致列车的停站时间增加。

（2）时间计算方法

① 进出站时间

$$t_1 = \frac{v}{3.6a_2} \tag{2-37}$$

$$t_2 = \frac{v}{3.6a_1} \tag{2-38}$$

式中　t_1——有轨电车减速进站时间，s；

　　　t_2——有轨电车加速出站时间，s；

　　　a_1——有轨电车加速度，m/s²；

　　　a_2——有轨电车减速度，m/s²；

　　　v——有轨电车匀速行驶的速度，km/h。

② 停站时间

有轨电车停站时间的计算方法是借鉴了中国内地地铁及中国香港地铁，并结合有轨电车自身特征而总结出来的一套适合有轨电车的计算方法。

a. 车上售检票单一票价制

在此种售票制度下，乘客只需上车检票，因此乘客上客时间比下客时间长，上客时间为 1.4 s，下客时间为 0.6 s。停站时间计算公式如式（2-39）所示。

$$t_3 = \left[\max\left(\frac{P_上}{N \times n_上} \times t_上, \frac{P_下}{N \times n_下} \times t_下 \right) \times K \right] + t_4 \tag{2-39}$$

式中 t_3——有轨电车停站时间,s;

$P_上, P_下$——分别为高峰小时车站上车人数之和(取早、晚高峰最大值),高峰小时车站下车人数之和(取早、晚高峰最大值);

N——高峰小时开行的列车对数;

$n_上, n_下$——分别为上客门数和下客门数;

$t_上$——平均上一名乘客的时间,一般为 1.4 s;

$t_下$——平均下一名乘客的时间,一般为 0.6 s;

K——不均匀系数,1.3~1.7 之间;

t_4——列车开关门反应及动作时间,包括:开门 2 s,预告和关门 3 s,各车门上下客不均匀延误 3 s,关门后列车启动反应时间 2 s。

b. 车上售检票计程计时票价制

当采用车上售检票计程计时票价制时,乘客上下车均要进行刷卡检票,因此,上下车时间均加长。同样是上下车车门分开,计算公式同上,但其中 $t_下$ 的取值变为 1.4 s。

由以上分析可知,车上售检票单一票价制和计程计时票价制主要的差异取决于上客车门数和下客车门数,若二者相同则停站时间基本相同,否则会有较大的差异。

c. 车外售检票

车外售检票类似于地铁系统,一般采用计程计时票价制,乘客在车站售检票,列车到达后车门全部打开,先下客再上客。此时,列车停站时间计算公式为:

$$t_3 = \left[\left(\frac{P_上 + P_下}{N \times n} \times t\right) \times K\right] + t_4 \qquad (2-40)$$

式中,t 为平均一名乘客上车/下车时间,一般为 0.6 s。

d. 车外售票/车上检票

车外售票/车上检票方式,即乘客在车站刷卡付费并获得付费凭证,在车上由工作人员检票。在此方式下,列车停站时间和车上售检票方式的一致。

2) 有轨电车过交叉口时间分析

交叉口是城市路网中最基本的组成单元,有轨电车在交叉口运行时,与社会车辆会产生冲突,合理的信号控制是实现有轨电车优先通行的保障,同时不能对其他方向机动车的运行造成严重阻碍。如前所述,有轨电车交叉口信号优先控制策略可概括为绝对优先控制策略、相对优先控制策略和部分优先控制策略三种。

(1) 绝对优先控制策略

绝对优先控制策略是指当安装在交叉口进口处的检测器检测到有轨电车车辆到达时,交通信号控制器就无条件中断当前的信号相位,直接给予有轨电车通过信号,当交叉口出口道检测器检测到有轨电车已通过交叉口,再恢复原来的信号相位。其特点是有轨电车在到达平交路口的任意时刻都能享有绿灯,一路通行。有轨电车通行时间公式为

$$T_5 = 3.6 \cdot L_{交叉口}/v \tag{2-41}$$

式中 T_5——有轨电车匀速通过交叉口的时间，s；

$L_{交叉口}$——交叉口长度，m；

v——安全条件下有轨电车匀速行驶的限速度，km/h。

（2）相对优先控制策略

与绝对优先控制策略类似，相对优先控制策略也需要通过布置在交叉口的车辆检测器来检测有轨电车的位置，从而判断是否给予其相应的信号优先。不同于绝对优先控制策略，相对优先控制策略是通过调整一个信号周期内不同相位的出现时间以及相位时长来达到使有轨电车车辆优先通行的目的。其通常采用绿灯延长和绿灯提前控制的方法给予有轨电车优先。

绿灯延长，即延长相位的绿灯时间。智能交通控制系统收到有轨电车自动控制系统触发的信号优先请求后，计算出其需要优先的相位，若当前绿灯正是该相位，但绿灯的剩余时间不能保证有轨电车按照正常的速度通过交叉口时，则可延长本相位的绿灯时间（但不能超过最大绿灯时间），使有轨电车顺利通过交叉口。

绿灯提前，即缩短车辆等待绿灯信号的红灯时间。当有轨电车到达交叉口时，有轨电车通行方向所在的相位处于红灯状态，这时通过缩短交叉口当前相位的绿灯执行时间，使有轨电车到达交叉路口时，能以绿灯信号顺利通过交叉口。

有轨电车优先控制策略的选择具体参照其到达交叉口的时间点，将道口控制有轨电车运行的相位划分为Ⅰ，Ⅱ，Ⅲ，Ⅳ四个区间，其中 r 为相位的红灯时间，C 为信号周期，如图2-53所示。

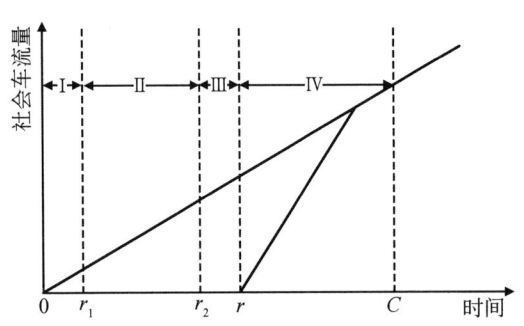

图 2-53 有轨电车到达交叉口的不同情形

① 情形Ⅰ分析

当有轨电车到达交叉口的时刻 $t_{到达} \in [0, r_{到达}]$ 时，为了降低有轨电车在交叉口的等待延误，赋予有轨电车相对信号优先权，即采用延长该相位绿灯时间的方法，使有轨电车可以通过交叉口。一旦有轨电车通过交叉口，控制系统将恢复原来的信号配时。有轨电车通过交叉口公式如式(2-41)所示。

② 情形Ⅱ分析

当到达时刻 $t_{到达} \in [r, r_{到达}]$ 时，若采取有轨电车信号优先，将中断冲突相位的绿灯信号，如此便会大大增加冲突相位的延误，甚至出现冲突车流无法安全通过道口的现象。因此，在这种情形下，不给予有轨电车优先，而是等待下一个绿灯，等待时间为剩余红灯时间。有轨电车通过交叉口公式为

$$t_6 = t_7 + t_s \tag{2-42}$$

$$t_7 = r - t_{到达} \tag{2-43}$$

$$t_8 = \frac{v}{3.6 \cdot a_1} + \frac{3.6 \cdot L_{交叉口} - v^2/(7.2 \cdot a_1)}{v} \tag{2-44}$$

式中　t_6——有轨电车停车等待后通过交叉口的时间,s;

　　　t_7——有轨电车交叉口等待时间,s;

　　　t_8——有轨电车停车启动后通过交叉口时间,s;

　　　r——有轨电车运行方向红灯时间,s;

　　　$t_{到达}$——有轨电车到达交叉口时间,s;

　　　v——有轨电车匀速行驶的速度,km/h;

　　　$L_{交叉口}$——交叉口长度,m;

　　　a_1——有轨电车加速度,m/s²。

③ 情形Ⅲ分析

当有轨电车到达交叉口的时刻 $t_{到达} \in [r_2, r]$ 时,有轨电车通行方向所在的相位处于红灯状态,赋予有轨电车相对信号优先权,这时通过压缩与有轨电车相冲突相位的绿灯时间,即绿灯提前,使有轨电车相位被提前激活。有轨电车通过交叉口的公式如式(2-41)所示。

④ 情形Ⅳ分析

假设预计到达时刻为 $t_{到达}$ 处于情形Ⅳ下,即有轨电车在绿灯相位期间到达交叉口,此时不需要为有轨电车提供信号优先,换言之,有轨电车可以不用改变信号灯配时而直接通过交叉口。有轨电车通过交叉口的公式如式(2-41)所示。

3) 有轨电车路段行驶时间

有轨电车在路段上行驶,由于其轨道独立性,故能保持匀速运行,且无其他车辆干扰,路段行驶时间如式(2-45)所示。

$$T_3 = \sum 3.6 \cdot L_i / v \tag{2-45}$$

式中　T_3——有轨电车停车等待后通过交叉口时间,s;

　　　v——安全限速条件下有轨电车匀速行驶的速度,km/h;

　　　L_i——各路段长度,m。

4) 有轨电车行程时间

根据前文所述,有轨电车线路运行时间主要包括车站时间、交叉口时间以及路段时间,设整个线路上共有 m 个车站,n 个交叉口,而无交叉口和车站的匀速行驶路段共 k 条,则有轨电车行程时间为

$$T = \sum_{i=0}^{m} T_{1i} + \sum_{i=0}^{n} T_{2i} + \sum_{i=0}^{k} T_{3i} \tag{2-46}$$

$$T_{1i} = t_{1i} + t_{2i} + t_{3i} \tag{2-47}$$

$$T_{2i} = \begin{cases} t_{5i} & \text{绝对优先控制策略} \\ t_{6i} & \text{相对优先控制策略} \end{cases} \tag{2-48}$$

式中　T——有轨电车行程时间，s；

　　　T_{1i}——有轨电车通过第 i 个车站的时间，s；

　　　T_{2i}——有轨电车通过第 i 个交叉口的时间，s；

　　　T_{3i}——有轨电车通过第 i 个路段的时间，s；

　　　t_{1i}——有轨电车在第 i 个车站减速进站的时间，s；

　　　t_{2i}——有轨电车在第 i 个车站加速出站的时间，s；

　　　t_{3i}——有轨电车在第 i 个车站的停站时间，s；

　　　t_{5i}——在绝对有效控制策略下，有轨电车通过第 i 个交叉口的时间，s；

　　　t_{6i}——在相对优先控制策略下，有轨电车通过第 i 个交叉口的时间，s。

2. 有轨电车运行安全及控制方法

1) 有轨电车运行安全影响分析

(1) 路段有轨电车运行安全影响分析

在 B 级路权下，有轨电车在路段拥有独立路权，机动车与线路平行运行，路段中通常有物理隔离措施将有轨电车车道与社会车辆车道隔开，因而双方一般不会产生冲突。通过有轨电车运行事故调查和特征分析，发现路段上存在的安全隐患主要是外部障碍物入侵，即当有轨电车驾驶员发现前方出现障碍物时，由于车速较快，制动距离长（图 2-54），有轨电车可能无法在障碍物前及时停止。另外，在转弯路段，事故率高。

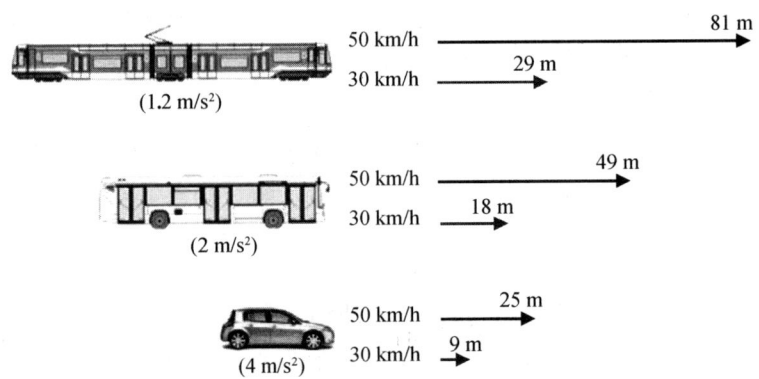

图 2-54　有轨电车与其他交通工具制动距离对比

事实上，路段事故产生的主要原因是有轨电车最大允许速度与视距不匹配。不同线形条件下，路段的视距不同，曲线路段和纵坡路段的视距都比一般路段小。另外，不同天气条件下，驾驶员视距也不同，雾天和阴雨天气的视距明显小于晴天。因此，有轨电车的最大允许速度应该随着路段线形和天气的变化而改变。

(2) 交叉口有轨电车安全影响分析

在 B 级路权下，对于有轨电车经过的交叉口一般都会进行信号控制。理论上，有轨电车与其他交通方式不存在冲突，但是根据有轨电车事故调查统计，造成有轨电车交叉口事故的主要原因是社会车辆或者有轨电车违章，如社会车辆违规左转或掉头，有轨电车和社会车辆闯红灯等,从而造成有轨电车和社会车辆碰撞。由于有轨电车制动距离长,一些交叉口视距不佳,在违章现象发生时有轨电车很难安全停车。

2) 有轨电车的安全速度

(1) 有轨电车路段安全速度

有轨电车制动距离比一般社会车辆要长,而在 B 级路权下,有轨电车的运行速度又较快,故制动距离增加,行车视距减少。当驾驶员发现前方有障碍物并采取制动措施后,为了保障有轨电车滑行一段距离后能够安全地停在障碍物前面,就需要对有轨电车的最高车速进行限制。有轨电车安全行车示意图见图 2-55。

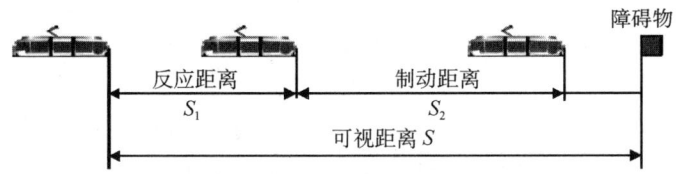

图 2-55 有轨电车安全行车示意图

由图 2-55 可得安全行车条件为

$$S_1 + S_2 \leqslant S \tag{2-49}$$

式中 S_1——有轨电车制动反应时间内行驶的距离,m;

S_2——有轨电车在制动时间内行驶的距离,m;

S——路段的可视距离,m,与道路线形、道路环境和天气均有关。所谓可视距离是指从车道中心线上 1.2 m 的高度,能看到该车道中心线上高为 0.1 m 的物体点的距离,是沿着车道中心线的长度。

$$S_1 = v_1 t \tag{2-50}$$

式中 v_1——有轨电车的行驶速度,km/h;

t——驾驶员和机器的总反应时间,可取 1.5 s,换算单位后可得到 $S_1 = 0.42 v_1$。

考虑最不利的情况,有轨电车在下坡并且忽略空气中的阻力,则有轨电车在制动时间内行驶的距离为

$$S_2 = \frac{v_1^2}{2\mu g \left(\dfrac{a}{g} - i \right)} \tag{2-51}$$

式中 a——有轨电车在干燥无坡度轨道上正常制动减速度,可以取 1.2 m/s^2;

μ——制动减速度折减系数,雨雪天气轨道潮湿的情况下,轨道摩擦系数减小,有轨电车的正常制动减速度减小;

i——线路纵坡度;

g——重力加速度,取 9.8 m/s^2,则换算单位后得到

$$S_2 = \frac{v_1^2}{19.6\mu(0.122-i)} \tag{2-52}$$

则可以得到

$$0.42v_1 + \frac{v_1^2}{19.6\mu(0.122-i)} \leqslant S \tag{2-53}$$

据此可以得到有轨电车在路段的安全速度应满足以下条件（取等号时为最大安全速度）：

$$v_1 \leqslant 122.51\mu(0.122-i)\left[\sqrt{0.176 + \frac{4S}{19.6u(0.122-i)}} - 0.42\right] \tag{2-54}$$

当取 $\mu=1$ 时，可以得到如图 2-56 所示的可视距离 S 与路段安全速度 v_1 之间的关系。

（2）有轨电车交叉口安全速度

当有轨电车到达交叉口时，与其他交通方式共享路权，其最大安全速度应该是交叉口设计车速，即社会车辆交叉口最大允许速度。

（3）有轨电车安全速度曲线

根据上述有轨电车在路段和交叉口的安全速度，可以画出有轨电车在不同站台布置情况下的线路安全速度曲线，如图 2-57 和图 2-58 所示。

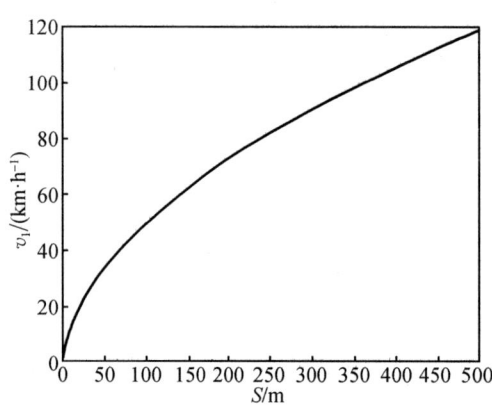

图 2-56　可视距离 S 与路段安全速度 v_1 关系曲线

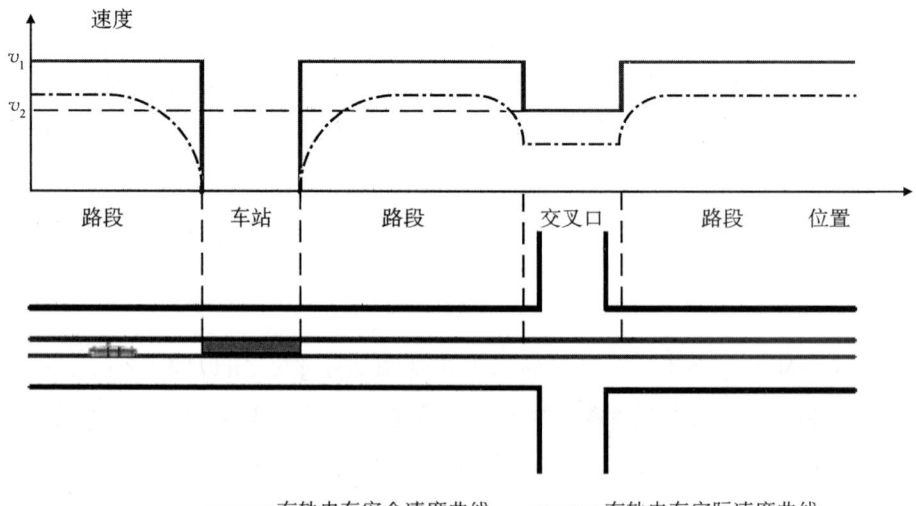

图 2-57　路中式车站线路安全速度曲线

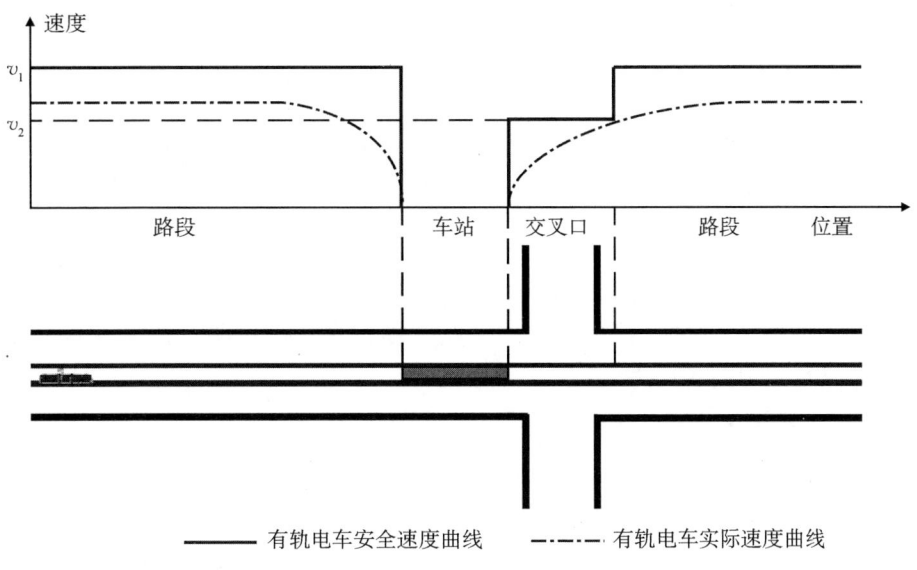

图 2-58 远端式车站线路安全速度曲线

3) 有轨电车正线折返段道岔联锁控制方案

(1) 道岔控制模式

依据控制主体的不同,正线道岔系统的主要控制模式可划分为自动控制模式和人工控制模式。自动控制模式仅针对正线道岔区进路排列而言,正线其他无道岔区域需全人工驾驶,由驾驶员通过瞭望监控列车的运行安全。

① 自动控制模式

在列车接近道岔区通过与地面的通信后,响应当前道岔控制箱呼叫,列车向其发送列车线路号及对应进路信息。道岔控制单元依据中央运营调度管理子系统下达到本地的运行计划,根据列车线路号及进路信息自动设置进路。

道岔控制子系统在办理进路前,先检查道岔区的占用状态及进路状态,在没有既有进路且联锁条件满足的情况下选动道岔。道岔动作到位后向转辙机发送锁闭指令,并且向进路表示器发送显示指令。进路表示器根据道岔的方向和锁闭信息显示当前进路状态。同时,道岔控制单元通过感应环线向车载控制子系统提供进路状态。

列车按顺序驶过道岔后,道岔控制子系统根据安全组合逻辑判断列车出清后,解锁进路,解除对道岔的锁闭。

② 人工控制模式

对于有轨电车系统,也可以采取简约化的道岔控制方式,即采用人工控制模式。

驾驶员通过操作车载操作盘进行道岔区的进路人工办理,进路信息通过车地通信发送给正线道岔区控制系统。正线道岔区控制系统接收到由车载信号系统发送的进路请求后,在检查联锁条件均满足的前提下,排列进路并且锁闭,同时立即开放信号,列车继续行驶,通过道岔区段后自动解锁。此时,车载系统自动屏蔽道岔的人工控制功能,人机界面上允许驾驶员人工控制道岔的指示灯灭。

③ 其他控制模式

a. 道岔人工现场控制

在自动及遥控道岔控制功能失效的情况下,驾驶员可下车通过设置于进路表示器杆上的开关人工操纵道岔,或使用便携工具搬动道岔。

b. 预留中心人工控制功能

由中心调度员在确保安全的前提下,采用人工确认流程在控制中心下发进路解锁指令,道岔控制子系统接受来自控制中心的进路解锁指令解锁进路。作为运营调度需求和紧急情况处理时采用的备选方案。

(2) 折返段控制安全逻辑

折返站的布置方案各异,下面以三种典型的折返站 A、B、C 为例,介绍折返站的折返作业。分别给出三类折返站 A、B、C 的平面布置图(图 2-59—图 2-61)。在平面布置图中包含的基础设备有信号机、转辙机以及检测线圈(表 2-25)。基于折返段的平面布置图,在联锁表(表 2-26—表 2-28)中列出每个折返站的所有基本进路。由于折返站中的折返进路均由两条基本进路组成,根据联锁表中的进路编号列出了每个折返站中的所有折返进路。

在平面布置图中与联锁表中出现的基本设备如表(2-25)所示,当其中的设备数量超过一个时,按上行线为偶数,下行线为奇数的规律编号。

表 2-25　基础设备图标含义

名称	图例	图标含义
S	⊢●○○	上行线路上的信号机
X	○○●⊣	下行线路上的信号机
D	■	控制道岔的转辙机
	⋈	检测线圈
QD		道岔区段

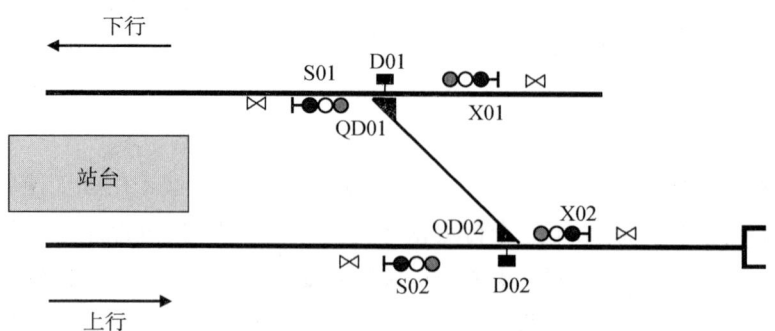

图 2-59　折返站 A 平面布置图

表 2-26 折返站 A 进路联锁表

进路编号	进路	始端信号机	途经道岔	敌对信号	途经区段
1	X01 向 S01	X01	D01	S01	QD01
2	X02 向 S01	X02	(D02)、(D01)	S01	QD02、QD01
3	S01 向 X02	S01	(D01)、(D02)	X02	QD01、QD02
4	S02 向 X02	S02	D02	X02	QD02

折返站 A 的折返进路：①进路 1→进路 3；②进路 4→进路 2。

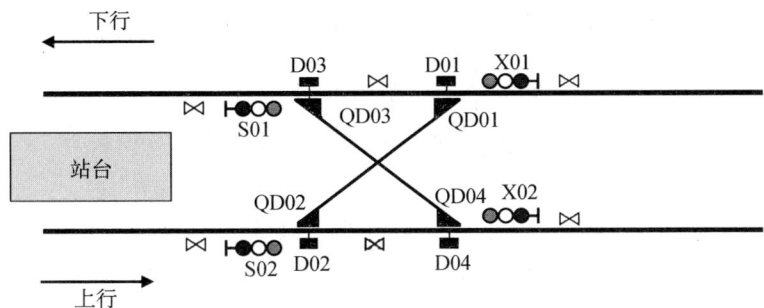

图 2-60 折返站 B 平面布置图

表 2-27 折返站 B 进路联锁表

进路编号	进路	始端信号机	途经道岔	敌对信号	途径区段
1	X01 向 S01	X01	D01、D03	S01	QD01、QD03
2	X01 向 S02	X01	(D01)、(D02)	S02	QD01、QD02
3	X02 向 S01	X02	(D04)、(D03)	S01	QD04、1D03
4	S01 向 X02	S01	(D03)、(D04)	X02	QD03、QD04
5	S02 向 X01	S02	(D02)、(D01)	X01	QD02、QD01
6	S02 向 X02	S02	D02、D04	X02	QD02、QD04

折返站 B 的折返进路：①进路 1→进路 4；②进路 6→进路 3；③进路 5→进路 1；④进路 2→进路 6。

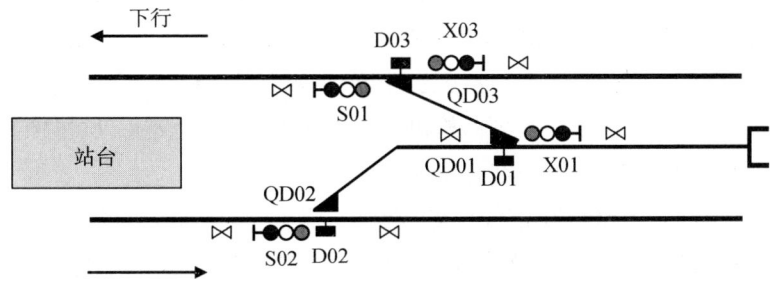

图 2-61 折返站 C 平面布置图

表 2-28 折返站 C 进路联锁表

进路编号	进路	始端信号机	途经道岔	敌对信号	途经区段
1	X01 向 S01	X01	(D01)、(D03)	S01	QD01、QD03
2	X03 向 S01	X03	D03	S01	QD03
3	S01 向 X01	S01	(D03)、(D01)	X01	QD03、QD01
4	S02 向 X01	S02	(D02)、D01	X01	QD02、QD01

折返站 C 的折返进路：①进路 2→进路 3；②进路 4→进路 1。

2.3.4 有轨电车信号优先设计

有轨电车在共享路权方式下参与交通组织及协同控制，交叉口是交通组织最为复杂的环节之一，因此研究有轨电车在交叉口的信号优先控制是极为必要的。

1. 有轨电车信号优先概述

结合目前的研究情况，有轨电车在交叉口处的信号优先控制策略的运用大体分为三类：①被动优先控制策略；②主动优先控制策略；③实时优先控制策略。其中，主动优先控制策略又可细分为绝对优先控制策略和条件优先控制策略。在条件优先控制策略中，按照其策略和原则的不同，还可将其进一步细分为完全优先控制策略和部分优先控制策略。

2. 有轨电车信号优先策略

1) 被动优先控制策略

被动优先控制策略的思路是：交叉口采用固定信号配时，在每个信号周期内增加有轨电车专用信号相位，结合交叉口渠化管理，减少与社会车流的潜在冲突，以达到优先控制的目的。被动优先控制策略由于无须设置车辆检测器，故成本较低。然而，并不是每个信号周期都有车辆通过，所以势必会浪费掉一些信号时间，从而造成交叉口整体延误的增加。因此，理论上被动优先控制策略在一定程度上可以提高现代有轨电车的运营效率，但是一般情况下不推荐。

2) 主动优先控制策略

主动优先控制策略是指在交叉口设置车辆检测器，通过检测现代有轨电车的位置确定是否给予其优先信号，具体控制措施包括绿灯延长、红灯早断、相位插入等多种方法。根据其优先控制的条件可以细分为绝对优先控制策略和条件优先控制策略。

(1) 绝对优先控制策略。在绝对优先控制中，当安装在交叉口上游的入口检测器检测到有轨电车到达时，交通信号控制器就会中断当前的信号相位，直接给予现代有轨电车通过信号；交叉路口下游的出口检测器检测到有轨电车已通过交叉口，再恢复原来的信号相位，其具体措施包括绿灯延长和红灯早断。

(2) 条件优先控制策略。在条件优先控制中，需要考虑交叉口的总体效益，决定是否给予有轨电车优先通行权。条件优先控制策略可以进一步细分为完全优先控制策略和部分优先控制策略。

3) 实时优先控制策略

在实时控制系统中,信号配时是根据实时交通数据进行调整的。这种控制方法能实现交通效益的最优化,在对公交车辆优先控制的同时,能将对其他车辆运行造成的影响降到最低。由于其控制机理较为复杂,对各方面的技术要求都较高,受条件限制,实施起来相对困难。目前,关于实时优先控制策略的研究大多集中在公交优先控制方面,关于有轨电车实时优先控制则可以借鉴这方面的成果。

3. 有轨电车信号优先设计流程

有轨电车信号优先设计分为三个阶段:需求分析阶段、逻辑设计阶段和系统结构设计阶段。

1) 需求分析

整个有轨电车交叉口信号优先控制系统的设计目标是通过检测有轨电车接近交叉口的位置,根据交叉口实时交通状况,为有轨电车选择合适的交叉口优先通行信号方案,并在实现有轨电车交叉口信号优先的同时,降低其优先信号方案对交叉口其他社会车辆的影响。

(1) 功能需求分析

有轨电车交叉口信号优先控制系统按功能可以分为数据存储模块、无线通信模块、信号优先控制模块和交叉口优先状态监测上位机。根据该系统的设计目的,系统具体包括以下功能。

① 数据存储模块功能:与主控芯片保持长时间的高速通信;可存储次数多;长时间的数据可靠存储。

② 无线通信模块功能:长时间可靠通信;数据传输速率快。

③ 信号优先控制模块功能:根据交叉口信号协调后的配时方案准确地显示各相位的信号灯状态;根据有轨电车接近消息来估计其到达交叉口的时间,并判断此时的信号灯状态;根据当前社会车流量、整备数据和有轨电车接近消息为有轨电车选择合适的优先方案;控制信号灯优先信号。

④ 交叉口优先状态监测上位机功能:模拟社会车流量;显示有轨电车信号优先模式;显示有轨电车接近、进入和离开交叉口的状态。

(2) 性能需求分析

交叉口信号优先控制系统应满足以下性能。

① 可靠性:系统选用多个 RFID 标签位置作为位置检测点,实现多个节点的位置检测,防止位置检测时由于接收数据丢失而检测位置失败,能够提高位置检测的可靠性。

② 实时性:在整个列车运行控制系统运行过程中,交叉口与其他设备之间的数据交互包括交叉口信号控制器和车载之间的通信、和服务器之间的通信、和监控中心之间的通信以及和上位机之间的通信。交叉口优先控制器必须对有轨电车的位置检测做出实时响应,才能保证有轨电车的优先通行,以及正确判断有轨电车是否进入和离开交叉口,并及时将状态发送给监控中心。

③ 稳定性:系统的数据传输采用技术成熟、稳定的串口和 SPI,设计了电源保护电路,

为主控芯片的稳定工作提供了技术保障。系统采用自动登录中端、服务器的模式且实时发送数据命令，防止路口优先控制器意外离线，从而提高整个系统运行的稳定性。

④ 安全性：保证路口行车安全是比较重要的，为了提高系统的安全性，设计相应的应答编码 ACK，确保接收和发送消息的准确无误，只有在接收到正确消息之后才会执行相应的响应，故系统的安全性满足要求。

⑤ 可扩展性：在硬件层面上，系统设计的数据存储单元可为后续设计中的大量数据存储所利用，芯片程序可以通过地址下载器更改系统的内部程序，所以能够实现新功能的扩展，通信协议和设备支持都能够与其他设备兼容，使得系统具有可扩展性。

2) 逻辑设计

现阶段对有轨电车交叉口优先信号控制主要是通过交叉感应环线获取有轨电车的接近信息，计算其需要优先的时刻，通过绿灯延长、绿灯提前或插入相位等方式使得有轨电车顺利通过交叉口，该系统的逻辑模型如图 2-62 所示。此方法存在以下问题：一是没有考虑路口社会车辆的运行状况，当冲突相位的车流量较大时，会使得交叉口的通行能力下降，产生拥堵和延误；二是单个交叉口信号优先不能将沿线的交叉口关联起来，由于城市相邻交叉口间距较近，有轨电车有可能在到达下一个交叉口时遇见红灯受阻，导致信号频繁改动，交叉口行车不通畅，降低整条线路的行车速度，造成延误的同时还可能导致交叉口通行能力下降。

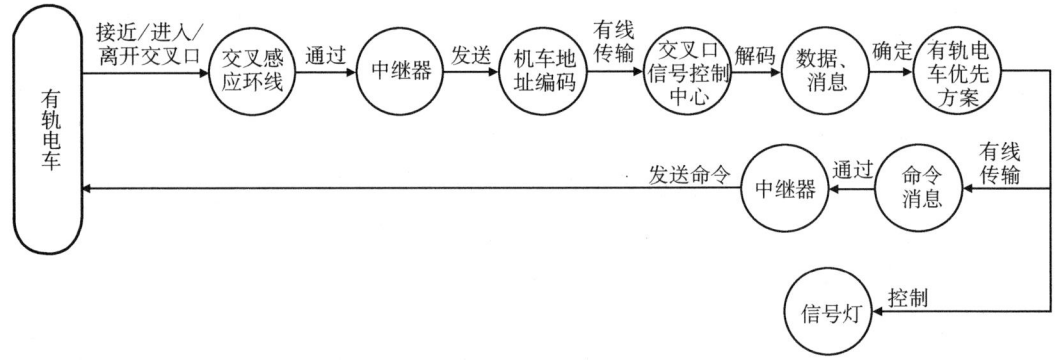

图 2-62　现阶段有轨电车交叉口信号优先系统逻辑模型

3) 系统结构设计

有轨电车交叉口信号优先系统主要实现的功能包括车载及监控中心和控制器之间的数据传输、模拟并传输车流量以及控制交通信号灯。系统功能体系如图 2-63 所示。

整个系统以实现有轨电车在交叉口信号优先为目标，RFID 标签分别贴在进入交叉口、离开交叉口和接近交叉口三个位置，RFID 读写器装在有轨电车上，通过车载形式读取轨旁电子标签的信息，再通过串口将信息发送至车载控制器，控制器将收到的车辆接近消息通过无线网络传输至交叉口优先控制器；流量检测装置装在道路上用于检测车流量并将数据发送至交叉口优先控制器。交叉口优先控制器通过无线网络接收到有轨电车接近和社会车流量的信息之后，通过处理和判断，做出相应的决策，即能否为有轨电车提供信号优先方案并执行相应功能。

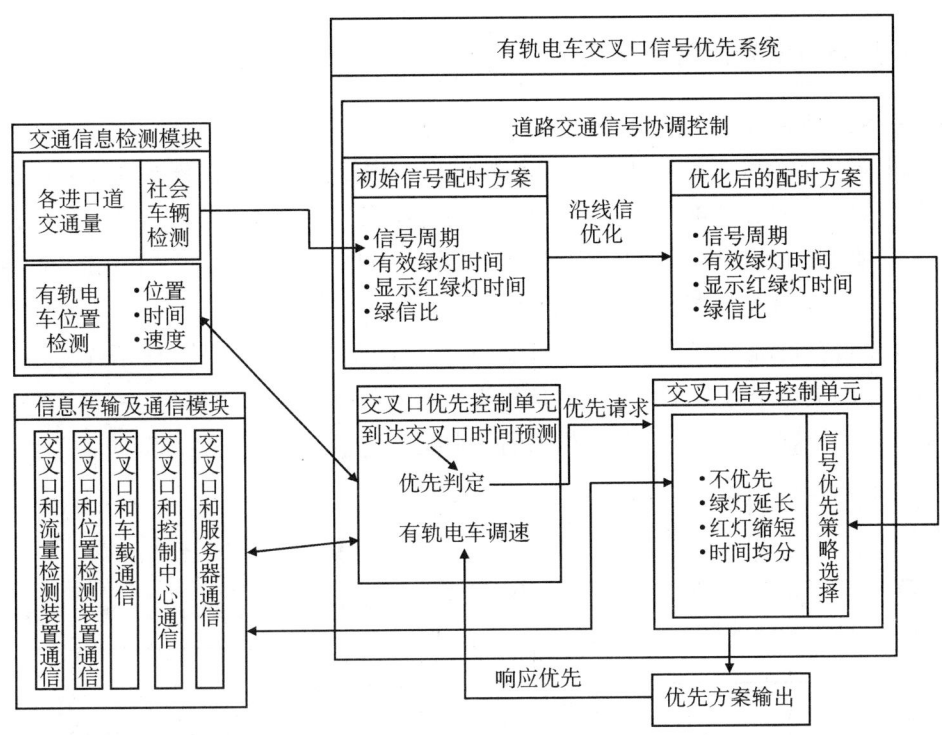

图 2-63 系统功能体系

整个系统从总体上分为三块,分别是可模拟流量的交叉口上位机、交叉口信号优先控制单元和交叉口信号协调控制单元(图 2-64),而接近位置检测模块主要由无线网络通信模块和 RFID 标签读写模块构成,用来获取有轨电车的位置信息。交叉口上位机主要包括车流量传输模块、信号优先状态显示模块和无线传输模块,用来传输交叉口的模拟车流量信息;信号灯控制模块也叫作路口优先控制器,用来处理由接近位置检测模块和流量上位机传输来的数据,并为发送接近消息的有轨电车选择合适的优先信号方案,控制路口信号灯做出相应的改变,实现有轨电车的路口信号优先。

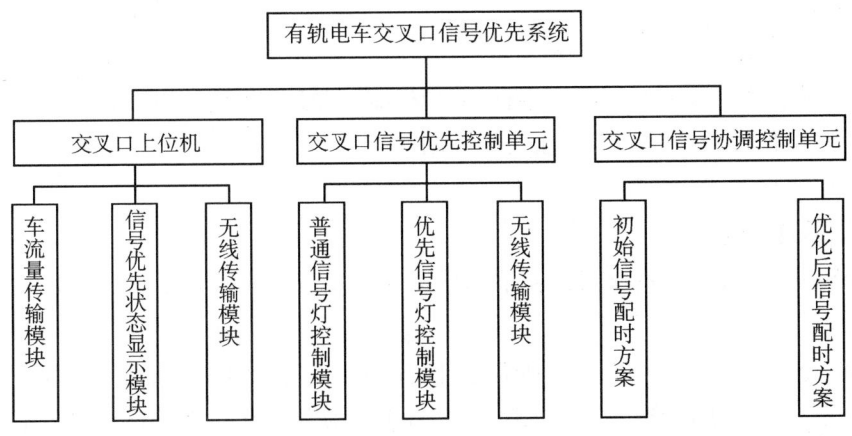

图 2-64 系统总体功能结构图

2.3.5 平交路口信号控制子系统

1. 有轨电车信号优先设计

有轨电车行车效率主要受制于交叉口,如果列车频繁在交叉口前停车增加启停次数则会降低行车效率。通过有轨电车交叉口优化控制器,可以实现有轨电车信号系统与智能交通系统在现地级的接口,从而提高有轨电车的交叉口通过效率,保证列车行车的准点高效。

2. 平交路口信号控制子系统的构成

平交路口信号控制子系统的结构如图 2-65 所示,另外,在每个路口的配置包括:列车检测信标(原则上每个方向 4 个)、车载信标天线及其配件、每个方向配置专用交叉口信号机、交叉口优先控制机(含机柜、传输端口、控制单元、电源模块等)、线缆和防雷单元。

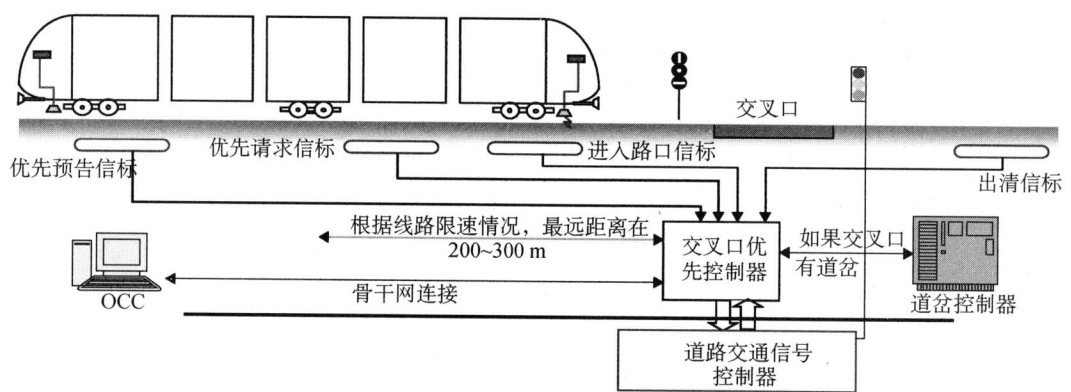

图 2-65 平交路口信号控制子系统结构图

3. 平交路口信号控制子系统的功能

1) 交叉口的优先预告

(1) 信标自动预告

当列车经过预告信标时,平交路口信号控制子系统根据预告信标的状态,输出有轨电车预告信号。

(2) DMS 自动预告

当列车接近交叉口区域时,平交路口信号控制子系统可根据 DMS 发出的预告信息及方向信息,输出预告命令至道路交通信号控制系统。

2) 交叉口的优先请求

(1) 信标自动请求

平交路口信号控制子系统可根据请求信标状态发送优先权请求信号。

(2) 中心手动请求

若道路交通信号控制系统未收到信标自动请求,或交叉口未设置请求信标,驾驶员可点击 DMS 人机界面上的交叉口优先请求图标,手动对前方交叉口的道路交通信号控制系统发送优先请求命令。

(3) 车载手动请求

若道路交通信号控制系统未收到信标自动请求，或交叉口未设置请求信标，驾驶员可按下车载 DMI 人机界面上的交叉口优先请求按钮，手动对前方路口的道路交通信号控制系统发送优先请求命令。

车载手动请求的优先级高于中心手动请求。当 DMI 优先请求不可用时，DMI 图标为灰色。可用时，DMI 图标为蓝色。

3) 交叉口通过检测

当列车经过交叉口通过信标时，平交路口信号控制子系统可根据信标状态，将列车进入交叉口的信息发送至道路交通信号控制系统。

当列车经过交叉口出清信标时，平交路口信号控制子系统可根据信标状态，将列车离开交叉口的信息发送至道路交通信号控制系统。

4) 交叉口设备故障检测功能

(1) 有轨电车交叉口专用信号机故障检测

平交路口信号控制子系统配置有信号机故障报警仪，可同时对多架信号机或多个有轨电车交叉口专用信号灯位进行实时监测和报警。监测和报警信息可在控制中心的 DMS 人机界面上显示。

(2) 交叉口信号控制器的故障检测

交叉口信号控制器可定时将自身的"健康状态"发送至控制中心 DMS。若 DMS 无法收到交叉口信号控制器的"健康状态"信息，则 DMS 判断其故障，并显示对应的报警信息。

(3) 道路交通信号灯控制器的"健康状态"检测

平交路口信号控制子系统可实时对道路交通信号灯控制器的"健康状态"进行监测，当无法获取到其"健康信息"时，控制中心 DMS 可显示报警提示。

5) 有轨电车路口优先关闭

控制中心调度员可在 DMS 人机界面上发布关闭单个路口的优先请求命令，平交路口信号控制子系统可在收到该命令后，发送相应的关闭命令至道路交通信号灯控制器。道路交通信号灯控制器可根据收到的命令实现该交叉口的优先请求关闭功能，并进入伴随模式，以实现故障情况下，有轨电车能够顺利通过交叉口。

6) 交叉口信号控制机柜的柜门监测

平交路口信号控制子系统可实时对交叉口信号控制机柜的柜门开启状态进行监测，并将检测信息发送至控制中心 DMS，DMS 对该状态进行显示。

7) 平交路口信号子系统数据记录功能

平交路口信号子系统可将与道路交通信号控制系统之间的重要接口信息定时发送至控制中心 DMS，DMS 将这些信息记录在数据库。

4. 平交路口信号控制子系统的原理

1) 交叉口感应检测设备

有轨电车交叉口感应检测设备采用信标来识别有轨电车，从而进行相关逻辑处理。

列车通过信标向地面发送的报文,地面设备可以确认列车需要优先的相位(转弯或者直行)。

有轨电车信号系统采用信标作为交叉口信号优先列车检测设备;对于交叉口单方向原则上布置4个信标。信标安装位置需要结合列车运行工况进行特定设计,以满足交叉口优先功能需求。

(1) 优先预告

优先预告信标安装位置需要同智能交通系统协同确定,主要考虑有轨电车当前车速、接口响应时间、智能交通系统需要的提前量等。当交叉口优化控制器获得预告信标命令后,通过干接点或者数字接口向道路交通控制器发送优先命令。

(2) 优先请求

优先请求信标安装位置主要考虑智能交通系统控制改变信号灯相位的最小周期时间。当交叉口优化控制器获得信标命令后,通过干接点或者数字接口向道路交通控制器发送列车接近确认信息。优先请求信标也是判断对向列车是否拥有在同一个相位周期内同时通过交叉口的条件。

当交叉口前设置车站时,由于停站时间受运营调整影响难以预测,因此只在进站设置优先请求信标,不再配置预告信标。通过调度管理子系统的发车倒计时模块与优化控制器连接实现优先申请。

(3) 进入交叉口

根据有轨电车制动特性和天线安装位置,在交叉口入口上游布置信标。

当交叉口优化控制器获得进入交叉口命令后,如果交叉口优先信号没有开放,则列车将再次发送路口优先请求。同时,优化控制器将记录列车到达时间,并将该数据发送给中心用于时刻表比对。

当列车驶过信标时,信标不再检测到列车,该信息将会发送给交叉口优化控制器。交叉口优化控制器将控制交叉口信号机逐步关闭,防止后续列车跟车进入交叉口。

(4) 出清交叉口

出清信标布置需要根据列车车长和相关有轨电车交叉口设计标准来确定。当出清信标检测到列车后,路口优化控制器可以确认该列车已经完全离开路口。路口优化控制器将该命令信息发送给道路交通控制器,确认列车已经离开。此时道路交通可以恢复到正常的相位周期。

2) 有轨电车专用信号机

交叉口信号灯的形式及显示与道岔区有轨电车专用信号灯保持协调,确保不与社会车辆交通信号灯显示产生干扰。

信号机显示方案采用指示电车运行方向的方式,可采用以下方式:

(1) 若有轨电车在交叉口左/直/右转,则信号机显示左/直/右行方向位置,每个方向都单独设置信号灯。

(2) 信号灯设置圆形信号,表示信号转换状态。

(3) 信号灯设置专用灯位(如惊叹号、菱形)用于显示信号优先接收状态。

(4) 若不准有轨电车通过路口,则信号机以横线方式显示。

驾驶员依据有轨电车专用信号灯的指示进行相应操作。在不设站台的交叉口,交叉口前设置一组有轨电车预告信号机。有轨电车专用信号机、预告信号机均由道路交通信号控制机负责控制。

3) 交叉口优化控制器功能

OLC 为平面交叉口优化控制器,是交叉口优化的核心计算单元,主要负责逻辑运算和接口,具体功能如下:

(1) 根据有轨电车的运行位置通过路口检测设备,确认即将到达路口的车辆和方向。

(2) 管理各个列车的优先请求,计算其中需要发送的优先。

(3) 信号系统与道路交通信号控制设备进行可靠接口,并完成安全的信息交换(如信号灯状态、优先请求命令和回执等)。

(4) 驱动有轨电车专用信号机(进路表示器),控制有轨电车专用信号灯显示与交叉口道路交通信号灯显示协调一致防止"绿冲突",保障有轨电车的运行。

(5) 当正线上、下行有轨电车同时到达或接近交叉口时,协调道路交通灯四个方向信号灯的开放策略,实现道路交通的线控制和区域控制。

(6) 协调复杂交叉口正线道岔控制器的进路办理时机,实现进路与交叉口的联动。

(7) 将设备显示和状态上传到控制中心,监测和检测交叉口信号设备状态。

(8) 故障报警,即具备有轨电车专用信号机、路口检测设备等故障检测功能,可以对信号机亮灭进行检测(回路电流、回路电压)。

5. 平交路口信号控制子系统的外部接口

运营调度管理系统与道路交通信号控制系统接口分界点在平交路口信号控制子系统的路口控制箱外线侧,接口示意图如图2-66所示。

6. 道路交通信号系统优先控制方案综述

1) 交通控制算法分类

从 1958 年 Webster 提出历史上第一个信号控制算法至今已过去 60 多年。这期间每年都有大量新的控制算法被提出。并且随着检测技术、智能交通的发展,大批学者投身于信号控制算法的研究,将各种新技术用于传统算法的改进、全新算法的开发之中。如今,各类信号控制算法数目众多、种类繁杂,但大体上可以分为两类:

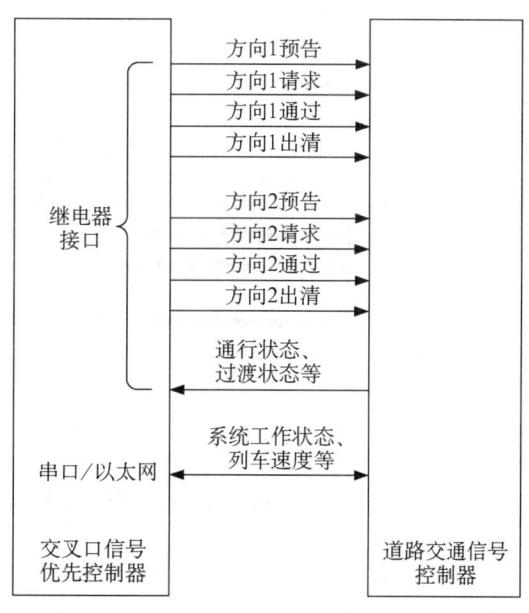

图 2-66 接口示意图

基于周期时长的信号控制算法和基于时间步长的信号控制算法。

基于周期时长的信号控制算法应用较为广泛，国内大部分交叉口现在采用的都是这种策略。基于周期时长并不代表一定是定周期时长，而是控制算法的参数主要以周期长度、绿信比、绿灯间隔时间等为主，所以一些经典的自适应系统如 TRANSY、SCOOT 和 SCATS，虽然它们的周期等参数会根据实际交通流情况进行调整，但它们也属于基于周期时长的信号控制算法。这类算法大部分无法改变相序，并且在干线协调控制时一般需要统一周期长度。一方面，这些限制使得基于周期时长的控制算法在面对变化较大的交通流时，响应速度慢、调整不灵活。另一方面，这些限制条件也使系统的稳定性较高。

基于时间步长的信号控制算法是指每隔一小段时间（步长）基于检测或预测数据重新确定控制决策的算法。这类算法把交通预测、优化调整和效果反馈等工作都融合在了一起，并且在步长时间内做出反应。显然这类控制算法的一个很大的优点是控制更为灵活、响应速度更快。它不用像基于周期时长的控制算法等到当前周期过了之后再进行控制调整，而是可以根据实时交通流的变化快速做出反应。所以，这类算法对于交通检测和预测的准确性、效果反馈的时效性都有较高的要求。并且中央控制器的计算速度和局部设备的信息传输速度也会很大程度上影响算法的控制效果。近几年新推出的一些信号控制系统大多采用了这种策略，比如 RHOEDS、OPAC、UTOPIA 等。目前，这些算法大多仅面向区域局部控制，而对于多个交叉口组成的交叉口群或者区域层面的统筹控制的应用较少。

2）优先策略选择

交叉口信号控制机除了可实现绿灯延长、绿灯提前两种优先控制逻辑外，还可实现插入相位、相位跳跃等控制逻辑。多种优先控制逻辑，尤其是插入相位、相位跳跃这两种控制逻辑，可在电车运营间隔、速度和交通情况等条件发生变化后，无须任何调整，依然可实现有轨电车优先控制，从而减少电车运营间隔、速度和交通情况等条件对平交路口信号优先子系统基础设施布设位置选择的影响。图 2-67 是交叉口信号控制机优先控制逻辑选择算法简化示意图。

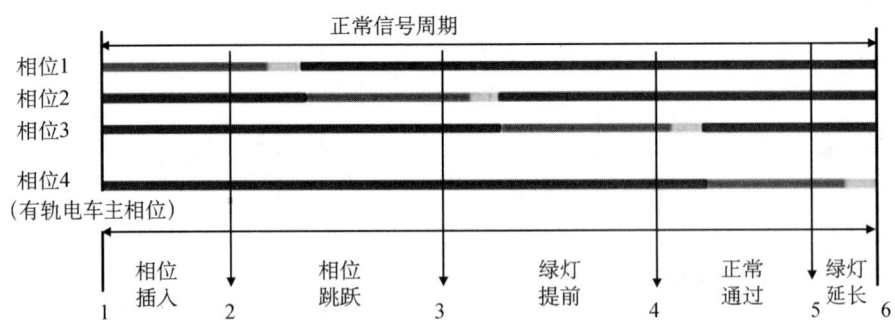

图 2-67　交叉口信号控制机优先控制逻辑选择算法简化示意图

系统根据有轨电车实时采集到的运营调度信息（正常、晚点），结合交叉口、交叉口下游公交车站的交通状态以及当前的交通信号相位运营状态，生成实时信号优先感应策略。

该方式可为实时检测到的有轨电车提供有条件的信号优先方案,当有轨电车正常运行时则按照预先设定的方案通行;当发生有轨电车晚点或者应急请求的情况时,系统能根据车辆请求的优先级别(如晚点的程度)提供不同的优先控制策略。该方式能够提高有轨电车的准点率,若与离线式的优先控制方案相结合则能获得更好的实施效果。

3)优先控制逻辑分类

(1)逻辑一:绿灯延长

检测到有轨电车优先请求后,分析发现该列车将在有轨电车相位绿灯期间到达停车线,但剩余绿灯时间不足以使其通过路口,于是信号机给予该绿灯一定的延长,以确保有轨电车通过路口,但延长时间不超过信号周期的10%,一般为10~20 s。绿灯延长示意图如图2-68所示。

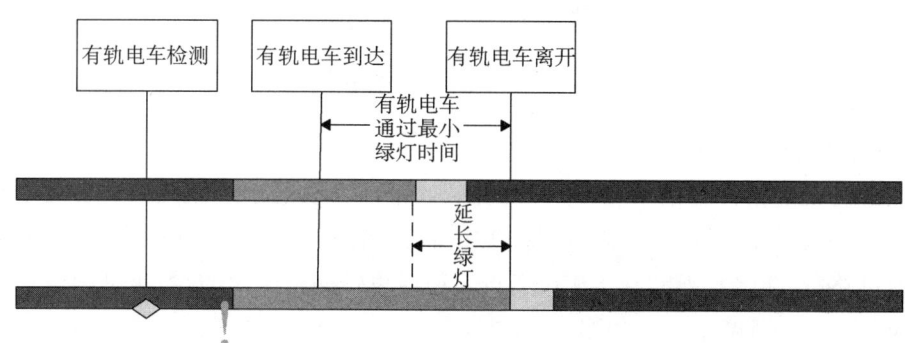

图2-68 绿灯延长示意图

(2)逻辑二:绿灯提前

检测到有轨电车优先请求后,分析该列车在有轨电车相位红灯期间到达停车线,信号机将提前截止通行相位,有轨电车相位提前亮绿灯,以确保有轨电车通过路口,绿灯提前量不能超过周期的10%,且原相位绿灯时间不能低于最小绿灯时间绿。灯提前示意图如图2-69所示。

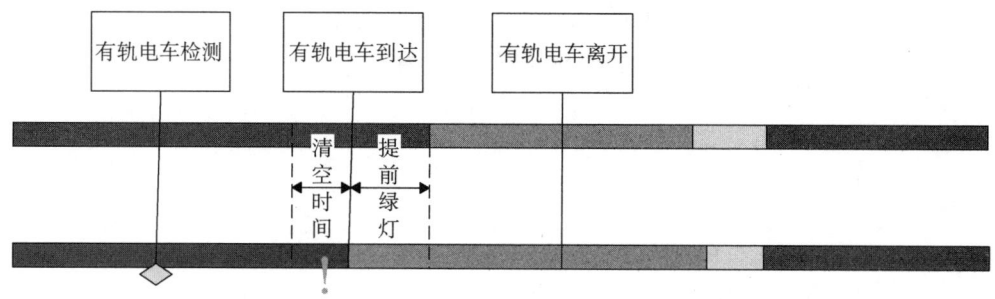

图2-69 绿灯提前示意图

(3)逻辑三:插入相位

检测到有轨电车优先请求后,分析发现该列车在有轨电车相位未开启前到达停车线,信号机将提前截止通行相位,插入有轨电车短相位,以确保有轨电车通过路口,有轨电车短相位绿灯时间不能低于有轨电车通过路口的安全时间。插入相位示意图如图 2-70 所示。

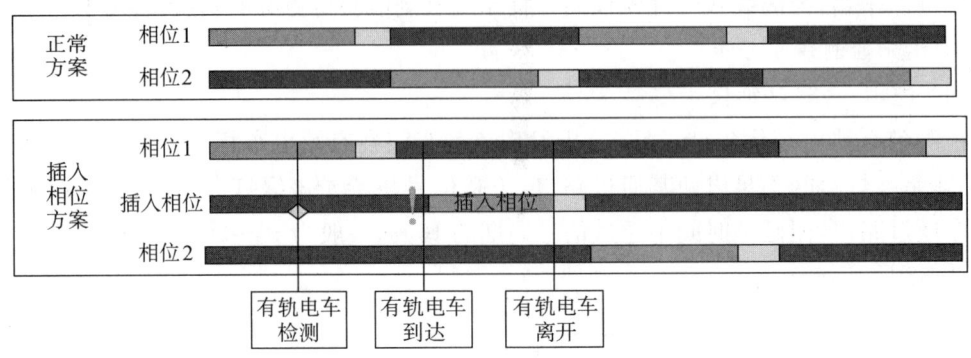

图 2-70　插入相位示意图

(4) 逻辑四:相位跳跃

检测到有轨电车优先请求后,分析发现该列车在有轨电车主相位未开启且通行相位未放行完毕前到达停车线,信号机将提前截止通行相位,跳入有轨电车主相位,以确保有轨电车通过路口,并将本周期剩余相位运行完毕后再转回下一周期,被跳过相位在下一周期必须执行。相位跳跃示意图如图 2-71 所示。

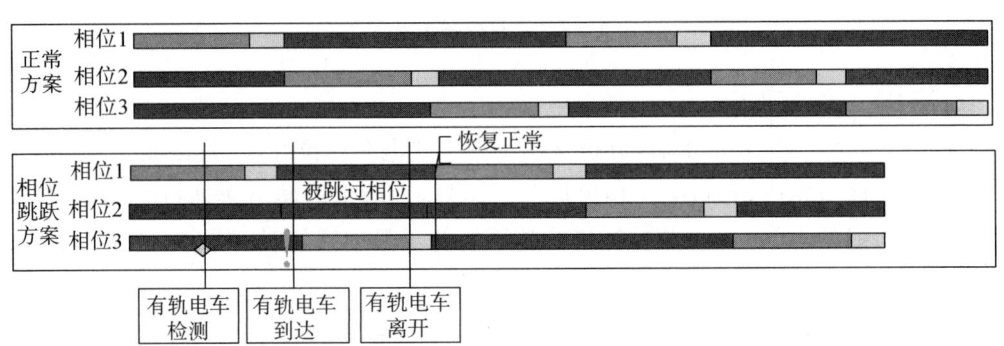

图 2-71　相位跳跃示意图

第 3 章　有轨电车运行轨道线路控制技术

过去的系统架构多为集中式系统,被称为主机的大型计算机承担了系统的全部处理任务,但随着技术的发展,后来的系统常常处于多变的环境中,必须采用"以运行为中心"的方式,保证系统能在动态变化和难以预测的状态条件下高效地运行和维护。轨道交通的列车自动控制系统(Automatic Train Control,ATC)包括:列车自动监控子系统(Automatic Train Supervision,ATS)、列车自动防护子系统(Automatic Train Protection,ATP)、列车自动运行子系统(Automatic Train Operation,ATO)、计算机联锁(Solid State Interlocking/Computer Based Interlock,SSI/CBI)设备。自律分散型 ATS 系统的主要特点为既能由控制中心集中控制列车运行,又可由联锁车站的控制设备按照时刻表信息进行自主实时控制。它具有高度的灵活性和可靠性,适用于高效、高密度的列车运行。

首先,列车定位技术必须能提供正确的列车位置信息。其次,随着轨道交通朝着高速、便捷、舒适的方向发展,对列车定位技术的精密度也提出了更高的要求。再次,由于经过采集、传输、计算等环节,不可避免地会造成列车位置信息的时延。因此,提高信息的及时性,减少信息误差就显得非常重要,在高速运行的轨道区段这一点尤为突出。此外,在高速轮轨交通和磁浮交通中,由于速度高、信息量大以及特殊的边界条件,现有的定位技术难以胜任行车安全和指挥系统对它的要求,必须要有适应这一发展趋势的新的列车定位技术。

列车辅助驾驶系统与汽车辅助防撞系统有一定的相似性,主要提供在特殊条件下驾驶员的视觉增强(通过传感器检测数据的处理帮助驾驶员监测视距之外的行驶条件)以及安全预警信息(对于驾驶员视距之外的隐患进行预警)。并根据检测到的潜在威胁(障碍物)与轨道线路的相对位置关系,确定列车行车许可终点与列车运行防护曲线,结合线路及车辆参数提供建议安全速度,帮助驾驶员更加平滑地控车。另外,有轨电车驾驶员都经过专业训练,理论上不需要配备驾驶员注意力监测设备。

3.1　自律分散技术

3.1.1　自律分散系统理论基础

结构均质、信息局部、功能平等,这些生物特征与传统的计算机系统正相反,且它们已具备了在线的特性。为了使计算机系统也具备这三个特征、实现在线特性,可以模仿生物系统,构思一个由许许多多均质结构、平等功能的要素组成,并相互交互局部信息的体系结构。在计算机系统中,实现功能的要素是计算机,而作为各要素间相互作用的媒介是网络。借由分子生物学、微型计算机和光纤的发展,自律分散系统应运而生。

若一个系统满足以下两个属性,称之为自律分散系统:①自律可控性。系统中任何子系统出现故障、正在维修或刚刚加入,都不影响其他子系统的运行与管理。②自律可协调性。系统中任何子系统出现故障、正在维修或刚刚加入,其他子系统之间能够完成各自的任务并以协作方式运行。

自律分散系统的目标是实现在线特性的要求:在线扩展性、在线维护性、容错性。也就是在保持系统运行的状态下能够进行扩展、维护,能够承受一部分系统的故障。

3.1.2 自律分散的列车控制系统

20世纪70年代,东京工业大学森欣司教授首次提出自律分散理论。自律分散系统(Autonomous Decentralized System,ADS)技术最早于1977年由日本日立制作所研制开发,并成功应用于银行证券交易、工厂施工流水线控制等系统,大大提高了系统的安全性和生产效率。2001年,ADS开始应用于城市轨道交通综合运输管理控制系统。

轨道交通中,自律分散型ATS系统的主要特点为既能由控制中心集中控制列车运行,也可由联锁车站的控制设备按照时刻表信息自主地进行实时控制,它具有高度的灵活性和可靠性,适用于高效、高密度的列车运行,如图3-1所示。

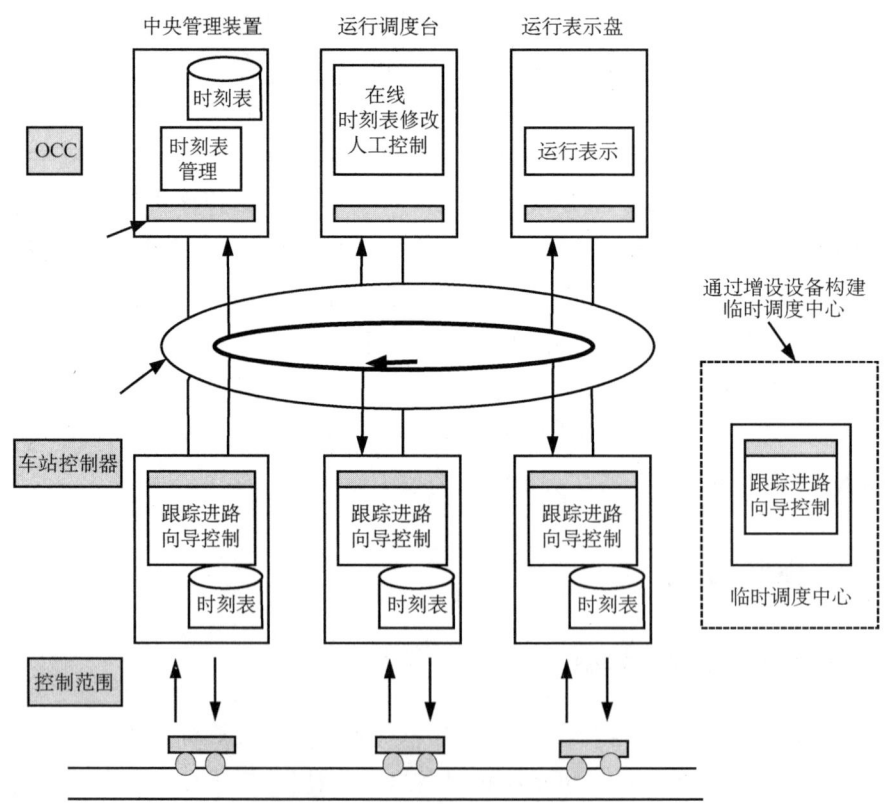

图3-1 自律分散型ATS系统

根据用户需求,该系统应能提供下列服务:

(1) 高密度运营;

(2) 防止运营紊乱加剧;

(3) 未来多条线路综合运营管理;

(4) 灵活的备份方式。

该系统能实现的功能如下:

(1) 高密度运行下的进路控制;

(2) 运营异常(列车故障、运营紊乱、人员伤亡、事故等)情况下实时的时刻表修改,直行通过或是返回的旅客向导;

(3) 高可靠性。

实现上述功能的解决方案如下:

(1) 实时便捷的时刻表修改/增加;

(2) 车站控制器完成列车跟踪、进路控制;

(3) 更新时刻表以及实际的列车位置为旅客提供向导;

(4) 完善的降级功能;

(5) OCC 备份、设备集中站备份或完全的 OCC 异地备份。

3.1.3 自律分散的调度集中系统

调度集中(Centralized Traffic Control,CTC)是调度中心通过调度员对某一区段内信号设备进行集中控制,并对列车运行进行直接指挥、管理的技术,是实现行车指挥现代化的重要标志。

1. 自律分散调度集中系统

自律分散调度集中系统是综合了计算机技术、网络通信技术和现代控制技术,采用智能化的自律分散设计原则,以列车运行调整计划控制为中心,兼顾列车与调车作业的高度自动化的调度指挥系统。

(1) "分散"的概念

"分散"包括:设备分散、功能分散和危险分散。系统不仅做到总机与分机之间能互相传送信息,而且邻站间也能互相传送信息。如果车站分机与调度所总机通信中断,车站分机仍能自动进行列车跟踪,并在一定时间内仍可以自动进行列车进路控制。

(2) "自律"的概念

列车计划与调车计划能够很好地协调,圆满地实现系统对联锁设备的控制。

2. 自律分散调度集中系统模式

自律分散调度集中系统具有两种控制模式:自律分散控制模式和非常站控模式。

(1) 自律分散控制模式

计划控制方式:计划控制状态可由人工激活或禁止,计划控制状态是系统正常的进路控制状态。

人工按钮控制方式：由操作员或车站值班员在车务终端操作按钮进行控制，自律机根据控制计划进行进路的办理和列车计划的冲突检测。

（2）非常站控模式

系统故障或其他紧急情况时，由操作员直接进行控制。

3. 自律分散调度集中系统功能

在调度指挥管理信息系统（Dispatch Management Information System，DMIS）的基础上，自律分散调度集中系统还具备列车进路和调车进路的自动/人工控制功能，从而实现行车指挥自动化。

（1）实时监测跟踪功能：监视站场信号设备和列车运行状态；追踪列车编组状态等。

（2）调度指挥计算机化：计算机辅助编制和调整列车运行计划；遥控所有联锁设备按钮；自律机自动自主控制列车进路等。

（3）自动统计分析：编制车站行车日志，生成统计报表；自动描绘列车实迹运行图；实现维修作业的综合管理和远程登录、销记等。

（4）网络安全防护功能。

4. ADS 调度集中系统的硬件结构

自律分散型调度集中系统的硬件部分主要包括中心系统硬件结构、车站设备硬件结构、车站自律分机结构和通信网络结构，分别如图 3-2—图 3-5 所示。

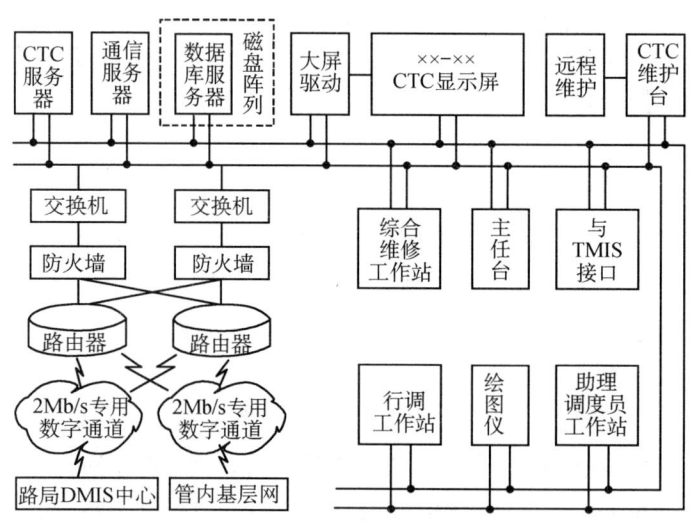

图 3-2　中心系统硬件结构

5. ADS 调度集中系统的软件部分

ADS 调度集中系统的软件部分主要包括：通信服务子系统、自律控制子系统、控制计划编制子系统、列车进路控制子系统、调车进路控制子系统、综合维修子系统、车务终端子系统、网络安全防护子系统和车地信息传输系统等。其中，自律控制信息的交换包含以下两部分内容。

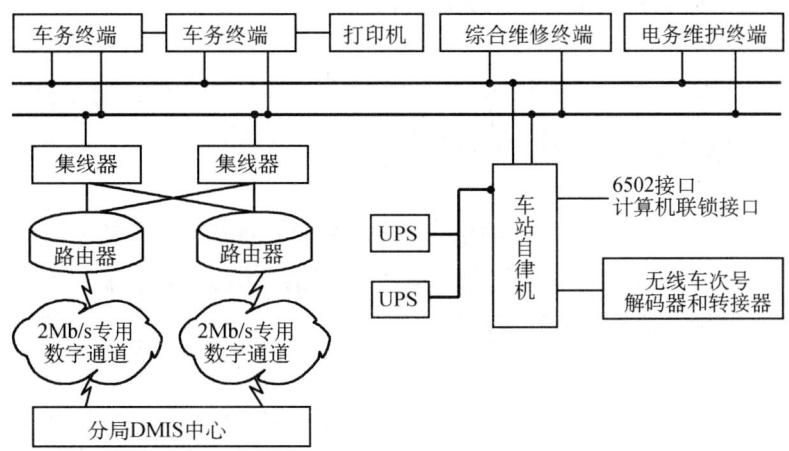

图 3-3 车站设备硬件结构

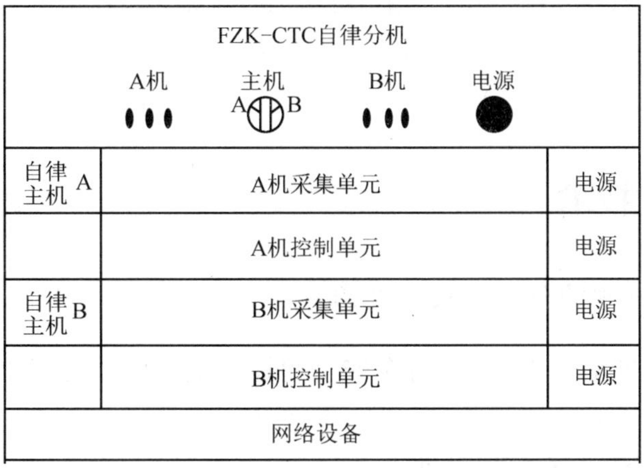

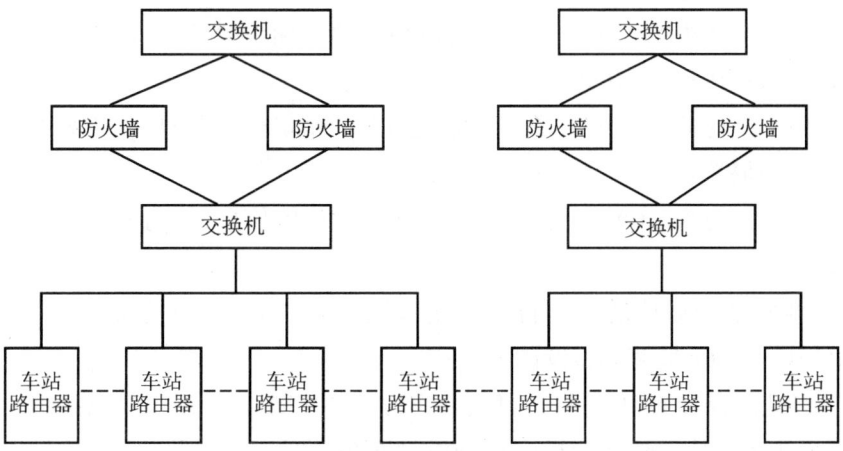

图 3-4 车站自律分机结构

图 3-5 通信网络结构

(1) 中心自律模块和车站自律模块信息的交换

① 通信过程

车站自律系统与控制中心系统通过远程网相连,使用 TCP/IP 协议通信。调度中心作为通信的服务端,站机作为通信的客户端。

② 信息传输内容

车站自律系统向中心系统传送的信息包括:站场表示信息、车次追踪及校核信息、上报的列车编组信息、车站站存车上报信息、调车进路请求信息、调度命令请求信息、控制报警信息、设备维护状态信息和应答或回执信息等。

(2) 车站自律系统间信息的交换

自律分散的调度集中系统的车站自律系统间的信息交换十分复杂,通常有点点互通和中心中转两种方式。

① 点点互通:指车站自律系统间直接通过网络链路进行交换。

② 中心中转:通过中心系统的通信服务器向各车站转发相应的信息。

由于中心中转更符合调度系统本身的特点并且更便于调试和系统的稳定,因此中心中转方式更为合理。

3.2 列车定位技术

3.2.1 列车定位技术的分类和技术要求

列车定位技术在现代轨道交通行车安全和指挥系统中的作用主要体现在以下几个方面:

(1) 为保证安全的列车间隔提供依据;

(2) 在某些自动控制系统中,提供区段占用/出清信息,作为转换轨道检测信息和速度控制信息发送的依据;

(3) 为列车自动防护(ATP)子系统提供列车的准确位置信息,作为列车在车站停车后打开车门以及站内屏蔽门的依据;

(4) 为列车自动运行(ATO)子系统提供列车的精确位置信息,作为列车计算速度曲线、实施速度自动控制的主要参数;

(5) 为列车自动监控(ATS)子系统提供列车的位置信息,作为显示列车运行状态的基础信息;

(6) 在某些基于通信的列车自动控制系统(Communication Based Train Control,CBTC)系统中,作为无线基站接续的依据;

(7) 在高速磁浮交通中提供位置信息,作为道岔控制、定子绕组供电接续的依据等。

首先,列车定位技术必须能提供正确的列车位置信息。其次,随着轨道交通朝着高速、便捷、舒适的方向发展,对列车定位技术的精密度也提出了更高的要求。再次,由于经过采集、传输、计算等环节，不可避免地会造成列车位置信息的时延，因此提高信息及时性、减少信息误差就显得非常重要，在高速运行的轨道区段这一点尤为突出。此外，在高速轮轨交通和磁浮交通中，由于速度高、信息量大以及特殊的边界条件，现有的定位技术难以胜任行车安全和指挥系统对它的要求，必须要有适应这一发展趋势的新的列车定位技术。

目前，在世界各国轨道交通列车自动控制系统中使用的列车定位方式主要有：轨道电路定位、计轴定位、测速定位、查询-应答器定位、交叉感应回线定位、卫星定位（包括 GPS 定位和 GNSS 定位）、扩频无线电定位、惯性定位、信标-极距定位等种类。按照不同的分类性质可以把它们分为不同的种类。

(1) 按定位信息的产生分类

① 离散信息方式：信息在预先排列的一些点上产生，如查询-应答器、信标-极距定位等；

② 分段信息方式：信息在某一个分段内产生，如轨道电路定位、计轴定位、交叉感应回线定位等；

③ 连续信息方式：信息在任何点上都能够连续产生，如卫星定位、扩频无线定位、测速定位和惯性定位等。

(2) 按产生位置信息的方式分类

① 完全主动式定位：不通过外界信息，由列车自主测量自身位置，如惯性定位、测速定位、极距定位等；

② 半主动式定位：由外界发送信息，列车接收该信息从而判断自身位置，如卫星定位、扩频无线电定位、交叉感应回线定位、查询-应答器定位等；

③ 完全被动式定位：由地面发送信息并接收信息，再由接收到的信息判断列车位置，如轨道电路定位、计轴定位等。

(3) 按位置信息的参照分类

① 绝对位置方式：如轨道电路定位、计轴定位、查询-应答器定位，这些定位方式可以向系统提供列车的可靠位置或位置范围而不依靠其他定位方式；

② 准绝对定位方式：卫星定位、无线扩频定位等，之所以称这些定位方式为准绝对定位方式是因为这些定位方式可以向系统提供列车的绝对位置，但是这种位置信息是不具有故障-安全特性的，在信号系统中这些信息不能作为唯一的位置依据，必须配合其他定位信息或对系统进行改进后方可使用；

③ 相对位置方式：如测速定位、惯性定位等，这些定位方式向系统提供列车相对位移，需要知道列车的初始位置才能确定列车的即时位置。

以上列举的仅仅是较常用的分类方式，还可以按照其他分类方式对列车定位方式分类，这里不一一赘述。

作为列车自动控制系统中的关键技术之一，理想的列车定位系统应该满足下列技术要求：

（1）精确性。精确性需满足两种不同的要求：一是列车在同一轨道上纵向的定位精确性；二是列车在不同轨道之间横向的定位精确性。

（2）连续性。必须具有执行列车定位而不发生任何间断的能力，即在时间上有很好的连续性。

（3）覆盖性。不管列车运行在哪里，列车定位信息必须被不间断地提供给列车运行控制系统，即在空间上有良好的可用性。

（4）可靠性和安全性。定位系统与列车自动控制系统的其他子系统之间相互独立，且它须具有连续正常工作的能力，并能检测和报告本身发生的失效和故障。

（5）可维护性。设计和使用必须综合考虑预防性维护和校正性维护等因素，从而使定位系统在生命周期内成本最小。

（6）故障-安全性。当出现故障时，系统不但能验出"无车"的通报信息，而且必须有保证列车安全的相应措施。

3.2.2 列车定位技术原理

目前，国内外在轨道交通中已经实际应用的列车定位技术有很多种，它们的工作原理和技术特点如下。

1. 轨道电路定位

轨道电路是最简单的列车定位设备，其优点是无须对当前设备做大的改动即可实现列车定位，它的定位精度取决于轨道电路的长度。目前，我国大部分城市轨道交通的列车定位技术采用的是轨道电路法。轨道电路分为机械绝缘和电气绝缘两种类型。城市轨道交通系统中普遍采用"S棒"进行电气隔离的数字音频轨道电路。利用数字轨道电路进行列车定位是目前城市轨道交通系统中应用最为普遍的技术手段。

在数字轨道电路中全部有源器件都集中在控制室内，室外设备仅包括由电容、线圈等组成的调谐盒及轨间的S形连接导线，调谐盒中有发射与接收线圈。数字轨道电路的发射单元以差分模式通过铁轨向另一端传输一个调制信号，在轨道电路的另一端提取这个信号。接收的信息和传送的信息经逐位比较确认相同时，完成对接收信息的验证，从而判断钢轨和轨道电路的工作状态。当轨道电路内有车占用时，由于列车车轴的分路作用，接收端检测出信号电平的变化，由此判断是否有车到达该轨道电路。

在线路设计时，根据用户对列车运行密度的要求，将整个线路用S棒分割成若干个轨道区段，并对所有轨道区段进行统一编号。对线路地形及线路设备进行数字化描述后形成线路地图，储存在轨旁和/或车载计算机中。在每个区段的始端和终端加上发送/接收器件，构成一个信息传输回路。区段空闲时，信息由发送端通过回路传输到接收端，接收端继电器励磁吸起；当列车进入区段时，车轮可以造成两根钢轨短路，信息不能到达接收端，接收端继电器失磁落下，从而达到列车检测定位的目的。当列车在线路中运行时，其所在区段的轨道电路会给出占用指示，通过对轨道电路占用状态的连续跟踪，就实现了对列车在线路中所处位置的连续跟踪。

为了保证安全并遵循故障导向安全的原则,轨道电路任何形式的故障都表示为"有车占用"。为了避免错误的跟踪,系统对轨道电路的"连续占用"与"顺序出错"会进行逻辑判断,以保证列车跟踪的可靠性和安全性。通过轨道电路法进行列车定位,既可以实现列车检测定位,又可以检测轨道的完好情况,满足故障-安全性准则,是一种安全可靠的列车检测定位方法,所以目前依然被广泛使用。

轨道电路定位的优点:

(1) 轨道电路原理简单,安全性较高,同时可以对断轨故障进行检测。

(2) 轨道电路采用列车运行轨道——钢轨作为列车定位的信息传输通道,这个通道同时又可作为列车 ATC 信息传输的通道,不仅节省了大量设备,还具有较高的性价比。

(3) 技术成熟。轨道电路是目前使用最多、使用时间最长的列车定位方法,经过几十年的发展,积累了丰富的施工、维护经验。

(4) 地理环境适应性强,在隧道、地下都可以使用该方法。

(5) 适用速度范围广,无论高速还是低速均可使用该方法。

轨道电路定位的缺点:

(1) 定位误差大。由此方法实现的定位是以轨道电路长度作为最小定位单元,因此车辆在区间的始端还是终端是无法判断的,列车定位的最大误差为一个区段的长度,列车占用一个区间后,不管其在区间的始端还是终端,都只能给出一个位置信息。在需要对列车实施精确控制的场合,必须配合其他的列车定位方式,如测速定位、设置信标等。

(2) 传输距离有限。轨道电路的电气特性是与传输的信息频率有关的,频率越高,传输衰耗越大,信息传输距离越短,而为了提高信息之间的差别增强抗干扰性能,提高信息的频率是必然的,通过设置补偿电容可以加大传输距离,但其设备造价及施工维护量会提高。

(3) 设备维护量大。继电器使用寿命有限(平均为一万次左右),而且还要在列车轨道旁一定区段内设立一个监测站,因此维护费用较大。为了保证轨道电路的良好电气特性,就需要经常对其进行测试与调整。在矿山、工厂等轨道条件较差的线路上,由于轨道电气特性极其不稳定,所以只能使用特殊的轨道电路方式,如高压脉冲轨道电路等,其传输的信息种类会相应减少。

2. 计轴定位

用轨道电路定位最基本的一个条件是两根钢轨能够构成 TD 信息传输的通路,由于轨道电路的电气特性对道床条件的依赖性很强,同时随着电力机车变流控制技术的发展,牵引电流高次谐波对轨道电路的干扰影响越来越大,用轨道电路对列车实施定位面临着各种复杂的不利条件的挑战。而在某些区段,其道床漏泄又非常之大,如在德国铁路中曾经使用过的钢枕木道床,在这些条件下用轨道电路定位是根本不可能的,而用计轴器对列车定位就能较好地克服这一问题。在电子技术高速发展的今天,电子计轴器已完全替代了传统的机械计轴装置。

电子计轴器列车定位系统主要包括室内和室外部分,如图 3-6 所示:室内部分包括信

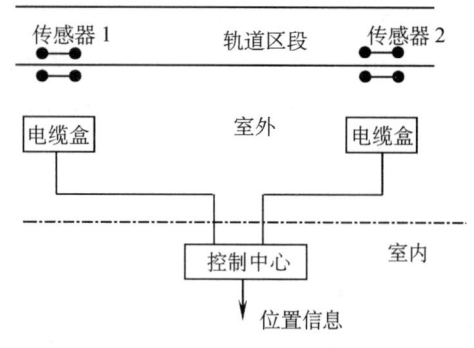

图 3-6 计轴器定位原理

号处理电路和计数器处理电路；室外部分主要包括地面传感器、电缆盒、传输电缆等。

在图 3-6 中，在轨道区段的分界点安装计轴点，计轴点是一个车轮识别装置。当车轮驶过计轴点时，在计轴点中形成脉冲或其他信号，通过电缆传输到控制中心，由控制中心联锁设备中计数装置根据这些信号对车轮计数。当列车进入传感器 1 和传感器 2 防护的区段时（假定运行方向由左向右），列车轮对首先经过传感器 1，列车每一对轮对经过传感器时都会改变一次传感器周围的电磁分布，传感器检测到这一改变后就说明列车已进入区间，传感器对这种改变的次数计数，并将计数值传递给控制中心；当列车轮对开始出清该区段时，同样会改变传感器 2 周围的电磁分布，传感器 2 也将检测到的变化次数传递给控制中心，当进入（传感器 1）的次数等于出清（传感器 2）的次数时，说明列车已完全出清。通过列车对区间的占用情况可以判断出列车的位置。显然，就其功能而言，电子计轴器是与轨道电路相同的。电子计轴器本身不具备向列车传输信息的通道，机车上要获取位置信息除了依靠驾驶员瞭望信号机外，必须另外增加信道。

计轴定位技术的关键在于车轮识别点（计轴点）的可靠工作，要求车轮识别点能够适应列车高速运行的机械应力、牵引电流以及磁轨制动造成的电磁干扰等。由德国西门子（SIEMENS）公司开发的 ZP43 型电子计轴器经过充分的实验室和现场试验被证明是一种安全可靠的车轮识别设备。ZP43 型电子计轴器的轨旁设备主要包括发送器和接收器两个部分，用两个固定的螺栓与一块屏蔽金属板一起固定在轨腰上。发送器内部产生一个大小恒定、频率为 43 kHz 的电压，并由此电压产生围绕钢轨的磁场。当计轴点无列车通过时，发送器产生的磁场只有一部分由接收器感应产生静态电压；当轮对经过计轴点时，磁场受场的集肤效应作用几乎全部被接收器接收产生静态电压，前者的电压要低于后者，根据这一电压差别可以识别轮对。选择 43 kHz 频率是基于计轴点在 40～60 kHz 之间的工作频率抗信号干扰性能最佳的试验结果而定的。

为了能够判别列车不同的运行方向，一般在一个计轴点设置紧密相依的两个车轮识别装置，由车轮通过两个计轴点的先后次序来判断列车的运行方向。

即便现代科技为实现高可靠的计轴设备提供了物质基础，但设备故障是不可避免的，因此计轴定位系统必须能够检测错误并采取一定的措施防止计轴点出错。一般来说，计轴点的故障主要有两类：设备故障导致不能计数或计数故障导致计数出错。针对前者的解决方案是取消该计轴点，而将与该计轴点相邻的两个区间合并为一个区间；针对后者的解决方案是连续比较出错计数点前后相邻多个计数点的计数结果。若实际的车轴数与设备给出的轴数不符，则认为出现计数差错。这种情况将导致出现"不真实的区段占用"，可能会发生撞车事故，不符合故障-安全性准则。通常计数差错情况有以下两种：一种是当列车在进入某个区间时,传感器1少计数了若干轮对,而列车在出清该区间时,传感器2正常计数,那么就有可能出现当列车在区间运行时,恰好有若干节车厢与列车脱节,而此时脱节的车厢轮对数恰好与传感器1少计数的轮对数相等。这样就会导致传感器1和传感器2的计数相等,从而给出区间"空闲"的信号。另外一种情况是,列车在进入区间时,传感器1的计数正确,而列车出清该区间时,传感器2多计数了若干轮对,那么就有可能出现当列车在区间运行时,恰好有若干节车厢与列车脱节,而此时脱节的车厢轮对数恰好与传感器2多计数的轮对数相等。这样就会导致传感器1和传感器2的计数也相等,从而给出区间"空闲"的信号。

计轴定位继承了轨道电路定位的很多特点,和前述的轨道电路法一样,这种方法定位安全性较高,精度较差,通常也需与测速装置结合起来使用。由于不依赖于轨道电路,因而对环境的适应性更强,维护量相对较小,但不能作为车-地通信的通道,也无法检测断轨故障。

3. 查询-应答器列车定位

基于查询-应答器的列车定位方法也是被广泛采用的一种定位方式,它可以点式地给出列车定位信息。作为列车定位系统,查询-应答器具有很高的定位精度,它在应答器安装点的定位精度为 $1\sim 2$ m,取决于查询天线的作用范围。同时,它还具有很高的可靠度,可以在任何气候、任何地点(包括 GPS 作用不到的地区)可靠地工作,并且还具有维修简便、运行费用低等优点。

查询-应答器一般由车载查询器、地面应答器和轨旁电子单元(Lineside Electronic Unit,LEU)(可选择)组成。地面应答器一般装在两根轨道中央或一根钢轨的外侧。车载查询器装在机车上与应答器相对应的位置。应答器一般都是无源的,其内部寄存器按协议数据形式存放用来实现列车速度监控和其他行车功能所必需的数据。如图3-7所示,当列车驶过地面应答器且车载查询器与应答器对准时,查询器首先以一定的频率通过电磁感应方法将能量传递给应答器;应答器内部电路在接收到能量后即开始工作,将所储存的数据以某种调制方式通过电磁感应传送到车上。

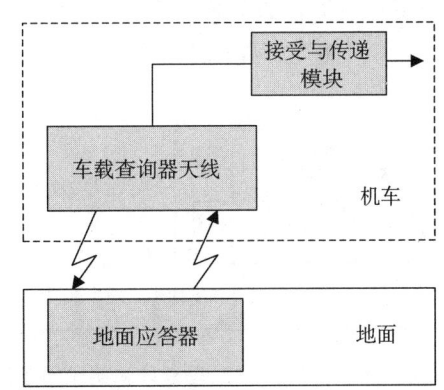

图 3-7 查询-应答器基本工作原理

查询-应答器可用作连续式列车速度自动控制系统的列车精确定位设备,这时应答器内部储存的数据是固定的,也可用作点式列车速度自动控制系统的列车检测、定位辅助设备,这时应答器作为电子计轴器等系统向机车传输数据的通道,置于信号机旁,用于向列车传递信号、显示信息。因此,要通过轨旁电子单元(LEU)提供接口与信号机相连。

在地面应答器内存储地理位置信息,机车上的查询器经过它耦合以后,就可以得到列车的精确位置。显然,为了准确定位就必须大量设置地面应答器。在欧洲的部分铁路线上,甚至每3~5 m就设置一个地面应答器。为了减少投资,也可用地面应答器来校准因测速设备产生的里程数,以消除累计误差,从而减少应答器的设置数量。例如,在纽约城市快捷运输系统中,每隔91~305 m设置一个地面应答器。

采用应答器定位技术的信息传递是间断的,即当列车从一个信息点获得地面信息后,要到下一个信息点才能更新信息,若期间地面情况发生变化,就无法立即将变化的信息实时传递给列车。因此,应答器定位技术往往作为其他定位技术的补充手段。

查询-应答器定位的特点是:

(1) 可以提供准确的初始位置信息;

(2) 精度是可以调节的,根据不同的精度需要安装应答器,但是精度的提高是以增加成本为代价的;

(3) 维护量大,沿线分布大量的应答器,需要大量的人工,且不便于设备的维护保养和线路的养护;

(4) 查询-应答器既可以实现列车定位,也可以作为点式信息传输的通道,提供车-地通信。

目前,一种利用接触网定位器辅助列车定位的方法,与基于应答器和里程计的列车定位方式相比,在无须增加线路上其他固定设备的情况下,可以大大减少地面应答器的数量,同时还能较大幅度地提高了列车定位的精度。这不仅降低了成本,减少地面设备的维护量,还有利于线路养护。

在电气化铁路线上,线路两旁矗立有若干间隔较小的接触网支柱,线路的上方架有接触网馈电导线(接触线),接触线在支柱或隧道壁上通过定位器进行定位。由于线路上各个定位器的位置是固定的,相邻定位器之间的距离为20~45 m,特殊情况最长也不超过60 m,因此在相邻两个应答器之间,可以利用定位器检测信号和线路参数,以及对里程计误差进行校正。一般而言,用于列车定位的线路参数应包括支柱杆号、杆距、定位器所在侧(处于线路运行方向的左侧或右侧)等数据。此外,线路参数还可以包括每个跨距内线路的性质(如桥梁、隧道等)、坡度、曲线半径、线岔等用于电子地图显示和列车自动运行控制所需的线路数据。基于应答器、里程计和接触网定位器辅助定位的列车定位原理如图3-8所示。

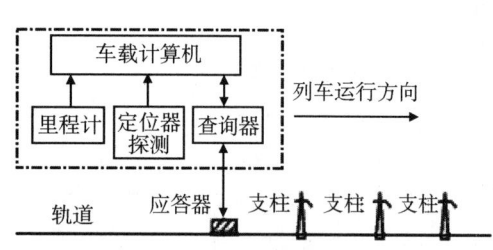

图3-8 基于应答器、里程计和接触网定位器辅助定位的列车定位原理

4. 测速定位

前面介绍的轨道电路定位、计轴器定位和查询-应答器定位技术的定位精度都比较低,在对列车运行速度、位移实施精确控制时是远远不够的。为了提高列车定位的精度,目前较为广泛地应用测速定位作为辅助定位方式。测速定位就是通过不断测量列车的即时运行速度,对其进行积分(或求和)的方法得到列车的运行距离。

由于测速定位获取列车位置的方法是对列车即时运行速度进行积分或求和,故其误差是累积的,而且测得的速度值误差对最终距离值的误差也具有直接影响。因此,利用该种定位方法的关键在于两点:速度测量的准确性和求位移算法的合理性。另外,测速定位法总体来说属于相对定位,它无法获取列车的初始位置,要获得列车的绝对位置仅仅依靠这种方法几乎是不可能的。

测速定位主要包括轮速(里程表)法和多普勒雷达法等测量方法。轮速法的原理是在列车车轮外侧安装旋转式光栅,当列车运行时由轮轴的旋转带动光栅旋转;在光栅的两侧安装发光装置和光电传感器,随着光栅的旋转光电传感器可以接收到发光装置的"光脉冲"信号,并将其转化为电脉冲信号送至车载计数器,由车载计数器对该脉冲信号进行计数;通过检测该信号次数可以判断车轮即时转角,由车轮的转角又可以求得列车的位移。例如,假定所采用光栅刻度为60线,车载计数器的计数结果为 n,则列车的位移 $S = \frac{n}{60}\pi d$,d 为车轮直径。用轮速法测量列车距离的主要缺点在于:当列车轮对出现磨损、空转、滑行等情况时,误差会比较大。而且,无论列车是在前进还是在后退,计数器均按照列车前进来计数。虽然这种方法对光测量设备的抗冲击性要求较高。但是,它非常简便,易于实现。

多普勒雷达法是利用多普勒效应来测量列车运行速度。在车头位置安装多普勒雷达,雷达向地面发送一定频率的信号,并检测反射回来的信号。由于列车运动会产生多普勒效应,所以检测到的信号频率与发送的信号频率不完全相同。如果列车在前进状态,反射的信号频率高于发射的信号频率;反之,则低于发射的信号频率。而且,列车运行速度越快,两个信号之间的频率差越大。通过测量两个信号之间的频率差就可以获取列车的运行方向和即时运行速度,对列车的速度进行积分就可得到列车的运行距离。这种方法对于列车测速的精度和频率要求都比较高。多普勒雷达法需要的设备相对于测速法较为复杂,如果由于地面不平整导致电波的散射较厉害时,测量难度就会加大。但它的优点是克服了车轮磨损、空转或滑行等造成的误差,可以连续测速、测向和定位。

5. 交叉感应回线定位

由于轨道电路在实现车-地通信时受钢轨、道床条件的限制较大,这就成为制约列车提速、提高密度的"瓶颈"。于是人们开始在轨间敷设电缆作为车-地通信的信道。由于轨间电缆是实现车-地通信的唯一通道,因此必须考虑抵抗牵引电流干扰的问题,以提高信息传输的可靠性。通常采用的方法是在两根钢轨之间敷设交叉感应回线:一条线固定在轨道中央的道床上,另一条线固定在钢轨的颈部下方,它们每隔一定距离作交叉,中央回线就像一个天线。当列车驶过一个交叉点时,通过车载设备检测环线内信号的相位变化(图3-9、图3-10),并对相位变化的次数进行计数,利用信号极性的变化引发地址码加1,由列车中央控制单元根据地址码计算出列车的地理位置,并对从列车转速转化得到的里程记录进行误差修正。由于感应回线是列车与地面之间的信息通道,利用极性交叉这种方法一方面可实现列车的定位,另一方面也起到了抵抗牵引电流干扰的作用。感应回线

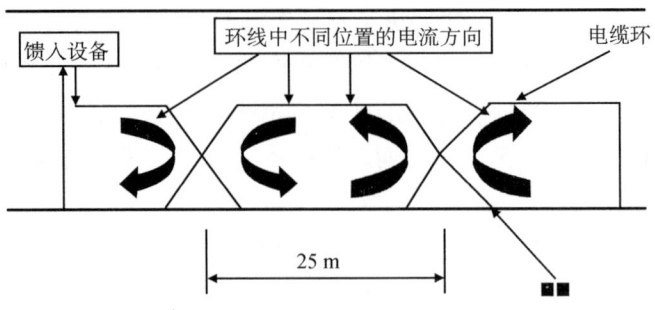

图 3-9 交叉感应回线定位原理图

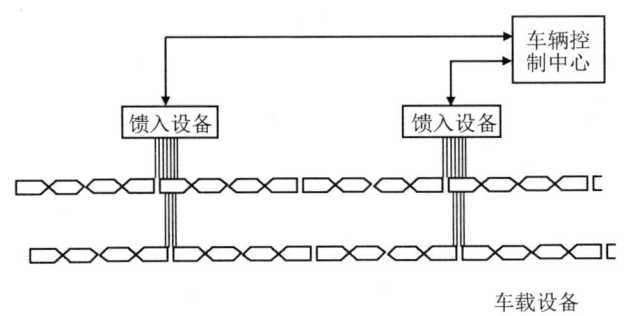

图 3-10 交叉感应回线定位结构图

车载传感器法在德国、西班牙的高速铁路,以及美国旧金山 Munl's ATCS 系统等很多地方被广泛应用。

6. GPS 列车定位

GPS 是基于卫星发射信号的定位系统,由导航卫星、地面检测站和用户接收机组成。利用低轨道 24 颗卫星进行全球导航定位(其中 3 颗备用),卫星处在距地面高度约 20 000 km、相互间隔 120°的三条轨道上。每条轨道上有 6~8 颗卫星,即总共有 18~24 颗卫星围绕着地球运转,每 12 h 绕地球一周。其目的是保证地球上任何一个用户终端能进行 4 颗卫星的无源定位,获得三维空间的位置参数。卫星发射出无线电信号,该信号包括载波信号、测距码(P 码和 C/A 码)。待定位的物体(如列车)上的接收器可以同时接收 4 颗以上卫星的信号,根据这些信号测定信号传播的单程时间延迟或相位延迟,进而确定从观测点至 GPS 卫星间的距离,从而计算出观测点的位置。

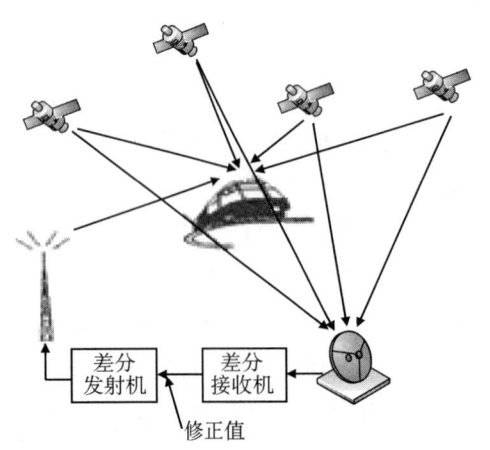

图 3-11 GPS 定位原理

利用 GPS 实现列车定位已是一种比较成熟的技术。只要在列车两端安装 GPS 接收机和差分误差信息接收器,接受多颗导航定位卫星发送来的定位信息,就可以计算出列车的确切位置，GPS 定位原理如图 3-11 所示。电磁波的传播速度是固定不变的光速，如果能够精确测量电磁波在两个物体之间传播的时间，也就等于测量出两个物体之间的距离。测量的精度取决于扩频通信中码片的宽度。码片越窄，扩展的频谱越宽，精度就越高。民用 GPS 的位置精度为 100 m；利用 C/A 码（民用码、粗码），定位精度约 45 m；通过一些措施可将定位误差限制在高速铁路允许范围内，如差分 GPS(DGPS)定位精度可达 10 m；使用差分定位方法(DGPS)，并引入了一个已知位置的误差信息后，定位精度甚至可以达到 3 m 左右。

GPS 定位系统可实现全球、全天候连续地实时导航与定位，操作简单，抗干扰性能强。相对于传统的列车位置检测设备而言，GPS 定位方法设备简单、精度高、成本低、体积小、维护方便。其主要问题是列车在隧道等接收不到卫星信号的区域无法采用 GPS 定位。另外，美国军方认为在必要的时候可以关闭 C/A 码，这也使得人们对该方法的可靠性产生了疑问。GPS 列车定位存在以下缺点：

(1) 在周围阻挡物较多的地方，例如城市、树林、山区、隧道等，列车的定位精度受到影响，甚至无法定位（列车在隧道中无法接收卫星信号），因此在这些地方要加上地面设备辅助定位，如回线、应答器等。

(2) 装有接收机的列车与差分台的距离不宜太远，否则会影响定位精度，所以要有差分台接续措施。

(3) GPS 对卫星故障十分敏感，一旦一颗卫星失效，就会导致 GPS 性能恶化，所以不能仅将 GPS 定位信息作为列控安全防护系统的唯一位置参数。

与 GPS 相比，商业卫星定位系统更适合于列车定位。目前，其他卫星导航与定位系统有俄罗斯的 GLONASS、欧洲的伽利略以及中国的北斗。

GPS 定位方法的显著优点是定位精度高，可实现连续定位；另外，对于用户来说由于没有地面设备，因而可以节约大量的安装和维护工作。但是 GPS 定位的缺点也是十分明显的，与轨道电路定位、计轴定位等方法相比，GPS 的精度是较高的，但是轨道电路定位等方法的优势在于具有明确的临界值，而且沿线路分布，误差不会扩展到另一线路，GPS 定位则不然，它没有明确的临界值，且误差可以扩展到相邻线路上，而解决的方案只有更大程度地提高定位精度和可靠性。另外，GPS 定位受环境影响也大，在城市、地下铁路、山区等处几乎无法正常工作。GPS 定位的另一个缺陷是信息的安全性，简单地说就是这个系统是由美国国防部操纵的，过于依赖该系统其实就是受制于人。因而，到目前为止，尽管 GPS 定位有着诱人的优势，但是在使用它的时候大家还是疑虑重重，增加了较多的防护措施，这样一来，其定位的优势就被大大削弱了。

7. 无线扩频列车定位

随着移动通信技术的发展，扩频多址成为新的列车通信技术。它的特点是抗干扰性强、隐蔽性强、易于实现码分多址和抗多径干扰。扩频多址主要有两种方法：跳频扩频(frequency hopping)和直接序列扩频(direct sequency)。

无线扩频定位的基本原理是：在地面沿线路设置无线基站，无线基站不断发射带有其位置信息的扩频信号,当列车接收到扩频信息后,求解列车与信息之间的时钟差,并根据该时钟差求出与无线基站之间的距离,同时接收 3 个以上无线基站的信息就可以求出列车的即时位置。可以看出,无线扩频定位与 GPS 定位原理几乎完全一样,只是将卫星"挪"到了地面,由无线基站实现了 GPS 卫星的功能。

8. IPS 列车定位

IPS 是惯性列车定位系统(Inertial Positioning System)的英文简写,它根据牛顿力学定律,通过测量列车的加速度,将加速度进行一次积分后得到列车的运行速度,再进行一次积分即可得到列车的位置(包括经度、纬度和高度),从而实现列车定位。

IPS 定位的显著优点是环境适应性强,不受天气、电磁场等影响,属于高安全性的定位方式。它可以随时采集列车的位置信息(连续采集、连续积分),在小范围内其测量精度也较高,而且用该方法可获取的信息种类较多,如列车的方向、位置、速度等。但是这种方法是一种相对定位方式,必须获得列车的初始位置信息后方可得到列车的即时位置。同时,与其他相对定位方法一样,它也存在误差累积的缺陷。所以,这种定位方法一般都与其他定位方法(如查询-应答器定位、GPS 定位等)结合起来使用,作为提高定位精度的手段或解决某些定位方法固有缺陷的工具。

9. 航位推算系统定位(Dead Reckoning,DR)

航位推算定位基于相对位置修正,由于列车的运动可以看作是在二维平面上的运动,因此如果已知车辆的起始点(为局部平面坐标系中的东向位置坐标 x_0,为局部平面坐标系中的北向位置坐标 y_0)和初始航行角 θ_0,通过实时测量和递增地积累列车的行驶距离和航向角的变化,就可实时推算出列车的位置。航位推算系统原理如图 3-12 所示。

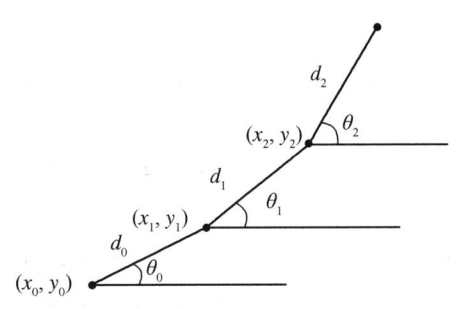

图 3-12 航位推算系统定位原理

航位推算系统由测量航向角的传感器和测量距离的传感器构成。典型的航位推算系统包括位移传感器和航向传感器。虽然,传感器有很多种,但一般采用惯性传感器作为航向传感器和位移传感器。由于惯性传感器完全依靠机载设备完成导航任务,与外界不发生任何光电联系,不受气候条件的限制,因此在航天、航空和航海等领域得到了广泛的使用。

惯性传感器包括两类:陀螺(gyroscopes)和加速度计(accelerometers)。陀螺的输出信号是沿输入轴方向与角速度成正比的电压信号。加速度计的输出信号是沿输入轴方向与惯性加速度和重力加速度分量成正比的合成信号。原则上说,三维坐标系中需 3 个陀螺和 3 个加速度计来确定位置和速度,但对车辆的导航定位应用来说,只要求水平坐标,故仅需一个测定航向的陀螺及 2 个加速度计,它们的工作原理如下。

(1)陀螺。振动陀螺的内部都有一个固定于两点的金属三棱柱,在压电陶瓷的作用下以 7 kHz 的频率振荡。无转动时,2 个压电陶瓷感应到的信号平衡相等;而转动时,感应到的信号不平衡。如此便由内部的模拟电路检测出信号差,并产生与角速度成正比的输出电压。

(2) 加速度计。加速度计采用的是惠斯顿电桥原理,在加速时作用力使得电桥不平衡,从而产生与加速度成正比的电压。每个坐标轴的加速度计,产生正比于所有加速度在该轴分量之和的电压。由于陀螺测得的是角速度,需积分得出角度。加速度计的情况也类似,需 2 次积分才得到位移。

传感器产生的少量误差会导致大的误差累积,从而会降低定位精度,因此需建立惯性传感器的误差模型,以减少位移和航向误差的影响,有效的陀螺和加速度计的误差补偿方法对系统的精度至关重要。

从成本、应用环境和现实条件等方面考虑,一般采用角速度陀螺和里程仪组成航位推算系统。里程仪输出的是脉冲信号,车轮每转一圈,里程仪便输出一个脉冲信号(也可以根据具体设备输出多个脉冲)。通过累加一定时间内的里程仪的脉冲数目,可以计算出车辆在这一段时间内驶过的距离,也可以计算出车辆的行驶速度。里程仪输出脉冲与车辆速率之间的关系为 $v=kx$,其中 x 为单位时间的脉冲数,其中 k 为里程仪的刻度系数,其数值是事先测定的。通过对刻度系数 k 进行校正,或者使用其他的测量手段对里程仪的测量实时进行误差补偿。

总之,航位推算系统传感设备能够测量出正在行驶的车辆的运行距离、速度和方位,在短时间内这些传感器的精度较高,但如果时间较长则需采取措施,以避免误差累积。

10. 地图匹配定位

地图匹配是一种基于软件技术的定位修正方法,其基本思想是将列车定位轨迹与数字地图中的道路网信息联系起来,并由此确定列车相对于地图的位置。地图匹配技术的应用以两项假定为基础:①用于匹配的数字化地图包含高精度的道路位置坐标;②被定位列车正在道路上行驶。

实现地图匹配的方法有很多,但大体上可以归结为三类:点到点的匹配;点到线的匹配;线到线的匹配。

要得到精确的地图匹配结果,下列三个基本要素必须加以考虑:

(1) 距离要素,即当前估计位置到所匹配路段的距离应为最短。

(2) 方向要素,即相邻两匹配位置的连线具有与对应估计位置连线最接近的方向。

(3) 连通性要素,即如果前一时刻的匹配结果在某一路段,则当前时刻的匹配结果应在同一路段。

当上述条件满足时,就可以把定位数据和列车运行轨迹同数字地图中的道路位置信息相比较,通过适当的模式识别和匹配过程,确定出列车最可能的行驶路段以及列车在该路段中的最可能位置。如果上述假设不成立,则地图匹配将产生错误的位置输出,并可能导致系统性能的严重下降。一般认为,用于匹配的数字地图误差不应超过 15 m。由于陆地车辆在除进入停车场等地之外的绝大多数时间内都处于路网中,因此,采用地图匹配技术不仅可以满足导航功能的需要,还可以利用较高精度的道路信息来修正定位系统的误差,从而使得系统性能得到改善,其精度取决于地图的精度和地形的变化情况。

3.2.3 有轨电车列车定位

典型的有轨电车列车定位采用速度传感器与信标相结合的定位方式为主,卫星定位为辅的方式。

列车通过速度传感器可获得实时列车速度,并累计计算列车位移。当列车驶过信标后,通过位置校准可消除累积误差。该方式的优势在于方法成熟、性能稳定,所提供的定位精度高且误差小;数据易于拓展以满足未来线网化运营和互联互通的需求。

卫星定位是指通过接收机与 GPS、北斗等导航卫星的双向通信来确定接收机的位置,从而为用户提供准确的位置坐标、运行方向以及速度等相关的属性特征。

但是由于受到周围建筑物、卫星钟差、接收机钟差、大气电离层和对流层折射误差等影响,存在定位误差较大的风险。对此可通过在控制中心建设 GPS 差分站的方式校正误差。

如图 3-13 所示,将一台卫星定位接收机安置在控制中心的基准站上进行观测,根据基准站已知的精密坐标,计算出基准站到卫星的距离改正数,并由中心调度管理系统实时地将这一数据通过无线网络发送给车载系统。车载卫星定位接收机根据改正数计算定位,以提高定位精度。

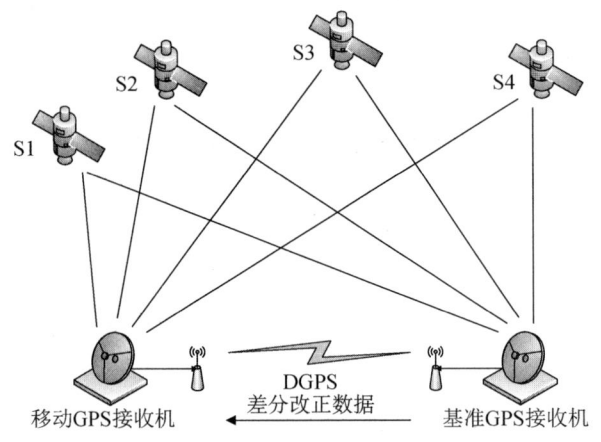

图 3-13 GPS 校正误差原理图

3.3 辅助驾驶/基于障碍物识别的辅助驾驶技术

3.3.1 辅助驾驶概念

1. 汽车领域辅助驾驶

辅助驾驶,顾名思义就是将传感器收集到的数据进行实时运算,以帮助驾驶员在驾驶过程中进行一些决策,在车辆运行到特定位置时,提供相对应的信息,在比较差的运行环境中,能够起到增强驾驶员视觉的作用,对于目视范围内无法及时检测到的潜在危险进行警示或提供合理的规避方案。

就目前的研究以及实际应用情况来看，辅助驾驶系统多用于汽车领域。在轨道交通领域，地铁列车控制自动化程度较高，在 ATP 等系统不切断的情况下，不需要应用到辅助驾驶一类的系统。而现代有轨电车发展起步较晚，自动控制系统等还在研究阶段，目前没有十分成熟的辅助驾驶系统。

汽车安全辅助驾驶系统研究的目的就是使车辆在较差的环境中能够识别路况信息，并能够辅助驾驶员安全行车。辅助驾驶系统是一种面向主动交通安全的技术，也是一种预防性安全系统，旨在通过前端传感器采集到的数据，提前预知车辆周围的交通情况，并针对其中的潜在威胁做出一定的应答。从车辆安全辅助驾驶系统当前的发展状况来看，基于雷达传感器与机器视觉的环境感知、多传感器的融合、自动驾驶等技术是今后的发展趋势。目前包含如下技术：驾驶员注意力监测、车辆技术情况监测、驾驶员视觉增强和防撞安全预警。

2. 列车辅助驾驶

列车辅助驾驶系统与汽车辅助防撞系统应有一定的相似性，主要提供在特殊条件下驾驶员的视觉增强（通过传感器检测数据的处理帮助驾驶员监测视距之外的行驶条件）以及安全预警信息（对于驾驶员视距之外的隐患进行预警）。并根据检测到的潜在威胁（障碍物）与轨道线路的相对位置关系，确定列车行车许可终点与列车运行防护曲线，结合线路及车辆参数提供建议安全速度，帮助驾驶员更加平滑地控车。有轨电车驾驶员都经过专业训练，理论上不需要配备驾驶员注意力监测设备。

其中速度防护曲线的计算方法一般借鉴地铁的 ATP 系统，列车自动防护（ATP）子系统具有速度监督以及停车点防护的功能，停车点即为行车许可终点，一般可以是威胁点或者车站，在行车许可终点的前方通常设置一段防护区段。ATP 系统通过计算得出紧急制动曲线，该紧急制动曲线是以该防护段的入口点为终点，保障列车不越过入口点；另外一种措施是在该入口点设置一个列车滑行速度值，一旦需要，列车可以在此基础上加速或者安全停车。

在相关研究中，列车运行轨道封闭度较高，列车辅助驾驶技术中的防撞部分并不一定需要实时探测周围环境的潜在威胁，一些研究聚焦于本车与前车或者线网中的其他列车的通信。德国宇航中心（DLR）在 2006 年提出了基于列车定位与通信的铁路避撞系统 RCAS。印度铁道部也开发了基于 GPS 定位的列车"防撞网络"，在两车接近过程中可自动限速。目前，国内针对地铁 ATP 失效情况下的列车辅助防撞也有一定研究，申通集团与同济大学合作，从技术方案、电气接口、系统定位、设备安装等方面研究了列车辅助防撞系统。基于无线射频和声波探测技术的辅助防撞系统通过在前后车之间增加通信设备，设计了一套独立于 ATP 的系统，在 ATP 切断的情况下，可以实时提供本车与前车的距离信息，增强驾驶员在目视行车模式下的安全性。

3.3.2 障碍物检测技术

1. 障碍物检测技术综述

按照现有技术，障碍物检测技术可分为主动检测和被动检测两种。

主动检测的检测设备一般分为发射和接收两部分,即需要通过发射器向待检测区域发射某种信号,通过接收部分收集反射信号,进行信号处理从而得到待检测区域的相关信息。主动检测技术需要对外释放一定功率的电磁波,而雷达技术就是一种典型的主动检测技术。根据所发射的电磁波种类的不同,雷达可细分为不同的种类,常见的有激光雷达、微波雷达、毫米波雷达、超声波雷达等。

被动检测的检测设备直接从环境中接收信息,并通过相关算法处理得出感兴趣的数据。被动检测是非侵犯式检测,不增加环境噪声,功耗低,获取信息量大,但其信息来源完全依靠外界,在恶劣环境如夜晚或大风、雨、雪、雾等条件下基本失效。被动检测主要指图像检测,其算法计算量较大,较主动检测技术不易实现,但随着计算机技术的快速发展,被动检测的难度也在迅速降低。常用的图像检测方式有单目视觉/立体视觉、黑白/彩色图像等。表3-1对比了目前障碍物检测领域常用的几种检测器的各项指标。

表 3-1 各类障碍物检测技术特性对比

障碍物识别技术	超声波雷达	红外雷达	激光雷达	毫米波雷达	视觉检测
长距离探测能力	低	一般	一般	强	一般
目标鉴别能力	低	低	一般	一般	强
排除虚警能力	低	一般	强	强	一般
温度稳定性	差	一般	良好	良好	良好
黑暗穿透能力	强	强	强	强	低
全天候穿透能力	低	一般	一般	强	低
硬件低成本可能性	一般	一般	低	高	一般
信号处理低成本可能性	一般	一般	高	高	一般
灰尘/烟雾环境下性能	一般	一般	一般	良好	差

从表3-1中可以看出,雷达类检测器具有较为稳定的性能,其中毫米波雷达各项指标尤为突出;雷达算法相比视觉检测算法简单;视觉检测也具有较大潜力。

2. 雷达检测关键技术

雷达技术从第二次世界大战开始就已被应用在军事领域,经过80多年的发展,使其具有了很高的可用性以及可靠性。目前,雷达技术在民用领域也得到了广泛发展,尤其在航空领域以及汽车领域,已有较多比较成熟的研究。但是在轨道交通领域,雷达的使用并不广泛。

一般雷达的结构包括:发射机、发射天线、接收机、接收天线、信号处理设备以及显示器。另外还有电源设备、数据录取设备、抗干扰设备等辅助设备。其原理是雷达设备的发射机通过天线把电磁波能量射向空间某一方向,处在此方向上的物体反射碰到的电磁波,雷达天线接收这些反射波,送至信号处理设备进行处理,提取有关该物体的某些信息(目标物体至雷达的距离,距离变化率或径向速度、方位、高度等)。目前,无论是军用雷达还是民用雷达，基本都能够较为精确地检测目标类型、目标相对位置和目标相对速度。

根据雷达所使用电磁波种类，大体分为激光雷达、微波雷达、毫米波雷达、超声波雷达等，不同类型的电磁波雷达具有各自的特点。

一般雷达分为天线、收发前端、信号处理模块等部分。图 3-14 简要表述了超外差式接收机的雷达系统结构。其中，雷达发射机将按照一定规律调制的电磁波信号经由发射天线发出，其中一部分通过混频器与接收机接收到的信号进行混频，并根据混频获得的中频信号进行目标距离、速度等信息的获取。

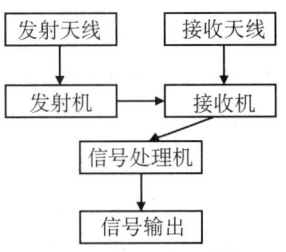

图 3-14　超外差式接收机的雷达系统结构

目前较为成熟且容易实现的算法主要是通过快速傅立叶变换（FFT），针对单目标情况，能够一次性获得目标距离及速度信息。在多目标环境下，由于雷达特性会出现距离-速度耦合的现象，针对此问题，提出了 MTD 频域配对法、MTD 速度配对法、质心凝聚法等算法；对于目标角度的测量，有 MUSIC 算法等。由于雷达会接收到一些非障碍物目标的回波，称为环境噪声，常用的环境噪声去除算法有匹配滤波、固定门限、自适应阈值（CFAR）等。

一般情况下，雷达在一个探测周期内的信号处理流程如下：

(1) 接收目标区域的回波；

(2) 对回波进行门限设定，噪声去除；

(3) 将回波进行分组；

(4) 对回波进行速度-距离二维处理，完成多目标速度距离匹配；

(5) 对获得的目标信息进行角度计算。

目前，雷达算法的实现一般使用基于 FPGA 或 DSP 芯片。

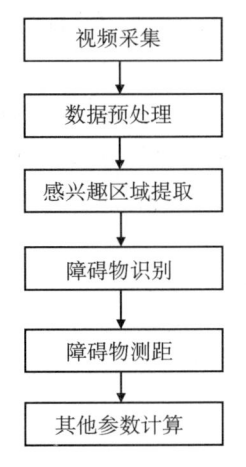

图 3-15　视觉检测流程

3. 视觉检测关键技术

视觉检测技术等同于图像识别技术，通过摄像机或照相机从检测环境中收集图像信息，并利用一定的算法从中提取所需要的特征，输出需要的数据。视觉检测在无人车研究领域应用广泛，除了能够进行目标检测，还能进行信号灯、道路接线、车道等的识别。视觉检测的一般流程如图 3-15 所示。

视频采集即是通过设备收集待检测区域的信息，在检测设备的布设方面，一般使用高清摄像机，在目前的智能车视觉识别系统中，有单摄像机、双摄像机及多摄像机三种布设方式。其中，单摄像机的系统和处理算法都较为简单，实时性最高，但其获得的信息量有限；双摄像机系统类似于人眼，能够检测到更多三维空间的信息，但其计算量和算法的难度也较单摄像机系统有较大提升；多摄像机系统能够全方位地收集待测区域的空间信息，并能够通过相应算法进行还原和建模，其功能类似于激光成像雷达，但算法非常复杂。

在实际检测中，可以使用彩色或黑白摄像机，彩色摄像机获得的数据量更加庞大，同时受外界光线的影响也比黑白摄像机要大。在光线不是特别充足的环境下,可以直接使用黑白摄像机,黑白摄像机由于只记录灰度数据,抗干扰能力要强于彩色摄像机。彩色摄像机的图像经过图像灰度化处理能够转化为黑白图像,也称为灰度图像。

图像数据预处理一般包括图像灰度化、去除噪声等过程。图像灰度化即利用改变RGB几个分量的数值来进行,图像灰度化会降低图像所包含的信息量,但也相应地降低了算法的计算量。针对图像在采集、传输过程中由于抖动等外部不利环境因素形成的噪声,一般采用邻域平均法、中值滤波法等算法进行处理。

感兴趣区域指目标出现的区域,道路交通视觉识别中需要把道路或相关车道区域分割出来,轨道交通视觉识别中需要将轨道限界识别出来,处理轨道限界内的目标信息。一般图像分割采取阈值分割法,其基本原理是根据图像的灰度数据,将图像分割成与实际物体相对应的区域,分割后的每个区域具有均匀的灰度值,但各区域之间却不同,阈值的选取一般根据实际应用环境会有所不同,常用的方法有直方图法、迭代法等。另外,基于区域生长的分割方法有利用将选取的"种子"作为区域生长起点,再将邻域中特征相近的像素点合并,最终完成分区。

障碍物识别方面,利用图像形态学相关算法,主要包括开运算、闭运算、腐蚀以及膨胀,通过障碍物特征参数与背景区域的不同来提取目标障碍物。针对运动障碍物的检测方面,有光流法等算法。

障碍物距离的估测,一般应用从CCD相机坐标系到空间坐标系的转化方法,以单目摄像机为例,如图3-16所示,摄像机通过镜头将三维空间的点投影到二维的图像平面上,每个像素点与实际目标点三维坐标之间有对应关系。

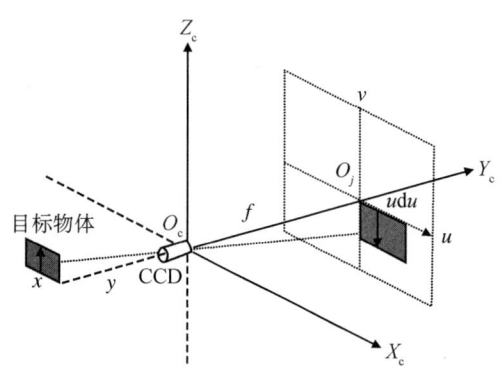

图3-16 摄像机投影点与实际点关系

取CCD焦距为f,du与dv为一个图像像素点的物理宽/高,空间点(X_c, Y_c, Z_c)在摄像机图像平面的投影点为(u, v),二者之间有如下关系:

$$\begin{cases} u = \dfrac{f \cdot X_c}{du \cdot Y_c} \\ v = \dfrac{f \cdot Z_c}{dv \cdot Y_c} \end{cases} \tag{3-1}$$

根据逆投影变换规律,可以通过投影点与空间点的关系获得障碍物基于CCD坐标系的距离信息。

基于视觉识别的技术不仅能够在一定程度上检测障碍物及其相关参数,更多比较成熟的算法及技术被应用于车牌识别、信号灯识别等领域。

行人识别技术以及机器学习相关的算法也是视觉识别技术未来发展的方向,希望能够通过相关算法完成更多任务。

视觉检测由于是一种被动检测手段,所获取的信息完全依赖于外界被检测目标与被检测区域,受外界环境影响较大,在一些恶劣天气条件下将失去作用。因此,视觉检测一般与其他检测器配合使用,作为主要检测器或者辅助检测器出现。

通常选取两种甚至多种检测器协同工作,需要对各种检测器获取的数据进行数据融合。常用方法是可以选取某检测器坐标为基准,将其他检测器所检测到的信息(目标位置、速度等)转换到基准坐标系中,然后再进行后续算法。也可以将所有检测器的数据转换到车辆坐标系中统一运算。常用的检测器数据融合算法有加权平均法、卡尔曼滤波法、贝叶斯估计法等,都是从数据层面对来自不同检测器的数据进行整合。

1) 机器视觉简介

基于机器视觉的辅助驾驶是目前图像研究领域的一个热点研究方向。机器视觉是指用计算机来实现人的视觉功能,采用机器视觉代替肉眼进行障碍物的探测,具有解决实际困难和探索全自动探测系统的设计方法的双重意义。

用计算机来实现对客观世界的识别,设计一套以图像特征提取和特征分析为支撑的有轨电车辅助驾驶系统,由机器视觉代替肉眼来实现对路轨表面状况的探测识别,帮助驾驶员安全运行车辆,这有助于完善整个系统的自动探测功能,最终完全实现机器探测,甚至无人驾驶。

有轨电车的运行特殊性,决定了它与高速铁路轨道检测和公路车道线检测相比,存在以下检测难度:①复杂多变的背景;②弯道、上下坡路段众多;③高楼、电线杆、接触网造成的阴影严重。另外,雾霾、雨雪、夜晚等天气变化和光照角度的变化也会对轨道的识别产生严重影响。因此,设计的视觉系统必须要适用于各种不同的场景,且具有较强的抗干扰性识别能力。图 3-17—图 3-19 分别是高速铁路轨道、公路车道线和有轨电车轨道。

图 3-17　高速铁路轨道

图 3-18　公路车道线

图 3-19　有轨电车轨道

根据现代有轨电车的特点,有轨电车机器视觉系统的硬件部分是将 CCD 摄像机架设在电车前方驾驶室中,实时动态采集电车行驶前方的图像画面,应用机器视觉和图像处理技术对图像进行特征提取和分析,实现对轨道、障碍物等的准确识别和动态追踪,完成对电车的辅助驾驶,提高安全性。有轨电车机器视觉系统流程如图 3-20 所示。

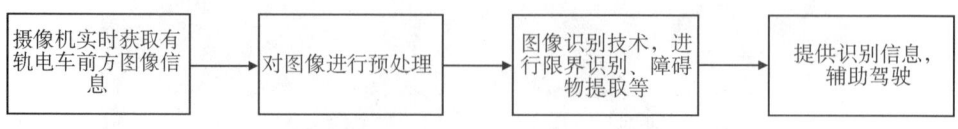

图 3-20　有轨电车机器视觉系统流程

2）两种机器视觉检测系统

（1）现代有轨电车限界识别及实时动态追踪系统

在智能交通领域,真正具有实际应用价值的图像视觉系统应当是对采集到的图像能够进行实时处理和动态追踪。而采集到的图像往往包含大量无关信息,这势必会导致检测效率及准确度的降低,无法达到实时性。因此,有轨电车的视频限界识别及实时动态追踪在机器视觉辅助驾驶系统建设中具有重要的参考价值和现实意义。

对于单帧图像有轨电车限界识别,主要包括图像预处理、限界区域分割、限界特征点提取、限界模型构建等方面,如图 3-21 所示。

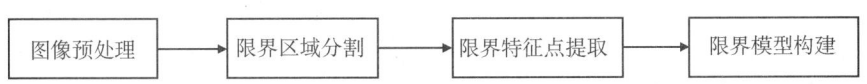

图 3-21　单帧识别方法研究流程

图 3-22 为各种不同场景下的实验结果,包括左侧原始图像、中间多阈值分割二值图和右侧限界 ROI 区域。限界系统不仅要求能对直道铁轨进行准确识别,对于弯道、上下坡等不同走向的铁轨也能取得良好的效果;不仅能够应用于普通光照下的一般场景,对于雨雾、夜晚等特殊场景也有很好的适用性。

（a）普通光照下的自然草地弯道

（b）雨雾天气下的人工草地下坡

（c）夜晚路灯开启下的柏油路面上坡

图 3-22　各种不同场景下的实验结果图

在有轨电车的车头驾驶台上安装摄像机,实时采集前方的行进图像并进行处理。当摄像机帧率确定以后,系统每隔一定时间都会获取到一帧图像,比如当帧率为 10 fps 时,每隔 100 ms 会获取到一帧图像。如果能够确定单帧轨道识别的算法耗时小于 100 ms,就能实现实时检测、实时追踪。一方面,在实际情况中,场景不同、背景干扰不同使得算法的复杂度也不尽相同,背景简单、光照均衡的场景算法耗时较短,背景复杂、天气恶劣的场景算法耗时较长;另一方面,相同算法在不同的硬件环境下运行,耗时也不一样。

如上所述,这就需要引入线程池,以动态增减工作线程的方式处理获取到的图像帧。系统的流程图如图 3-23 所示,首先对主线程和线程池内的核心工作线程进行初始化,核心工作线程一直存在,不会随着每一帧图像识别过程的结束而释放。线程池内核心工作线程的初始个数根据一般场景下单帧图像识别方法的耗时长短来确定,在本书使用到的硬件测试条件下,耗时一般集中在 100~200 ms 之间,所以首先初始化两个核心工作线程。主线程每隔一定时间获取图像帧,向线程池提出分发请求,线程池在接收到请求后,查询已存在的核心工作线程是否处于忙碌状态,如果不忙碌,则将图像帧发送给相应的核心工作线程;如果核心工作线程正处于忙碌状态,则创建新的工作线程并将图像帧传入,待处理完成后销毁新建的工作线程。工作线程在接收到图像帧后,将自身状态置为忙碌,执行单帧图像处理算法来进行轨道识别,待识别完成后,更新线程内的部分参数(主要更新左右两侧轨道新的起始点位置),处理完成后将工作线程状态置为空闲,并进行相应资源的释放。

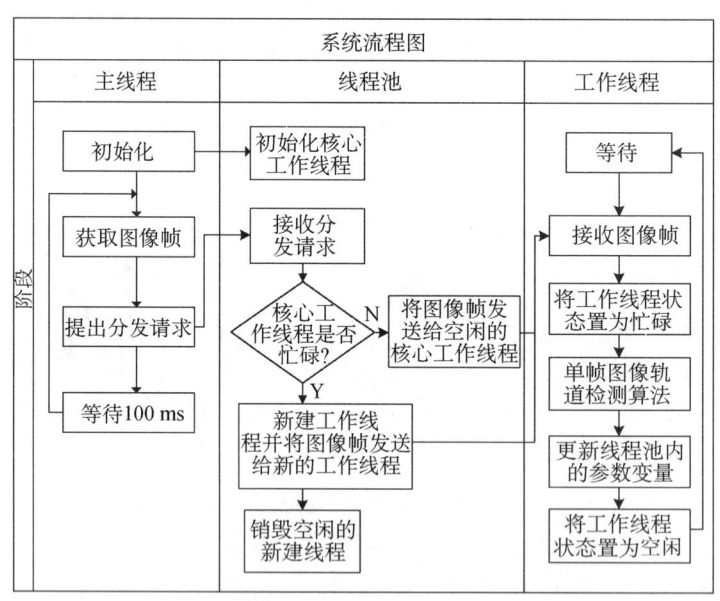

图 3-23 系统流程图

单一工作线程内部的单帧轨道识别算法,也可以通过多线程并行处理的方式减少算法耗费的时间。左右两侧轨道的识别算法大体一致,相互独立,可以建立两个线程并行进行轨道识别,如图 3-24 所示。首先对获取到的图像进行预处理,主要包括灰度化和高斯滤波。其次,将预处理后的灰度图发送给两个线程,线程 1 对左侧轨道进行识别,线程 2 对右侧轨道进行识别。单个线程内部依然按照先确定轨道阈值分割参数,之后分割轨道区域,最后提取轨道特征点构建轨道模型的过程进行一侧轨道识别。轨道识别完成后,左右延拓,划定限界区域。

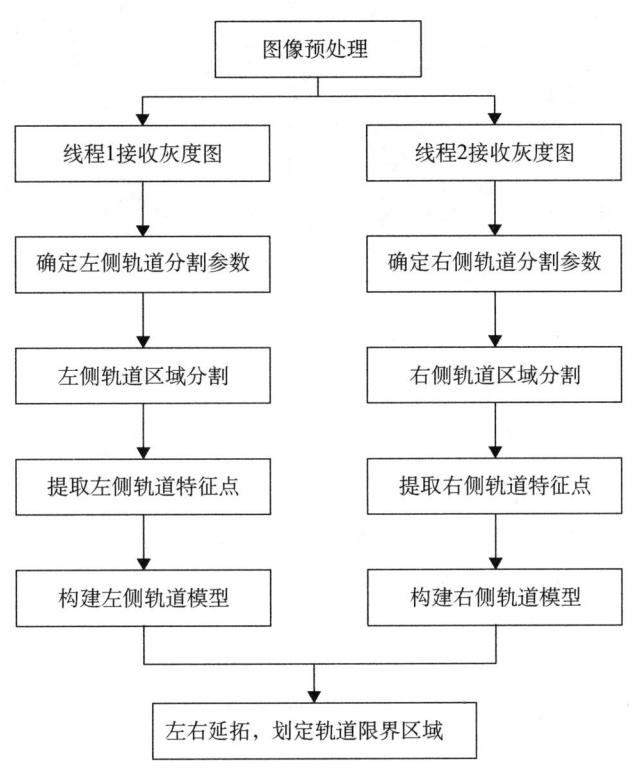

图 3-24　双线程并行轨道识别算法

(2) 现代有轨电车障碍物识别系统

基于机器视觉的障碍物检测技术主要依靠安装在车辆上的摄像头获取车辆行驶前方的图像信息,并运用数字图像处理技术来检测障碍物。与其他障碍物检测技术相比,基于机器视觉的障碍物检测技术有以下优点:

① 与雷达传感器相比,摄像头安装更加方便,调试设备也相对简单;

② 摄像头获取到的信息比其他传感器更多,除了视野更加开阔外,还可以获取车道线、交通标志线等信息,同时可以准确地对目标进行区分;

③ 与雷达传感器、激光传感器相比,图像采集传感器性价比更高。

因此,机器视觉能够提供给驾驶员大部分人眼能够提供的驾驶信息,特别是近年来,随着计算机硬件性能的不断提高,基于机器视觉的障碍物检测技术逐渐成为一种主流发展技术。有轨电车由于其相比火车、地铁的道路开放性,所面临的情况更为复杂,实用性也更强,图 3-25 为有轨电车拍摄到的车辆和行人横穿轨道的场景。

图 3-25 有轨电车所拍摄到的行人和车辆的视频截图

有轨电车障碍物识别系统安装在有轨电车的车头微型工控计算机上,通过安装在车头的摄像头实时采集车辆行驶前方的图像帧序列,并将这些数据传输给后台计算机进行实时处理。基于机器视觉的有轨电车障碍物识别系统软件主要包括六个功能模块:视频采集、日志记录、本地文件读取、数据库访问、障碍物识别及识别参数设置、语音报警。

视频采集模块可以通过摄像机将实时获取到的视频存储在本地计算机中。日志记录模块可以在系统软件运行的过程中得到各种软件状态信息,比如视频采集成功提示语,障碍物检测提示语等。本地文件读取模块可以将以往已经录制好并存储在计算机中的视频重新播放,也可在障碍物识别系统中运行。障碍物识别及识别参数设置模块是本系统的主要功能模块,用于对视频中的障碍物进行检测并分类,并且在不同的路况和天气下,通过参数调整可以实现全路况的障碍物检测。数据库访问模块主要用于记录存储在服务器上的视频文件,并可通过服务器将文件下载到本地播放。语音报警模块是在障碍物出现时播放音频,提示有障碍物出现。

整个系统中最主要的部分,即障碍物识别模块的工作流程如图 3-26 所示。

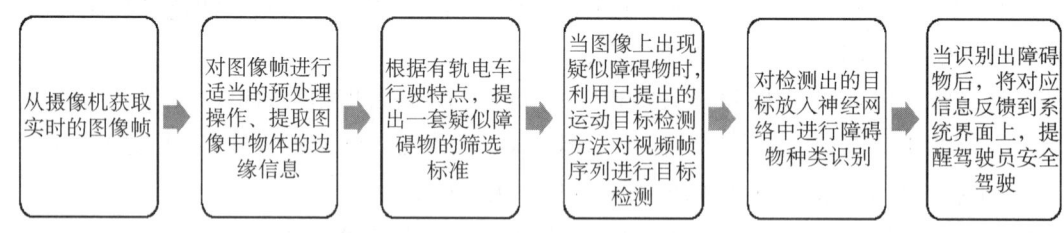

图 3-26 障碍物识别模块的工作流程

针对摄像机的实时图像帧率 10 帧/s,需要通过线程池采用多线程机制来使系统在 0.1 s 内处理完一帧图像,以保证不漏帧和不丢帧。

系统运行过程中出现障碍物时的画面如图 3-27 所示。当图像中出现行人、车辆等障碍物时,系统会在窗口右上角标出障碍物种类,并用醒目的颜色在图像上标记出来(障碍物面积不同所标注的颜色也不同),同时发出刺耳的声音来提醒驾驶员注意前方道路,从而保障行驶安全。

(a) 行人识别效果图　　　　　　　　　(b) 车辆识别效果图

图 3-27　障碍物识别预警系统

有轨电车上的机器视觉的应用有助于辅助驾驶员目测判断前方路况,提前给出对于前方路况的初步判断,使有轨电车能够更加安全可靠地运行。然而,如何应对复杂多变的天气道路、种类繁多的障碍物等则是对有轨电车中的机器视觉系统的一个重要的考验。

3.3.3　有轨电车辅助驾驶策略设计

1. 有轨电车驾驶模式研究

有轨电车驾驶系统与其他轨道交通机车类似,一般包括以下两类设备:①控制设备:转换开关、牵引控制器、制动控制器、列车照明及空调控制器、车载道岔控制器、列车车门控制器、雨刷控制器、鸣笛控制器等;②人机交互设备:信号指示灯、通信装置、电网网压表、蓄电池电压表、速度表、监控装置等。驾驶员通过操作手柄、按钮及开关等进行列车控制以实现相应的功能。

总体来说,驾驶系统分为人机界面和操作控制两大部分。人机界面主要显示列车行驶速度、列车运营相关信息(线路信息、到站信息等)、车门控制信息;操作控制部分主要有牵引与制动操作模块、运动方向控制模块、道岔控制模块、车门控制模块、紧急制动模块等。

相比于地铁列车较高程度的自动化控制,有轨电车系统在驾驶过程中,仍旧需要驾驶员的大量操作以及手势来保证驾驶流程的稳定以及安全。在有轨电车线路运行过程中,驾驶员需要全程集中精力,操作难度在于全程手动、操作按键较多,对于部分区段,还需要进行供电模式转换的操作,驾驶过程中需要全程进行指示手势以保证驾驶员能够专注驾驶,从而保障行车安全。目前,有轨电车驾驶员在培训方面也逐渐专业化,苏州有轨电车研究中心已经开始制定这方面的相关规程。

总体来看,目前有轨电车驾驶过程操作较为繁多,过程比较烦琐,需要驾驶员全程保持高度集中的精神状态,因此辅助驾驶策略的设计需要简单易用,且由辅助驾驶系统带来的操作不能影响正常驾驶。

2. 辅助驾驶策略功能需求分析

1) 列车避撞预警

有轨电车辅助驾驶系统需要能够实现辅助避撞预警功能,为此相关设备及算法需满足下列条件:

(1) 所选取的雷达检测器应满足技术需求,能够在合理误差范围内提供列车运行前方的障碍物目标信息;

(2) 列车定位技术能够提供定位误差较小的列车定位及速度信息;

(3) 可以根据障碍物目标信息与列车定位信息设计相关算法,提供列车防护以及避撞预警的功能;

(4) 系统提供语音或灯光提示,保证驾驶员能够接收到相关障碍物信息以及避撞指示;

(5) 对于紧急情况,如果系统提示超过一定时间驾驶员仍无反应,也没有通过相关人机交互功能确认当前情况的威胁情况,系统需连接列车相关制动设备,进行制动以保证行驶安全;

(6) 功能设计需要简单易用,操作不影响有轨电车正常驾驶。

2) 向驾驶员提供实时安全引导速度

有轨电车辅助驾驶系统要能提供实时安全速度,驾驶员需根据引导速度进行驾驶,在保证安全的前提下提高运行效率,因此相关策略算法需满足下列条件:

(1) 能根据障碍物目标信息与列车定位信息,结合当前线路条件及其他需求,设计相关算法,在列车安全运行的基础上提供运行速度指引;

(2) 结合线路内确定的行车目标点(车站、交叉口、区段限速转化点),在列车安全防护的基础上进行优化速度引导;

(3) 系统通过上述算法得出的计算结果将作为列车辅助驾驶的依据,不直接对列车进行控制,而是需要通过驾驶员完成相关操作;

(4) 对于驾驶员不按照要求操作的,需设计相关机制进行反馈,以保证辅助驾驶系统-驾驶员-列车运行状态的闭环控制。

3. 辅助驾驶策略总体设计

1) 辅助驾驶策略设计原则

(1) 总体原则

辅助驾驶系统策略面向列车主动安全进行设计,设计过程中首先需要遵循故障导向安全原则。在考虑各项因素时,从最不利情况出发,设计过程中一旦相关策略失效,有后备模式保证列车安全。

(2) 其他原则

设计还需要满足实时性、准确性、安全性以及易用性的原则。系统各项设备的数据收集、处理时间周期以及相关算法要具有较好的实时性,能够实时提供速度输出;要求系统各项设备的误差较小,经过相关算法计算后能够较为准确地反映列车前方障碍物的情况,并制定准确性较高的指导策略;系统的安全性需通过设计的每个环节予以保障,满足故障导向安全的总体设计原则;系统易于使用,不能够影响驾驶员的正常操作。

2) 辅助驾驶策略实现模式分析

(1) 实现模式

根据辅助驾驶策略的设计原则及功能需求,具体的实现模式如下:

步骤 1:通过雷达传感器检测到障碍物相对于雷达坐标系的位置。

步骤 2:从列车车载设备中实时安全读取列车当前运行参数,包括列车位置、当前速度等。

步骤 3:判断障碍物是否威胁到列车行驶,即障碍物目标经过坐标转换计算判断是否位于轨道限界之内。

步骤 4:将检测到具有威胁的障碍物转化为行车许可终点。目标如果位于轨道限界范围内,计算其与列车当前位置的轨内距离。

步骤 5:根据行车许可终点实时计算列车防护曲线,并结合速度引导具体策略给出建议引导速度。判断以下几种事件,并制订对应的速度防护策略。

① 前方如果为交叉口,对于有优先控制的情况,进行基于优先控制策略的速度引导;对于没有优先控制的情况,将列车减速引导到一个驾驶员能够判断停车/通过交叉口的节点,该节点既能保证列车可以在常规制动减速下在交叉口停车线停车,又能保证列车加速或保持该安全速度可以通过交叉口区域。

② 前方如果为列车车站,则需要将列车引导到车站内停车。

③ 前方如果区段限速有变化,需要在进入相关区段之前将速度控制到相应区段限速以下。

步骤 6:当需要常规制动或紧急制动时,进行较为激烈的提示(如语音提示同时配合灯光闪烁),并提供障碍物距离信息(危险源信息)以及建议减小速度(实际驾驶中对照相应的制动等级作为驾驶员辅助判断的依据)。

(2) 系统交互功能设计

根据速度防护的特点及辅助驾驶的功能需要,系统交互功能设计应包含以下几个方面:

① 列车实际速度与引导速度的差值在 2 km/h 之内,根据列车运行状态重新规划引导曲线等参数。

② 列车实际速度与引导速度的差值如果超过 5 km/h,则认为驾驶员未按照列车引导速度运行。列车防护曲线设有提示点 I 与警告点 W,若实际运行速度在提示点 I 与警告点 W 之间,进行强烈警示,一旦警示超过 5 s 后驾驶员仍旧没有采取相关的合规操作,即进行列车常规制动,将实际运行速度控制到引导速度。

③ 当检测到的障碍物与列车的轨内距离需要施加制动,系统在发出警示 5 s 内驾驶员没有采取相应制动行为也没有相应解释行为时,进行列车制动,直至列车停车或前方威胁解除,减速至建议速度。

④ 在系统交互功能中设计驾驶员不按照建议操作的解释机制。当驾驶员没有按照策略建议进行操作时,辅助驾驶系统提供解释机制,如果驾驶员在目视范围内确定系统所给出的危险源位置并无实际危险,在该界面选择确认解除当前危险状态,辅助驾驶系统将解除以该障碍物作为输入的行车许可终点,并记录错误信息以供系统后续改进分析使用。

该界面的选择设备建议使用物理按钮,不建议使用触摸屏,因为需要在 5 s 内完成从驾驶员做出反应到系统接收输入信息的一系列操作,按钮设备的工作状态与触摸屏相比更加稳定。

4. 辅助驾驶系统实现方案分析

有轨电车辅助驾驶系统仅依靠雷达传感器的输入并不能确定障碍物与轨道限界的相对位置关系,因此下文将分析选取何种检测器组合方式才能得到辅助驾驶系统需要的数据输入。

根据前述关于障碍物检测识别技术的研究,辅助驾驶系统将选取毫米波雷达作为障碍物位置及相对速度检测的传感器。由于雷达传感器只能确定列车与障碍物的相对位置,不能确定障碍物与轨道线路的位置关系,因此还需要其他辅助技术。基于此,本书提出三种可选方案。

方案 1:基于"毫米波雷达+视觉识别"的方式

该方式利用视觉识别轨道限界范围,将雷达检测数据与视觉识别数据进行融合,并将数据经过时间、空间匹配等,从而确定障碍物与轨道线路的相对位置关系。同时,利用视觉识别确定交叉口位置,并识别信号灯相位情况。

该方案利用检测器坐标系可直接判断障碍物与轨道线路的相对位置关系。

方案 2:基于"毫米波雷达+列车定位"的方式

该方式利用列车定位技术来实时确定列车位置,并将雷达检测到的基于雷达(列车)坐标系的障碍物数据通过一定算法匹配到列车线路坐标系中,从而确定障碍物与轨道线路的相对位置关系;通过既有线路数据库确定线路中交叉口的位置,如果需要交叉口相位信息还需要其他通信技术作为辅助。

该方案利用基于列车定位的坐标转换,求得障碍物在线路坐标系中的位置,从而判断障碍物与轨道线路的相对位置关系。

方案 3:混合方式

该方式结合方案 1 和方案 2 中的三种技术,使得视觉检测在障碍物目标探测方面成为雷达技术的辅助,在障碍物与轨道线路相对位置关系判断方面成为列车定位技术的辅助,将三者数据相融合,从而获取信息量更大的输入数据。

上述三种方案各有优缺点,对比结果如表 3-2 所列。

表 3-2　三种障碍物标定方案优缺点对比

方案	优点	缺点
方案 1	(1) 视觉识别除了能够完成识别轨道限界以及交叉口区域的基本功能外,还能完成交叉口信号灯相位的识别; (2) 视觉识别技术能够识别其摄像机视野中的障碍物信息,以此作为雷达数据的补充	(1) 视觉识别技术受天气条件影响较大,且无法全天候工作; (2) 视觉识别技术作用距离有限,对于 100～200 m 范围内的目标检测精度有所下降,且对线路坡度变化比较敏感; (3) 视觉识别技术需要一定的算法研发成本
方案 2	(1) 通过列车定位技术确定检测到的障碍物与轨道线路之间的相对位置关系,系统比较稳定,能全天候工作; (2) 能够提前获取线路上关键节点的信息,进行全方位的列车速度引导	对于没有配备列车定位系统的线路,列车定位技术的设备成本高于方案 1
方案 3	结合两种方案的优势	由此带来更高的成本

出于成本以及全天候使用的考虑,应选取方案 2 作为基础方案。

对于列车定位技术,根据文献综述,仅靠单独一种技术无法全程提供准确的列车定位数据,因此需要使用若干种技术的组合。基于此,本书提出三种性价比较高的方案。

方案 1:差分 GPS 定位＋地图匹配＋航位推算(GPS 信号屏蔽区域)

利用差分 GPS 定位技术,结合地图匹配技术进行列车的实时定位。在 GPS 信号被遮挡的区域(如隧道等),应用航位推算技术来保证列车定位数据传输的连续性。

方案 2:速度传感器＋查询-应答器

利用沿线布设无源查询-应答器进行列车定位,在两个应答器之间应用速度传感器来保证列车定位数据传输的连续性。

方案 3:混合方案

使用差分 GPS 技术,并配合里程累算技术与查询-应答器进行数据融合,得到更为精确的列车定位数据。

其中,差分 GPS 技术需要将差分基站信号覆盖线路全程,查询-应答器的检测精度布设也与无源信标的密度成正比,一般有轨电车线路长度在 20 km 以内,如果每隔 500 m 布设无源信标,需要 40 个左右,差分 GPS 基站的覆盖范围 40 km 左右,不同的列车定位方案具有不同的误差计算模式。

综合考虑,根据不同的成本需求,三种方案基本都能达到有轨电车定位的需求。

5. 辅助驾驶策略构架设计

根据辅助驾驶策略实现模式分析,有轨电车辅助驾驶策略构架可以简单地用图 3-28 来表示。

总体来说,辅助驾驶策略可以分为三层:

(1) 策略输入层:检测器提供障碍物方位信息,车载安全读取设备提供列车速度、位置信息。

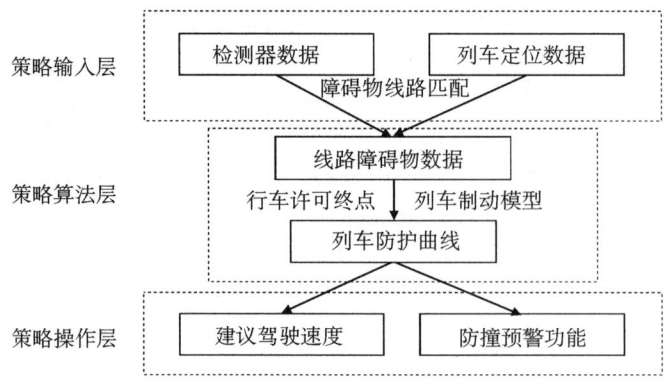

图 3-28　辅助驾驶策略构架

（2）策略算法层：根据检测器获取的障碍物方位数据，结合列车定位数据，判断障碍物是否威胁列车正常行驶。对于威胁列车正常行驶的障碍物，计算其轨内行车许可终点，基于列车制动模型计算列车防护曲线，并结合速度引导策略给出建议驾驶速度。

（3）策略操作层：提供建议驾驶速度与防撞预警功能，设定速度门限及不同的提示与操作。

辅助驾驶策略如果要在车载层面实现，并成为辅助驾驶系统，则其物理构架如图3-29所示。

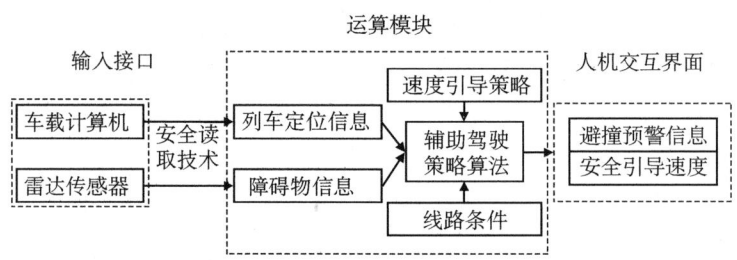

图 3-29　辅助驾驶系统物理构架

3.3.4　辅助驾驶功能设计

1. 防撞预警功能

1）列车防护曲线

列车防护曲线是列车制动模型的直观表达，用来表征列车在制动过程中速度下降与距离之间的关系。辅助驾驶系统需实时确定行车许可终点，并根据行车许可终点确定列车防护曲线。本书借鉴欧洲列车控制系统（European Train Control System，ETCS）的列车防护方法，建立了一簇防护曲线。

EBD曲线（the Emergency Brake Deceleration curve）为紧急制动曲线，列车运行过程中每个行车许可终点都对应一条EBD曲线，EBD曲线是一簇防护曲线中的最外层，一般不会被触发,一旦超过 EBD 曲线,列车的停车位置将超过行车许可终点,即会发生碰撞。

因此,需要考虑列车制动建立、驾驶员反应时间、列车定位测速误差等因素,计算紧急制动触发 EBI 曲线(the Emergency Brake Intervention curve)。当列车行驶状态越过 EBI 曲线时,自动施加紧急制动。

利用相同的原理,列车还设有最大常用制动触发 SBI 曲线(the Service Brake Intervention curve)。当列车运行状态触发该曲线之后,施加最大常用制动。

同时,为了实现对于驾驶员的提示和警告,设立了提示点 I 与警告点 W,通过 SBI 曲线反推得出,图 3-30 表征了几条曲线之间的关系。

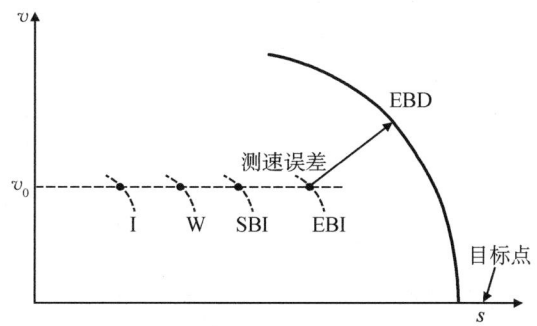

图 3-30　EBD 以及其他几条曲线的关系

2) 防撞预警功能实现

当列车接近确定的行车许可终点时,辅助驾驶系统会向驾驶员提示安全引导速度,设提示点 I 与警告点 W,其中 I 点的作用为提示驾驶员即将超过允许限速,该点提供足够的时间让驾驶员进行相关操作,当列车超过 I 点后,会通过声音、灯光等方式提示驾驶员减速;如果超过 W 点意味着即将触及最大常用制动曲线,若越过 W 点驾驶员仍旧没有任何操作,列车将在越过 SBI 监督点时自动触发最大常用制动,如果列车速度仍未降低到安全值,当超过了 EBI 监督点,则会触发紧急制动,以确保行车安全。

制动过程中的人机交互设计为提示—询问—制动三层:行车触发 I 点,进行声光提示;若直到触发 W 点驾驶员仍旧没有进行制动,给出解释界面;如果直到触发 SBI 监视曲线驾驶员依旧没有进行选择,则自动进行列车最大常用制动,可以设 I 点、W 点以及 SBI 曲线之间的触发时间为 5 s。

由于有轨电车线路部分区段封闭性较差,有可能会出现突然闯入的障碍物离列车较近的情况,通过其作为行车许可终点的防护曲线会使得现有状态直接超过 I 点的包络线。鉴于这种情况多为行人闯入,而行人闯入的持续时间一般为 2 s 左右,因此这种情况下的制动策略需要驾驶员帮助完成,具体过程如图 3-31 所示。

如果闯入障碍物确实有威胁且处于 $v_c > v_{EBI}$ 时,等效于列车已经位于 EBI 曲线之外,即使采取紧急制动也会触碰行车许可终点,则列车将无法避免此次碰撞,这种情况一般较少。

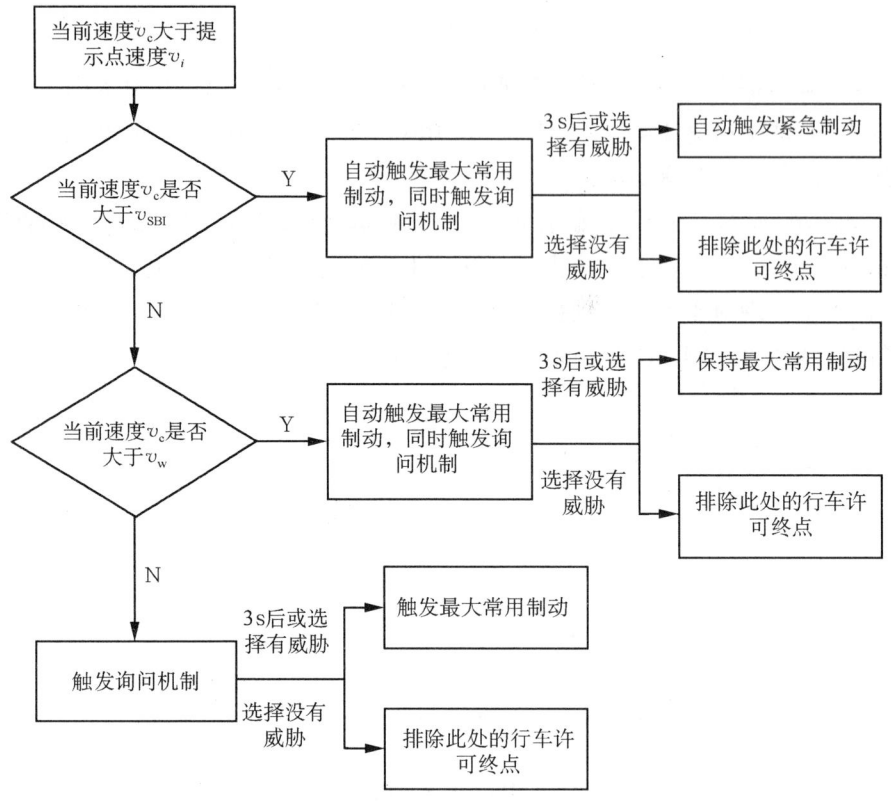

图 3-31 入侵物过近的制动策略

如果是行人闯入，驾驶员可以通过按钮解除警报，继续正常行驶，系统也将在行人离开轨道限界范围之后自动撤销该行车许可终点。

2. 安全速度引导功能

辅助驾驶系统需要能够向驾驶员提供安全引导速度，而安全引导速度由列车安全防护曲线结合速度引导的具体策略给出。其中，安全防护曲线由行车许可终点与线路区段限速确定。

1) 行车许可终点种类

(1) 线路障碍物：根据雷达数据与列车定位数据计算得出其与列车的轨内相对位置。

(2) 车站停车点：列车需要在车站内停车上、下客。

(3) 区段限速变化点（末速度不为0，属于等效行车许可终点）：直线区段、曲线区段、交叉口区段一般都有不同的限速要求，列车进入不同区段需要控制进入速度。

(4) 交叉口停车线：针对需要在交叉口停车等待的情况，交叉口停车线归为行车许可终点的一种。在实际应用过程中，对于没有配备交叉口信号优先策略的线路，一般在交叉口前的某一位置确定一决策点，将列车减速引导到该决策点，由驾驶员确认是否可以通过交叉口，并通过人机交互按钮告知系统，从而让驾驶员决定操作列车加速或保持该安全速度通过交叉口，或是使用常规制动在交叉口停车线前停车。

2) 线路限速情况

(1) 直线线路限速：直线线路限速一般为土建限速，常取值 70 km/h。

(2) 曲线线路限速：曲线线路限速由离心率公式得出，这里给出结论，$v_{cur}=4.12\sqrt{R}$，即列车在曲线区段的最高限速数值为曲率半径平方根的 4.12 倍。

(3) 交叉口区段：交叉口区段限速一般取 20 km/h。

3) 速度引导策略

所谓速度引导策略，即通过控制速度以达到一定的目标策略，一般有以下几种。

(1) 有轨电车 ATO 系统：目前并非所有有轨电车系统都配备 ATO 系统，ATO 系统即为通过线路上固定的行车许可终点给出非安全速度引导的系统。对于具有 ATO 系统的线路，本书研究的辅助驾驶系统可以将其引导速度作为输入，结合列车防护曲线的限速信息，给出安全引导速度作为输出。

(2) 有轨电车信号优先控制策略：目前有轨电车信号优先控制策略速度引导仍处在开发阶段，该系统可以利用车-地通信，提前知晓前方交叉口的相位情况，通过引导列车运行速度，达到正好不停车通过交叉口区域的目标。同理，本书研究的系统作为安全等级更高的模块，可以将信号优先控制策略系统的速度作为输入。

(3) 一般策略：一般策略主要是一些列车牵引策略，包括节时策略、节能策略以及混合策略，其本质是通过控制列车牵引、制动、惰行的状态来达到节时或节能或平衡的目标，同时给出列车引导速度。同理，可以作为辅助驾驶系统的输入。

4) 引导速度变化原则

引导速度变化不应过于平缓，也不应过于突然，一般取 5 km/h 作为常规变化数值，当然需要进行制动时除外。另外，引导速度有所变化时应有铃声提醒，并使得新的速度值在屏幕上闪烁。

3. 辅助功能

1) 声效及光效提示

在安全引导速度变化以及需要进行制动时，系统需要进行声效及光效提示。

2) 人机交互机制

人机交互机制即为驾驶员与辅助驾驶系统交互的途径。系统提供了驾驶员不按照建议操作的解释机制，无论是安全速度引导还是制动提示，在驾驶员 5 s 内没有执行相应的系统建议之后，系统会给出解释界面，如果驾驶员在目视范围内确定系统所给出的危险源位置并无实际危险，则在该界面于 5 s 内选择"并无威胁，确认解除当前危险状态"，辅助驾驶系统将解除以该障碍物作为输入的行车许可终点，并记录错误信息供系统后续改进分析之用。由于驾驶员专业度较高，一般较少出现 5 s 内仍没有反应的情况。

该界面的选择设备建议使用物理按钮，不建议使用触摸屏，因为需要在 5 s 内进行从驾驶员做出反应到系统接收输入信息的一系列操作，按钮设备的工作状态与触摸屏相比更加稳定。

4. 界面设计

融合辅助驾驶策略所包含的功能,给出面向辅助驾驶系统的界面设计如图 3-32 所示。

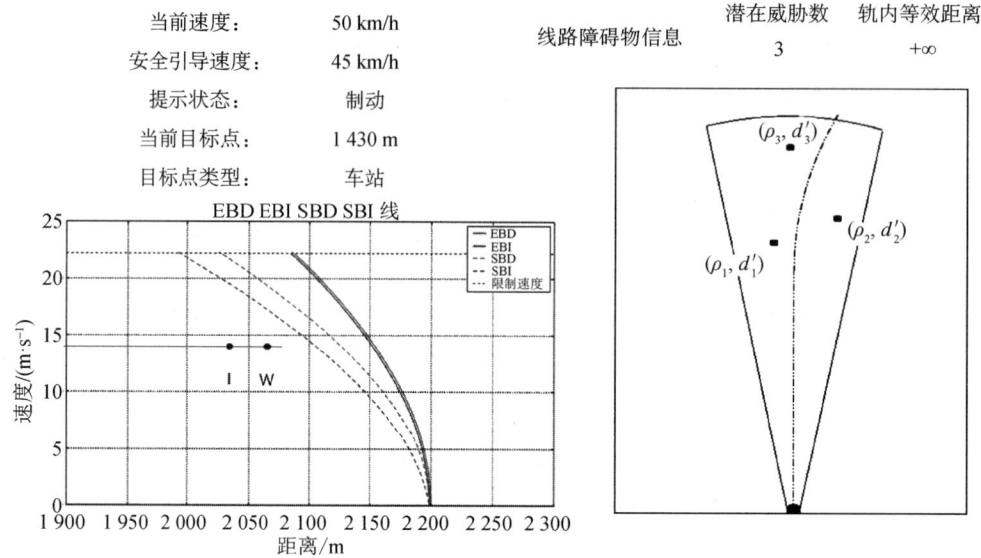

图 3-32 辅助驾驶界面设计

1) 界面左上区域

系统界面左上区域提供当前速度信息以及安全引导速度信息,提供当前应该使用制动或牵引的状态;给出当前目标点距离及其类型,目标点类型包括线路入侵物、车站、交叉口决策点以及区段限速变化点。

2) 界面左下区域

系统界面左下区域提供当前速度防护曲线的情况,防护曲线的行车许可终点即为当前目标点。

3) 界面右上区域

系统界面右上区域提供当前线路附近障碍物信息,若有线路入侵物,给出其轨内等效距离供驾驶员参考。

4) 界面右下区域

系统界面右下区域提供当前雷达检测情况,以雷达位置为原点,确定当前轨道限界与障碍物目标的相对位置。这里的障碍物指雷达检测到的所有前方障碍物的总和,根据是否入侵轨道线路限界分为线路入侵物与潜在障碍物两类。以 (ρ, d') 的格式提供障碍物信息,其中 ρ 为障碍物距离列车当前位置的距离,d' 为障碍物距离轨道限界的距离,供驾驶员参考。

当前方障碍物中存在线路入侵物时,系统界面右下区域闪烁并伴随声效提示。

当系统出现人机交互需求时,出现如图 3-33 所示的界面,需要通过辅助驾驶模块外接的按钮来完成人机交互过程。

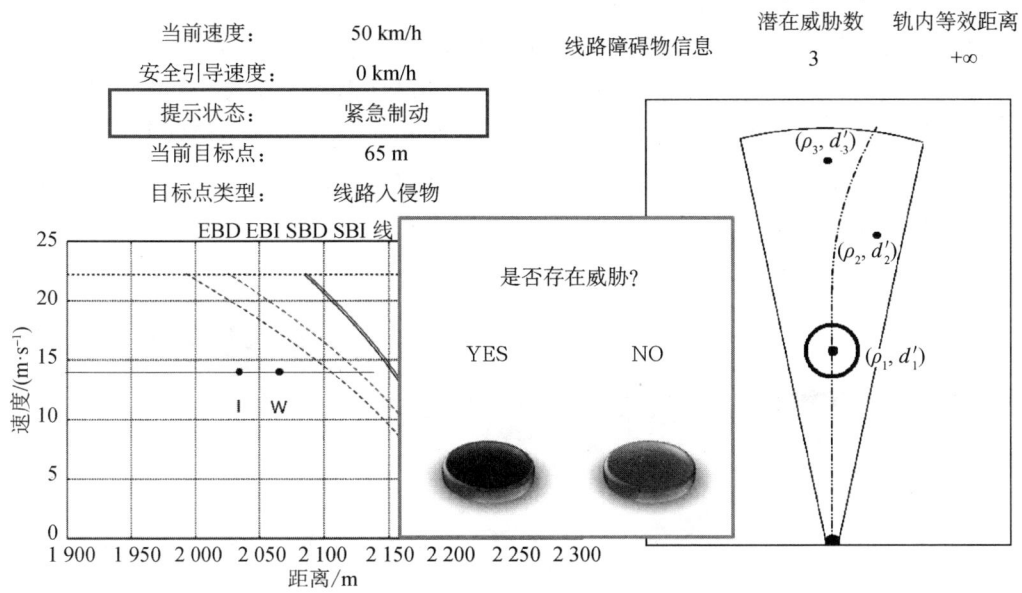

图 3-33 人机交互界面设计

3.3.5 大数据在交通规划决策支持中的应用

大数据是大量数据的集合,大数据揭示了对象管理的难度与利用价值。清华大学陆化普教授等认为,交通大数据具有 6 V 特点,如表 3-3 所列。

表 3-3 交通大数据的 6 V 特点

特点	内容
Volume:体量巨大	结构化数据和非结构化数据的广泛来源与长期存储
Velocity:处理快速	交通流具有时变性,交通管理与服务具有时效性,均需要较快的数据处理速度
Variety:模态多样	来源广泛、类型丰富,交通系统具有多状态特征
Veracity:真假共存	数据存在缺失、错误、冗余等异常现象
Value:价值丰富	具有时间、空间、历史等多维特征,是多元服务的基础
Visualization:可视化描述	交通运行状态、城市路网特性等需要可视化的展现

目前,大数据已经在商业、智慧城市、交通等领域发挥了越来越积极的作用。美国波士顿马萨诸塞州交通运输局在地铁骨干交通网络中开展大数据应用(图 3-34),通过分析每个车站每个收费闸机的进出客流量,结合列车时刻表,分析出不同时间段各条线路各个出入口的客流,得到很多过去没有发现的出行特征及规律,从而帮助出行者更好地了解列车的使用,辅助管理者更好地调度列车资源,在人与列车之间建立友好的联系。

图 3-34(a)为波士顿的地铁线路图,图 3-34(b)显示了各辆列车到达各个车站的时间,走向越陡的线路表示平均速度越小,全程时间越长。图 3-34(c)显示了 2014 年 2 月各个车站的客流量,按照工作日和周末分别显示客流指数(根据客流大小划分状态)。通过地铁大数据关联分析可以更清晰地理解地铁系统的运营、出行者使用地铁的出行特征、列车之间的影响关系以及这些关系如何影响乘客的日常通勤,这对于出行参考及管理决策都有着十分重要的意义。

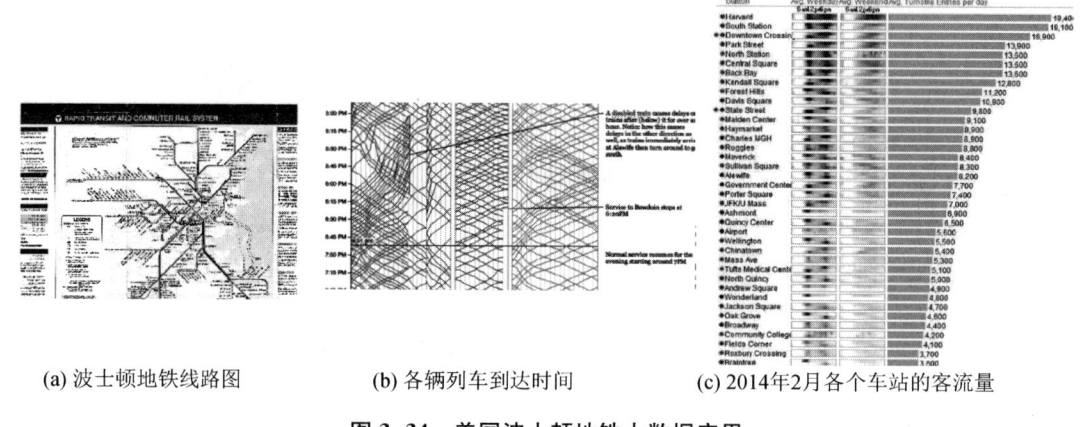

(a) 波士顿地铁线路图　　(b) 各辆列车到达时间　　(c) 2014年2月各个车站的客流量

图 3-34　美国波士顿地铁大数据应用

美国芝加哥建立了基于城市大数据的"芝加哥模型",320 ft^2($\approx$29.73 m^2)芝加哥市中心的树脂复制品,融入不同的城市数据(交通网络、人口统计、空气质量等),成为一个可以随时查看的城市数据交互模型,以创建更智能的基础设施,让城市环境更好地服务于民众。芝加哥仪表盘上显示各巴士和火车的到站时间,单车租赁系统在全市各网点的使用情况,热点地图。其计划建设"物联数组(Array of Things)",通过传感器系统与智能手机和环境交互产生一系列新的数据,帮助城市确定哪里的基础设施需要改善,同时捕捉大量潜在的敏感信息,用于大数据的挖掘。

3.4　大数据技术

3.4.1　有轨电车大数据

1. 特点

轨道交通大数据除了符合大数据的基本概念外,还由于对象的特殊性而具有一些特点,具体如下。

(1) 业务分布全面

轨道交通大数据贯穿于"勘测设计—工程建设—联调联试—运营维护"的全生命周期,业务覆盖车(车辆)、机(供电)、工(工程)、电(通信信号)、辆(运输)的多层次、多环节,支撑各部门正常运作。

(2) 时空分布广泛

轨道交通大数据源于轨道交通网络中各个站点、各条线路的所有机车、车辆、基础设施上的各种传感器、各类事件记录以及各个系统人员信息。

(3) 数据更新迅速

全线配置各种自动化信息采集设备,采样周期短,数据更新快,实时性强。

(4) 应用场景众多

通过各种途径所获取的票务数据、行车安全数据、设备状态数据等可以应用到轨道交通运行控制、安全管理、运营维护、资源合理配置等多个方面,对于提高服务水平、保障生命财产安全、降低养护维修成本具有重要作用。

2. 分类

轨道交通大数据可以按照以下三个标准进行分类。

(1) 数据来源

不同行业领域的数据可分为:运营数据、行业监管数据、经济和社会统计数据、气象数据、地质数据、安全管理数据、客运服务数据、物流服务数据等。

(2) 数据类型

数据类型包括结构化数据、半结构化数据、非结构化数据、流式数据等,具体的存储形式包括文本、图片、音频、视频、动画、网页等。

(3) 数据内容

数据按照内容主要分为人员相关数据、设备相关数据、乘客相关数据、管理相关数据以及环境相关数据。

3.4.2 有轨电车大数据应用策略

1. 关键技术

(1) 大数据存储技术

随着数据的快速海量增长,数据存取对文件系统的要求越来越高,传统的本地文件系统受单个节点的局限,难以很好地支持数据密集型计算,因而需要借助分布式文件系统把系统负载转移到多个节点上。HDFS 是 Hadoop 实现的一个高容错性的分布式文件系统,可以将存储文件分割成多个文件块,每个文件块再被存储到不同的数据节点上,副本分配到几个主机上,保证安全性的同时提高效率。

(2) 大数据计算处理技术

Hadoop 的核心计算部件 MapReduce 是一种可靠的分布式并行运算编程模型,在大规模集群中运行处理海量数据时,能够快速准确地处理结构化、半结构化数据集,具有容错、数据分布和负载平衡等功能,以简单计算作接口简化并行处理,能够从海量数据中提取所需的元素并返回成果集,且数据处理速度很快。

(3) 大数据分析技术

轨道交通大数据所包含的信息是关于存储数据整体特征的描述和发展趋势的预测。

由于存在大量非结构化数据,所以难以通过人工建模的方式来分析,因而依赖于建立人工智能系统,希望通过大量训练样本将语音、图像、视频信息转化为机器可识别的语义明确的信息,进而进行高效的深度分析和知识提取。

2. 应用平台架构

要想真正应用轨道交通大数据,应当从整体出发,统筹考虑多因素,强调顶层平台架构,建立完善的大数据应用体系,如图 3-35 所示。

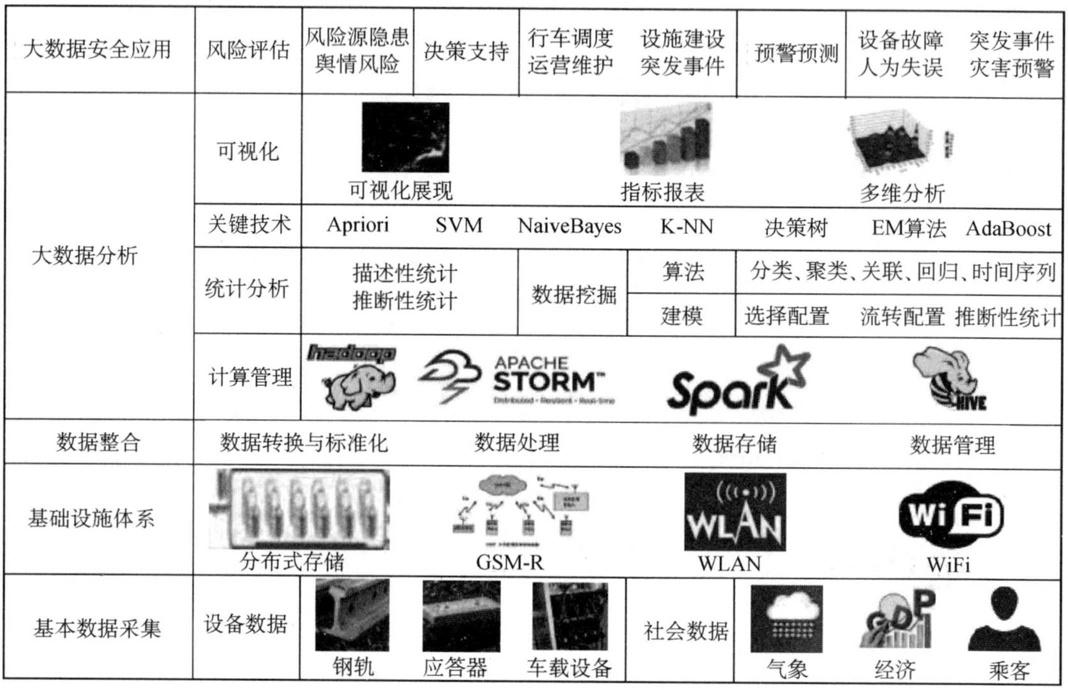

大数据安全应用	风险评估	风险源隐患舆情风险	决策支持	行车调度运营维护	设施建设突发事件	预警预测	设备故障人为失误	突发事件灾害预警
大数据分析	可视化	可视化展现		指标报表			多维分析	
	关键技术	Apriori	SVM	NaiveBayes	K-NN	决策树	EM算法	AdaBoost
	统计分析	描述性统计 推断性统计		数据挖掘	算法	分类、聚类、关联、回归、时间序列		
					建模	选择配置	流转配置	推断性统计
	计算管理	hadoop		APACHE STORM		Spark		HIVE
数据整合	数据转换与标准化		数据处理		数据存储		数据管理	
基础设施体系	分布式存储		GSM-R		WLAN		WiFi	
基本数据采集	设备数据	钢轨	应答器	车载设备	社会数据	气象	经济	乘客

图 3-35 轨道交通大数据管理应用体系

(1) 基本数据采集

源源不断的数据是大数据分析的前提条件,只有通过多方式、多渠道获取准确有效的数据,才能通过进一步分析来预测挖掘其中蕴含的价值。

(2) 基础设施体系

基础设施体系主要包含机房环境和硬件设备,以满足轨道交通大数据的存储和传输需求。

(3) 数据整合

将各业务部门的数据资源进行集中与整合,将数据标准化,达到消除歧义、提高数据质量的目的。同时要建立统一化的管理平台,并对其进行及时更新和专业维护。

(4) 大数据分析

提供分布式计算平台,满足计算需求,进行实时处理和后期深化分析,从而开展分析建模、模型运行等工作,为实现分析挖掘、决策应用提供基础平台支持。

(5) 大数据安全应用

基于安全风险管理的数据分析、决策支持需求，进行面向应用的业务数据建模，面向战略决策、运营管理、现场管理各层用户的分析应用。

3. 实施要点

(1) 加强基础设施建设

对既有轨道交通所需的机房环境进行改扩建，使其具备支撑应用要求的机房环境，并且适当配置主流 X86 服务器，从而建设支持相关业务领域数据存储处理的软硬件环境。

(2) 强化数据汇集与管理

实现轨道交通工程建设、联调联试、基础设施、移动设备、客货运、安全应急、防灾监测等业务领域数据的汇集，并适度采集社会数据，开展数据清洗、关联、质量管理等工作。同时，进一步实现对互联网、社交、舆情、供应链上下游等数据的采集，并加强数据管理的能力，提高数据质量，发挥安全管控作用，建立完善的数据管理体系和制度。

(3) 建设基于大数据共享的安全管理平台

充分考虑轨道交通大数据增长速度和增长规模的要求，适时开发一定规模的轨道交通大数据安全管理平台，建立跨部门、跨区域的协调机制和统一的安全策略，快速整合轨道交通领域的各种数据，通过构建安全模型和综合分析现状与发展趋势，有效减小事故发生的概率。与此同时，利用大数据进行快速的应急事件反应，提供决策支持，提升安全能级。

3.4.3　大数据应用展望

1. 大数据共享

要想真正实现大数据，必须扩充数据资源，形成资产体系。现阶段由于业务数据分散于各个应用系统和平台中，故存在数据壁垒严重、共享不充分的问题。另外，在跨业务、跨层级、跨部门的数据共享过程中，存在数据格式不统一、多系统交叉共享压力过大等问题。

2. 大数据处理分析

由于不同业务系统建设的时期不同，所采用的数据采集技术也不同，导致某些数据不完整、数据质量不高，且应用大数据技术的相应配套设施环境不够完善。

3. 大数据创新应用

当前数据应用在分析方法和手段上过于简单，大多停留在日常业务功能和常规统计分析层面，缺乏深度、跨系统、跨专业的数据应用，无法满足精准化、智能化的轨道交通发展需求。

4. 大数据战略

企业由粗放型向集约型转变，但是大数据尚未纳入轨道交通运输企业的战略中，这不利于提高数据资源的利用率。并且随着运输速度、开行密度和运输质量的提高，运营秩序和运输安全面临着极大挑战。

3.5 有轨电车管理技术

3.5.1 投资管理

投资控制管理是建设项目管理中的重要一环。有轨电车工程项目建设因投资量大、工程建设复杂、社会影响面广，其投资控制管理历来是建设管理的重点之一。这里主要介绍全过程动态投资控制方法。

1. 确定投资控制目标值

按照批准概算对工程总投资、建安投资、前期费用、其他费用四个指标重点分析，综合考量概算是否已覆盖主要工程量以及概算指标是否准确。对建安投资从已招标项目、可能的新增项目、预计发生的变更等角度重点核对土建工程量，从机电国产化率、集中采购角度优化机电指标。对前期考虑主要费用的有征地借地范围、管线搬迁和交通翻交的标准，控制侧重于方案稳定和环境对投资的综合影响。投资控制目标值的制订应综合考虑以往建设经验成果和主要材料的预期波动趋势影响，建立经验数据库用以调整指导投资目标值的编制。

2. 投资控制目标分解

根据招标策划和标段划分对总概算目标进行分解，以编制施工图预算为依据，建立以项目为基础的投资控制目标值与实际执行值比较系统。投资控制目标分解核心是针对施工招标合同范围，将原概算拆分、组合成与招标合同范围同口径，这也是投资动态控制的关键所在。

3. 目标值跟踪管理

及时跟踪目标值的变化情况，重点对变更进行严格控制，规范设计与变更流程审批和系统审核，以联动验收及试运营验收为最终成果。建立月报、年报，对工程实施情况进行分析，必要时可对目标值进行年度微调，使分解目标更贴近实际情况。

3.5.2 建设管理

1. 范围管理

有轨电车工程项目范围管理就是让有轨电车公司更好地把握项目需要做哪些工作以及由谁来做，从而达到项目目标管理的目的。换言之，也就是对有轨电车项目应完成的全过程、全部子项目、标段、合同、工作、任务、活动等进行范围定义、范围确认和范围的变更控制。

由于项目具有一次性的特点，范围管理无疑是有轨电车项目实施和管理的最基础性的工作和基本条件。项目管理若不谈范围，那么工期、成本和质量等也就无从谈起了。假如有轨电车公司对项目（工作或任务）范围意识不足或概念不清，其项目必然会出现不同程度的混乱无序、分歧百出、扯皮不断、过程失控等问题，最终导致有轨电车工程不尽如人意,甚至造成严重损失。

作为集各门类技术于大成的有轨电车系统,每一条线路都是由几十个子系统集成的一个系统工程,各项目系统内部、系统之间存在大量接口。如机电系统,除专业间存在大量接口关系外,机电系统还在线路、行车、轨道、建筑及装修等非机电系统存在大量的接口。因而有轨电车系统涉及的专业种类繁多,涉及面广,且相互交错、依从、制约。

项目需要做哪些工作,这在方案设计及初步设计阶段已基本界定,例如线路选择、站位及出口选择、区间、车站设计、土建方案、机电系统方案、动拆迁方案等,也同时会确定整项工程的合约策略及每个合约的范围,在明确了哪些工作由谁来做之后即可进行采购和招标。

范围界定不清的问题往往隐藏于千头万绪的接口细节中。虽然范围管理问题大多暴露在工程实施的中、后期,但隐患其实早已在设计阶段埋下了。例如在各设计阶段,由于提交资料不完整,数据审核不严谨,或设计能力不强、跨专业沟通不到位,从而导致设计文件中涉及不同系统和专业接口时出现差错或不明确等问题。假如没有及时纠正,到了后期施工阶段就会不断冒出各种各样的"范围问题",这对项目的工期、成本和质量是非常不利的。

2. 接口管理

在针对不同项目管理功能的程序中,能体现项目范围管理的"机制"可说是俯拾皆是,例如在设计过程中进行一系列的"设计审阅""设计冻结"等,这当中有关于各类接口与协调管理的程序最具参考价值。

接口管理不是独立的,也不是一次性的,它贯穿于设计、施工、安装和调试等各个阶段。更重要的是,没有专门的合约、承包商、施工监理、项目管理人员来管理接口问题。相反,接口管理却牵连着所有合约及相关单位。

3. 成本管理

有轨电车工程项目成本管理就是从有轨电车公司(业主)的角度,在项目的各个阶段,把工程项目投资的发生严格控制在批准的投资限额(也称"成本目标")内。有轨电车工程项目的成本目标有投资估算、设计概算、施工图预算、承包合同价和结算价等,并且随着工程项目的推进,由粗到细、由浅入深、由概略到精确。

4. 工期管理

项目工期的计划和跟踪管理概念可用下列三个基本层次来简单说明。

(1) 顶层是总体控制工期计划和跟踪——项目总体"路线图",凸显项目控制的关键点:项目当前处于什么阶段、当前达到了哪些里程碑、有哪些交付物、有哪些关键的任务等。

(2) 中层是分项协调工期计划和跟踪——分部分项逐步细化,重点在于制定对应各合同的工期要求:项目涉及哪些外包合同、预计有哪些与轨道相关的安装及测试的工作次序和时间、不同承包商在个别施工用地的进场时间等。

(3) 底层是单个合同工期计划和跟踪——具有合同约束力的竣工责任和特定的工期

计划限制：承包商有哪些与竣工责任有关的作业、各工序之间有什么相互关系、有哪些主要材料或工作量、合同工期是否有可能滞后等。

5. 质量管理

（1）严把有轨电车工程质量关

目前，国内工程项目管理者大多比较关注质量控制措施，对质量保证不太重视，甚至以为二者是一回事。以项目经理要确认一份关于基坑工程施工方案为例，如果他关注的是方案中的细节，例如临时支撑和加固等技术参数是否合格，这属于项目质量控制范围；如果他关注的是该方案是否按规定程序已通过全部相关审核，这便属于项目质量保证范围。

（2）科学、完善的质量管理措施

工期管理，看到的是流程、计划、控制、沟通和信息五大管理理念都得到充分体现，也了解到什么是科学的、完整的工期控制手段，使它与范围、成本和质量一起形成四个维度，在"理念圆环"中达到最佳的平衡和整合状态。

6. 合同管理

（1）项目合同管理实施基本步骤

项目合同实行分级分类授权管理，明确集团公司以下机构各类合同签订额度，合同主体负责合同的意向、起草、谈判、审核、签订、建档、履行、评议等相关工作。项目合同管理的实施步骤如下：

① 针对不同合同对象建立合同范本；

② 按照合同流程实施签订；

③ 建立合同档案，履行合同条款，进行结果评议。

（2）先进、全面的合同管理措施

广义的合同管理与成本管理有许多相同之处，而项目的前期、建设、交竣工都离不开合同管理。合同管理的效果体现在项目成本上，合同管理的好与坏对项目成本控制影响较大。

3.5.3 运输组织管理

从社会效益出发，有轨电车系统应充分发挥运量大、规律性强的特点，保证安全、迅速、准点和舒适地运送旅客。从企业经济效益出发，有轨电车系统应能实现高效率和低成本。为了达到上述目标，有轨电车系统的运输组织必须以运输计划为基础，即根据客流的特点，合理编制运行计划，合理调度指挥列车运行。运输计划涉及客流计划、全日行车计划、车辆配备计划和列车交路计划。

3.5.4 运行安全管理

所谓管理体系就是建立方针和目标并实现这些目标的体系。对安全管理体系而言，就是制订安全方针和目标并确保这些目标的实现，在安全方面指挥和控制组织的管理体系。安全管理体系的组成要素有：安全方针、安全组织中的人员以及他们的能力和职责、安全目标、风险管理、安全方法和技术、安全管理程序、安全工程辅助工具等。安全管理体系的架构如图 3-36 所示。

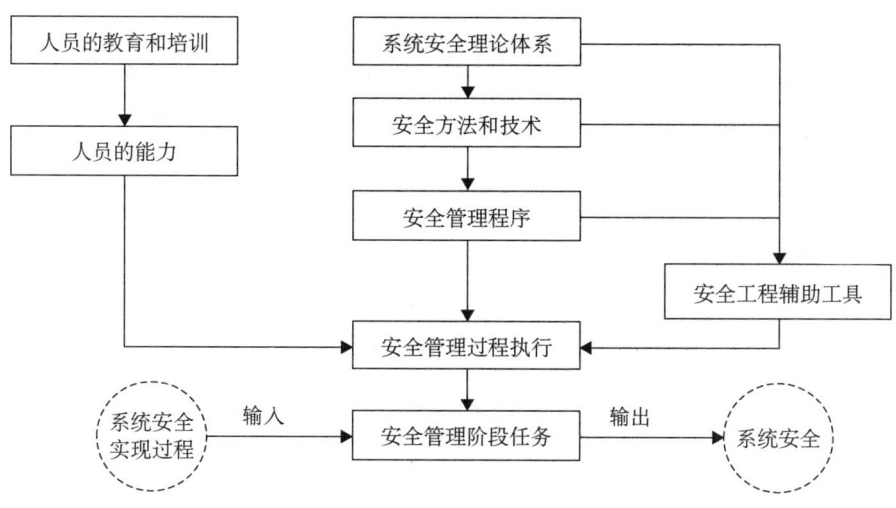

图 3-36 安全管理体系架构

3.5.5 风险管理

风险是伤害发生的概率和伤害严重程度的组合（IEC 61508—4:2010）。风险用于安全程度的判断，轨道交通安全主管机关可以接受的最大级别风险称为容许风险。

风险的概念由两部分组成：一是导致危害事件或者事件组合发生的概率或发生这些事件的频繁程度；二是危害后果的严重程度。因此，风险可以从这两方面来度量。

风险管理包括安全隐患的识别、风险概率分析、风险严重程度分析、风险可接受度评估、风险控制五个过程，如图 3-37 所示。

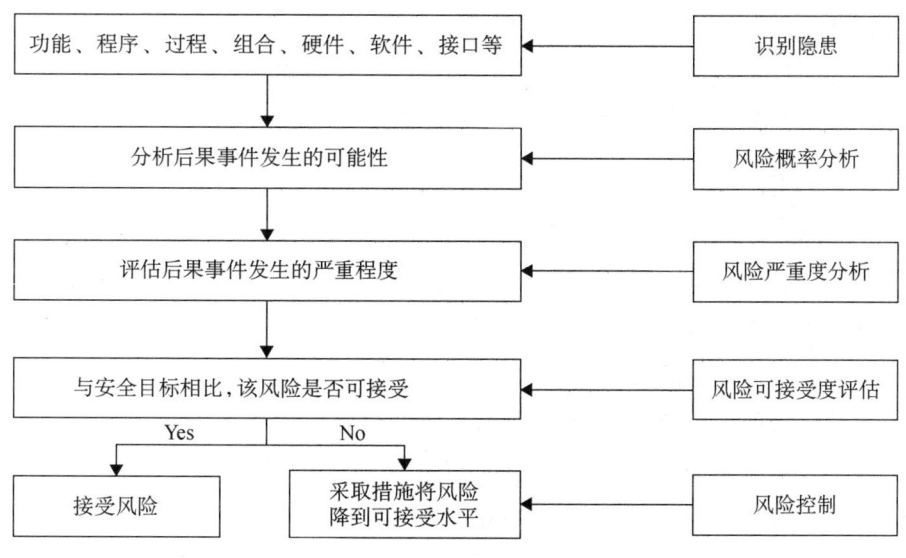

图 3-37 风险管理的过程

第 4 章 有轨电车评估检测技术

有轨电车故障诊断和安全检测的技术基础是"广义共振、共振解调的设备故障诊断技术",主要应用传感技术和信号处理技术提取设备运转状态的物理信息,并通过计算机系统分析处理这些信息,即可获取设备故障的信息和程度,随后及时发出警报提醒维修,从而避免事故的发生。故障诊断实质上就是对设备运行的物理信息进行采集、分析,并以此为基础进行推理诊断、发出警报、提出解决的全过程。

随着信息技术的不断发展,很多行业都受到了不同程度的影响,并引发了技术的改革风潮。信息化不仅推动了一批新兴产业的诞生,还推进了传统行业信息化的进程。在建筑信息模型(Building Information Modeling,BIM)技术发展初期,相关研究只涉及 BIM 的标准制定、软件开发、案例分析等几个方面,倾向于从理论层面研究 BIM 的可操作性、数据标准和效益优势,在建筑设计、施工阶段的研究和应用较多。近年来,随着技术的发展,BIM 的研究重点更多地转向了运营和管理阶段,以实现运营维护的信息化。

节能模式是控制列车以达到最大程度降低能耗为目的一种运行方式,通常在列车运行过程中尽可能多地利用惰行工况。定时节能策略是指在给定线路条件、列车参数和两点间运行时分条件下,寻求最为节能的列车操控方式。相比节时节能策略,为了同时满足降低运行成本和乘客对旅行时间这两个要求,就需要研究定时节能策略。

4.1 有轨电车运行控制系统的 RAMS 性能和环境要求

4.1.1 有轨电车运行控制系统的 RAMS 性能

1. 可靠性(Reliability)

(1) 中心综合调度管理系统设备的平均故障间隔时间(Mean Time Between Failure,MTBF):$MTBF \geqslant 3.5 \times 10^3$ h;

(2) 计算机外围设备的平均故障间隔时间:$MTBF \geqslant 5 \times 10^4$ h;

(3) 电源设备的平均故障间隔时间:$MTBF \geqslant 10^4$ h;

(4) 车载设备的平均故障间隔时间:$MTBF \geqslant 10^4$ h;

(5) 联锁设备的平均故障间隔时间:$MTBF \geqslant 2.5 \times 10^5$ h;

(6) 地面有线网络设备的平均故障间隔时间:$MTBF \geqslant 10^5$ h;

(7) 车-地无线通信设备的平均故障间隔时间:$MTBF > 2 \times 10^4$ h。

2. 可用性(Availability)

(1) 各子系统的计算机系统的可用性指标不小于 99.99%;

(2) 整个运营调度管理系统的可用性指标不小于 99.99%。

3. 可维护性(故障修复时间)(Maintainability)

车载设备、车站设备、调度中心设备及轨旁的电子电气设备(转辙机除外)的平均维修时间(Mean Time to Repair,MTTR):$MTTR \leqslant 30$ min(一线维修时间)。

4. 安全性(Safety)

有轨电车运行控制系统严格遵守 EN50126、EN50128、EN50129、EN50159 等规范和标准。系统整体应是高度安全的,体现在设备安全、软件安全、网络安全、数据安全及人员安全等多个方面,具体的安全性要求如下。

(1) 正线道岔控制子系统的安全完整性等级(Safety Integrity Level,SIL)应达到 SIL3 级或 SIL4 级;

(2) 车辆段场计算机联锁(Computer Based Interlocking,CBI)系统的安全完整性等级应达到 SIL4 级;

(3) 车载子系统(含驾驶员辅助防护)的安全完整性等级应达到 SIL2 级;

(4) 计轴设备的安全完整性等级应达到 SIL4 级;

(5) 轨道电路的安全完整性等级应达到 SIL3 级;

(6) 可埋入式转辙机设备的安全完整性等级应不低于 SIL3 级。

4.1.2 有轨电车运行控制系统的环境要求

1. 总体描述

有轨电车运行控制系统的信号设备环境要求如表 4-1 所列。

表 4-1 信号设备环境要求

项目		控制中心/车辆段/停车场	设备室	轨旁	车上
温度	工作	0～+45 ℃	0～+55 ℃	−40～+70 ℃	−20～+70 ℃
	存贮	−20～+70 ℃	−20～+70 ℃	−40～+70 ℃	−40～+70 ℃
湿度	工作	10%～95%	0%～95%	0%～100%	0%～100%
	存贮	10%～100%	0%～100%	0%～100%	0%～100%
机械冲击		4 G	10 G	10 G	30 G
振动		5～20 Hz 0.07 pp 20～100 Hz 1.4 Gp	5～12 Hz 0.2 pp 12～100 Hz 1.4 Gp	5～12 Hz 0.2 pp 12～100 Hz 4.2 Gp	5～22 Hz 0.25 pp 22～100 Hz 6.9 Gp

(续表)

项目		控制中心/车辆段/停车场	设备室	轨旁	车上
机械特性	尘(漂浮)	0.01 mg/m³	0.01 mg/m³	0.4 mg/m³	0.2 mg/m³(车厢内) 0.4 mg/m³(车厢外)
	尘(沉积)	10 mg/m²·d	10 mg/m²·d	350 mg/m²·d	35 mg/m²·d(车厢内) 350 mg/m²·d(车厢外)

系统设备应能在规定的环境条件下不开箱存储一年,并具有避免空气中灰尘侵入的措施。安装在室外的设备须在不加热或者在自然通风的条件下,满足在以上环境中的使用,并能防水、防潮,且能经受雨淋。

2. 自然环境

海拔高度:不超过 2 500 m;

工作温度:中心机房 18~27 ℃,车站机房 0~40 ℃;

相对湿度:10%~80%(25℃),不得凝露;

洁净度:粒数应大于或等于 0.5 μm,个数应小于或等于 10 000 个;周围无腐蚀和无引起爆炸危险的有害气体及导电尘埃。

3. 电磁兼容性

有轨电车运行控制系统设备应满足国际和国内相关电磁兼容标准,系统设备的电磁抗扰度应符合《电磁兼容 试验和测量技术 抗扰度试验总论》(GB/T 17626.1—2006)、《轨道交通 电磁兼容 第 4 部分:信号和通信设备的发射与抗挠度》(GB/T 24338.5—2009)等的要求,系统设备的电磁发射指标应满足《谐波电流发射限值》(IEC 6100-3-2)、《电磁兼容性》(IEC 6100-3-3)、《信息技术设备的无线电骚扰限值和测量方法》(GB 9254—2008)、《轨道交通 电磁兼容 第 4 部分:信号和通信设备的发射与抗挠度》(TB/T 24338.5—2009)的要求。

系统设备应满足中国电磁辐射标准,即《电磁环境控制限值》(GB 8702—2014)的有关规定。

除了以上电磁兼容要求外,所有设备应符合表 4-2 中相关标准的电磁兼容要求。

表 4-2 电磁兼容性相关标准

标准名称	标准号
《地铁设计规范》	GB 50157—2013
《铁路设施 电磁兼容性第 2 部分:整个铁路系统对外界的辐射》	EN 50121-2—2000
《铁路设施 电磁兼容性第 4 部分:信号和通信设备的辐射和抗干扰》	EN 50121-4—2016
《电磁兼容 试验和测量技术 静电放电抗扰度试验》(满足第三级达 B 级性能标准)或国际电工委员会的《电磁兼容性 第 4-2 部分:试验和测量技术 静电放电》	GB/T 17626.2—2018 或 IEC 61000-4-2—2008

(续表)

标准名称	标准号
《电磁兼容 试验和测量技术 浪涌(冲击)抗扰度试验》(满足第三级达B级性能标准)或国际电工委员会的《电磁兼容性 第 4-5 部分:试验和测量技术 电涌抗扰试验》	GB/T 17626.5—2019 或 IEC 61000-4-5—2014
《电磁兼容 试验和测量技术 电压暂降、短时中断和电压变化的抗扰度试验》(满足达C级性能标准)或国际电工委员会的《电磁兼容性 第 4-11 部分:试验和测量技术 电压暂降、短时中断和电压变化的抗扰度试验》	GB/T 17626.11—2008 或 IEC 61000-4-11—2020
《电磁兼容 限值 谐波电流发射限值(设备每相输入电流≤16 A)》或国际电工委员会的《电磁兼容性 第 3-2 部分:限值 谐波电流发射限值(设备输入电流为每相 16 A)》	GB 17625.1—2012 或 IEC 61000-3-2—2018

系统设备应满足以下的静电放电抗扰能力或证明已提供优良的接地保护装置,以避免因静电放电而造成设备损坏或影响设备性能。

当有轨电车运行控制系统设备连接动力照明获取电能时,或许会受到电源的干扰或对电源造成干扰。因此,与动力照明的电源接口连接的设备应满足以下对电源的干扰限值及抗干扰的要求,或在电源接口采用已通过抗干扰或无干扰电源的专用标准的不间断电源供应(Uninterruptible Power Supply,UPS)设备。

在系统设计、产品制造、施工安装过程中,有轨电车运行控制系统应采取必要的措施对系统设备进行防护。这些电磁干扰的主要因素包括但不限于:

(1) 钢轨牵引回流(最大 2 000 A);
(2) 车辆斩波等在交流电源中产生的重复尖脉冲;
(3) 接口传输线路产生的共模干扰耦合静电放电;
(4) 工频(50 Hz)磁场产生的电磁干扰;
(5) 10 kV 高压产生的各种电磁干扰;
(6) 各种电动工具产生的电磁干扰;
(7) 雷电产生的电磁干扰;
(8) 各种无线通信设备产生的电磁干扰等。

有轨电车运行控制系统设备受其他系统所产生的无线频谱干扰。除了符合一般电磁抗扰限值和测量标准外,还应考虑这些电磁波的方位,不能对其产生任何的干扰,并对其方位附近的设备制订抗扰措施。系统设计时也应考虑对恶意干扰采取相应的防范措施。

有轨电车运行控制系统的设备测试结果证明了在有轨电车环境内近距离使用无线电话或无线通信系统移动手持台时,不会对系统正常功能产生影响。

系统设备应采取一定的措施以防止连接电缆附近的磁场和电场所产生的干扰,包括连接车载天线和测速电机的电缆,以及连接其他构成整个智能控制系统的任何辅助设备的电缆。所有强弱电缆/电线应分开布置。在设计电缆/电线布置时,系统设备应考虑强电对弱电的电磁干扰,制订适当的分隔距离或电磁保护措施。系统设备还应考虑附近的电磁环境并选取适当的电缆/电线。

系统设备还应同时考虑设备的安全及接地方法,以维护系统整体的安全性和电磁兼容性。

显示器不应由于受到附近电磁干扰而引起图像变色或变形,所有计算机显示器应为液晶显示屏,并采取相应的电磁防护措施。

4. 防水

轨道交通地下工程的土建工法较多,施工工艺比较复杂。在制订防水方案时,应根据土建工法来确定防水材料的种类和细部构造防水措施。另外,选择易于施工、安全环保、适合本地气候条件及地下水文地质的柔性防水层材料,是防水设计的重要内容。

城市轨道交通地下防水工程不同于其他地下工程,主要有以下几个基本特点:①防水材料应具有优异的耐久性;②防水设防等级较高;③柔性防水层工作环境复杂;④地下工程土建工法复杂;⑤柔性防水层施工要求高;⑥施工周期长。

由于城市轨道交通地下防水工程一般最少需要 1 年时间,因此要求选用的防水材料应同时具备较好的高、低温施工性能,且防水层耐雨水、耐冻融、耐粉尘等性能要好。

在防水材料选用方面,轨道交通地下工程对于防水材料有严格的质量要求。常见的防水材料有:SBS 改性沥青防水卷材、自粘橡胶沥青防水卷材、自粘聚合物改性沥青聚酯胎防水卷材、聚乙烯丙纶复合防水卷材等。

对于这些材料的水蒸气透视率性能和抗渗性能等多种物理性能,都有极精准的范围要求,以保证在建造过程中达到材料的防水要求。在选用柔性防水材料时,一般遵循"材料品种不宜过多,应具备环保、经济、施工简便及与土建工法相匹配的特性,适应当地的天气、环境条件,具有成品保护简单等优势,优先选用不易窜水的防水材料或防水系统"的原则。

4.2 故障检测技术

4.2.1 机车车辆故障检测技术

振动检测是通过对机器或结构在工作状态下的振动状态进行检测,以对机器或结构进行故障诊断、环境控制和等级评定。通过测量机器或结构的受迫振动以获得被测对象的动态性能,即固有频率、阻尼、响应、模态等信息,从中找出薄弱环节,通过改进设计来提高其抗振能力,或通过隔振处理改善机械的工作环境和性能。

目前,振动检测故障诊断可分为在线诊断和离线诊断两种。在线诊断是对运行状态下的机组振动故障原因做出粗线条的诊断,以便运行人员采取纠正性操作,防止事故扩大。因此,在线诊断在诊断时间上要求相对比较紧迫,目前采用计算机实现,故又称为自动专家诊断系统。该系统的核心是专家经验,但是如何将分散的专家经验进行系统化和条理化,变成计算机语言,是国内外专家们正在研究的一个技术问题,因此不能将这种诊断系统误解为能完全替代振动专家。即便将来，也是由专家来设计和制造诊断系统，目的是让诊断系统为缺乏振动知识和经验的运行人员服务，而不是让诊断系统完全替代振动专家。

振动检测离线诊断是为了消除振动故障而进行的离线状态下的诊断。这种诊断在时间要求上不那么紧迫，可以对振动信号、数据进行仔细的分析、讨论或模拟实验，因此称它为振动检测离线诊断。离线诊断在故障诊断的深入程度上要比在线诊断具体得多，因此难度也较大。

振动检测离线故障诊断技术包括故障诊断思维方式、振动故障范围及其特征(包括数据处理)和机理。但一般所说的故障诊断技术主要是指故障特征和机理，对于故障诊断思维方式和故障范围的研究，目前还未能引起应有的关注。

振动检测是机械故障领域应用较早的技术之一，传统振动检测技术是通过振动传感器提取被检测对象的振动信号，然而直接通过频域和时域分析，从中提取异常信息而达到检测的目的。但是在现场运行环境中，机器存在各种各样的振动，有的振动虽然较大但并无不良影响，而齿轮、轴承等部件故障产生的振动往往被背景振动的噪声所掩盖，因此，直接通过振动信号进行故障诊断的精确度很难提高。共振解调技术是在传统共振检测技术的基础上，融入声学、声发射、应变、应力检测技术，从而拓宽了为工业设备故障诊断的服务领域。共振检测技术能够精确区分出常规振动和故障冲击：它对常规振动不敏感，对微小的故障冲击则能敏锐捕捉，能有效地采集到伴生冲击的故障信息，以便于分析、诊断故障的内容、程度和部位，进而得出更准确的诊断结论。

4.2.2 电力电缆故障检测技术

当前，我国电力电缆检测技术主要包括两种：在线检测和离线检测。

1. 在线检测

1) 人工神经网络检测

人工神经网络：从信息处理角度对人脑神经元网络进行抽象，建立某种简单模型，按不同的连接方式组成不同的网络。神经网络是一种运算模型，由大量的节点(或称神经元)之间相互连接构成。每个节点代表一种特定的输出函数，称为激励函数。每两个节点间的连接都代表一个对于通过该连接信号的加权值，称为权重，这相当于人工神经网络的记忆。网络的输出则依网络的连接方式、权重值和激励函数的不同而不同。网络自身通常都是对自然界某种算法或者函数的逼近，也可能是对某种逻辑策略的表达。

人工神经网络模型主要考虑网络连接的拓扑结构、神经元的特征、学习规则等。目前，已有近 40 种神经网络模型，其中有反传网络、感知器、自组织映射、Hopfield 网络、波耳兹曼机、适应谐振理论等。根据连接的拓扑结构，神经网络模型可以分为：前向网络和反馈网络。

(1) 前向网络：网络中各个神经元接受前一级的输入，并输出到下一级，网络中没有反馈，可以用一个有向无环路图表示。这种网络实现信号从输入空间到输出空间的变换，它的信息处理能力来自简单非线性函数的多次复合。前向网络结构简单，易于实现。反传网络是一种典型的前向网络。

（2）反馈网络：网络内神经元间有反馈，可以用一个无向的完备图表示。这种神经网络的信息处理是状态的变换，可以用动力学系统理论进行处理。系统的稳定性与联想记忆功能有密切关系。

人工神经网络特有的非线性适应性信息处理能力，克服了传统人工智能方法对于直觉（如模式、语音识别、非结构化）信息处理方面的缺陷，使之在神经专家系统、模式识别、智能控制、组合优化、预测等领域得到成功应用。人工神经网络与其他传统方法相结合，将推动人工智能和信息处理技术不断发展。近年来，人工神经网络正向着模拟人类认知的道路上更加深入的发展，与模糊系统、遗传算法、进化机制等结合形成计算智能已成为人工智能的一个重要方向，并将在实际应用中得到发展。将信息几何应用于人工神经网络研究，这一探索为人工神经网络的理论研究开辟了新的途径。神经计算机的研究发展很快，已有成熟产品投入市场。光电结合的神经计算机为人工神经网络的发展提供了良好条件。

人工神经网络检测技术通过对生物神经模拟的方式，完成计算检测系统的构建。网络当中的节点就相当于生物机体中的神经元，能够对相关信息进行处理并储存信息内容，且各节点可以实现并行工作。在进行故障测试的过程中，需要对部分人工神经网络节点传输指令，并通过信息传递，实现信息转接。相关联的网络节点能够接受并继续传递信息，从而实现整个网络工作，并测试出最终结果。在系统发生故障的情况下，电压电流将会以样本形式被输送到训练神经系统中，通过这种方式能够找到故障位置。

2）小波变换分析

1981年，法国地质学家Morlet在寻求地质数据时，通过对傅立叶变换与加窗傅立叶变换的异同、特点及函数构造进行创造性的研究，首次提出了"小波分析"的概念，并建立了以他的名字命名的Morlet小波。自1986年以来，由于Y. Meyer、S. Mallat及I. Daubechies等的奠基工作，小波分析迅速发展成为一门新兴学科。Meyer所著的《小波与算子》与Daubechies所著的《小波十讲》都是小波研究领域的权威著作。

小波变换是对傅立叶分析方法的突破，它不但在时域和频域同时具有良好的局部化性质，而且对低频信号在频域以及对高频信号在时域里都有很好的分辨率，从而可以聚集到对象的任意细节。小波分析相当于一个数学显微镜，具有放大、缩小和平移功能，通过检查不同放大倍数下的变化来研究信号的动态特性。因此，小波变换分析已成为地球物理、信号处理、图像处理、理论物理等诸多领域的一种强有力分析方法。

神经网络在很多领域已得到了很好的应用，它具有分布存储、并行处理、自学习、自组织以及非线性映射等优点。目前，神经网络与其他技术的结合以及由此产生的混合方法和混合系统已成为一大研究热点。由于其他方法也有它们各自的优点，所以将神经网络与其他方法相结合，取长补短，可以获得更好的应用效果。下面就简要介绍神经网络与小波分析的融合。

小波神经网络是将小波变换良好的时频局域化特性和神经网络的自学习功能相结合,因而它具有较强的逼近能力和容错能力。在结合方法上,可以将小波函数作为基函数来构造神经网络,从而形成小波网络;或者小波变换作为前馈神经网络的输入前置处理工具,即基于小波变换的多分辨率特性对过程状态信号进行处理,实现信噪分离,并提取出对加工误差影响最大的状态特性,以此作为神经网络的输入。

小波神经网络在电机故障诊断、高压电网故障信号处理与保护研究、轴承等机械故障诊断及其他许多方面都有应用。将小波神经网络用于感应伺服电机的智能控制,使该系统具有良好的跟踪控制性能及好的鲁棒性。利用小波包神经网络可进行心血管疾病的智能诊断;利用小波层可进行时频域的自适应特征提取;前向神经网络可用来分类,且分类正确率可达 94%。

小波神经网络虽然应用于很多方面,但仍存在一些不足。从提取精度和小波变换实时性的要求出发,有必要根据实际情况构造一些适应相关应用需求的特殊小波基,以便在应用中取得更好的效果。另外,考虑到应用中的实时性要求,也需要结合数字信号处理(Digital Signal Processing,DSP)来开发专门的处理芯片,从而满足这方面的要求。

在针对电力电缆运行故障的相关检测中,采用小波分析法完成测距是一个重要的检测方式。这项检测主要是在暂态故障中完成的。利用小波变换分析法的局部化主要特征,能够更加灵敏地体会到信号差异,并能对非平稳信号完成分析和检测。另外,在采用小波变换分析法进行故障检测的过程中,还需要结合单端或双端同步方式来完成对故障的定位,采用这种方式将不存在故障阻抗的情况。小波变换分析法需要建立在脉冲电流测距技术手段的基础上,它能将数据内容进行结构冲解,并完成小波方式分析,利用小波信号分析模式就可获得小波变换膜中的最大值。

3) 实时专家系统

知识库,也可称为专家系统。知识库的概念来自两个不同的领域,一个是人工智能及其分支——知识工程领域,另一个是传统的数据库领域。由人工智能(Artificial Intelligence,AI)和数据库(Data Base,DB)两项计算机技术的有机结合,促成了知识库系统的产生和发展。

知识库是基于知识的系统(或专家系统),具有智能性。并不是所有具有智能的程序都拥有知识库,而只有基于知识的系统才拥有知识库。许多应用程序都利用知识,其中有的还达到了很高的水平,但是这些应用程序可能并不是基于知识的系统,因此它们也不拥有知识库。一般的应用程序与基于知识的系统之间的区别在于:一般的应用程序是把问题求解的知识隐含地编码在程序中,而基于知识的系统则是将应用领域的问题求解知识用显式的方式表达出来,并单独地组成一个相对独立的程序实体。

知识库的功能如下:

(1) 知识库使信息和知识有序化,这是知识库的首要贡献。

建立知识库,必定要对原有的信息和知识做一次大规模的收集和整理,并按照一定的方法进行分类保存,同时提供相应的检索手段。经过这样一番处理,大量隐含知识便被编码化和数字化了,信息和知识便从原来的混乱状态变得有序。这样就方便了信息和知识检索,并为有效使用打下了基础。

(2) 知识库加快知识和信息的流动,有利于知识共享与交流。

知识和信息一旦实现了有序化,对其进行寻找和利用的运行时间就会大大缩短,如此自然加快了知识和信息的流动。另外,由于在企业的内部网上可以开设一些时事、新闻性质的栏目,使发生在企业内外的事能够迅速传遍整个企业,这就使得人们对于新信息和新知识的获取速度大大加快。

(3) 知识库还有利于实现组织的协作与沟通。

例如施乐公司的知识库可将员工的建议存入。员工在工作中解决了一个难题或发现了处理某件事的更好方法后,可以把这个建议提交给一个由多名专家组成的评审小组。评审小组对这些建议进行审核,把最好的建议存入知识库。建议中注明建议者的姓名,以保证提交建议的质量,并提高员工提交建议的积极性。

(4) 知识库可以帮助企业实现对客户知识的有效管理。

企业销售部门的信息管理一直是比较复杂的工作,一般资历较老的销售人员拥有很多宝贵的信息,但随着客户的转变或工作的调动,这些信息和知识便会损失。因此,企业知识库的一个重要内容就是将客户的所有信息进行保存,以便新的业务员可以随时利用。

在进行故障检测的过程中,采用实时专家系统对电力电缆进行检测属于一种新型技术手段。知识库在分析总结专家经验的基础上,以智能化的语言存储各类经验和知识,为信息处理、决策支持提供方法和模型。这项技术的关键在于通过人类思维进行模拟,针对故障问题的类型进行技术测定。这个过程中需要对专家系统建立一个专门的数据资料库,通过将故障问题进行录入并完成故障检测中的数据提取,结合当前故障情况对资料库进行更新和修改,以实现针对电力电缆故障的准确定位。

4) SSTDR 和 TFDR 两种检测方法结合

扩展频谱时域反射法(Spread Spectrum Time Domain Reflectometry,SSTDR)是用于故障检测的一种方法,以扩展频谱为基础技术,支持实现信号电缆故障的在线检测。在检测时,SSTDR 所发出的信号不仅不会对信号电缆的正常工作产生任何影响,还可以预测信号电缆的低阻故障。时频域联合反射法(Joint Time-Frequency Domain Reflectometry,TFDR)检测技术用于信号电缆故障的定位及故障种类的判断,称为时频反射法。它能够精确方便地分析出具有高斯分布特征的调频信号,能够精确测量信号电缆的故障距离,并可通过对故障阻抗的精确测量来确定是何种类型的故障。

SSTDR 和 TFDR 相结合的检测方法,其基本功能主要有四点:①能够发射任意信号波,即幅值和频率均可调节;②能够接收和识别各种故障发射波形;③能够精确定位故障位置,确定故障类型;④实现信号电缆的自动化在线管理。

SSTDR 和 TFDR 相结合的检测系统中,主要包括:DSP+CPLD(数字信号处理+复杂可编程逻辑器件)、信号发射模块、信号采集模块、通信模块。检测系统的基本检测思路是由信号发射模块向需要检测的信号电缆发射检测信号,由信号采集模块接收被测信号电缆所反射回来的检测信号并进行存储,同时将其传输到 DPS,由 DPS 对反射信号及其相关信息进行处理,以判断信号电缆的故障类型和故障发生的具体距离。CPLD 负责对信号发射模块和信号采集模块进行控制。通信模块的主要作用是实现检测系统与上位机的通信。

在这个测试系统中,信号发射模块需要通过数字合成的 DDS 芯片来产生频率和幅值均可调节的任意波形,除此之外还应包括驱动放大电路、变压器和平衡电阻网络等。其中,变压器起到电气隔离和提高抗干扰能力的作用。

2. 离线检测

在讨论离线检测方法之前,我们先来阐明几个名词。

凡是电缆故障点绝缘电阻下降至该电缆的特性阻抗,甚至直流电阻为零的故障均称为低阻故障或短路故障。这个定义是从采用脉冲反射法的角度,考虑到波阻抗不同对反射脉冲的极性变化的影响而下的。对于电桥法,低阻故障的定义不受特性阻抗概念的限制。低阻故障的表现是:导体连续性良好,但电缆-芯或数芯对地绝缘电阻值或芯与芯之间的绝缘电阻低于 10 万 Ω。

电缆故障点的直流电阻大于该电缆的特性阻抗的故障均为高阻故障。高阻故障分为两种:泄漏故障和闪络性故障。泄漏故障是指在做电缆高压绝缘试验时,泄漏电流随试验电压的增加而增加。当试验电压升高到额定值时(有时还远远达不到额定值),泄漏电流超过允许值,称为高阻泄漏故障。闪络性故障是指试验电压升至某值时,监视泄漏电流的电表指值突然升高,且表针呈闪络性摆动,电压稍微下降时,此现象消失,但电缆绝缘仍有极高的阻值,这表明电缆存在故障,而这种故障点没有形成电阻信道,只有放电间隙或闪络表面的故障,故称为闪络性故障。高阻故障的表现是:导体连续性良好,但电缆-芯或数芯对地绝缘电阻值或芯与芯之间的绝缘电阻低于正常值但高于 10 万 Ω。

在电力电缆故障产生时可以通过离线检测确定是否发生了故障。在离线检测中有几个问题需要确定:诊断、定点和测距。结合上述内容能够有效测定电力电缆的故障类型,并确定故障发生的具体位置。采用离线检测方式有助于快速解决问题,提高抢修效果。另外,在故障检测过程中,为了能够精确地判断出故障位置,还需要采用信号测试。

(1) 高压脉冲方式。应用在故障检测中,需要借助传输线产生的同波效果才能实现。当电缆芯上电压增加时会产生放电现象,在这个过程中放电脉冲又会对电缆产生反射以及传导。通过示波器能够确定反射脉冲的位置,进而就能找到故障的确切位置。

(2) 故障点烧法。这是针对电力电缆故障检测的一种手段。采用点烧穿方式能够使得电力电缆中被输入直流负高压,产生电弧,从而发现低阻故障位置。

(3) 低压脉冲法。这一方法的应用范畴并不广,通常情况下是实现高阻故障向低阻故障转换的方式。通过借助低压脉冲法能够提升低压脉冲信号源,使得该信号可以通过电缆完成反射和传播,并在此基础上测定相关故障的位置。

4.2.3 异物入侵检测技术

近年来,轨道入侵检测已成为各国轨道运输安全关注的热点问题。目前,我国主要以人工方式定期对绝缘瓷瓶的绝缘子进行清扫和检查。这种方式很难实时监控绝缘子状态，因此有必要研究基于计算机的全自动检测方式。轨道入侵检测的方法主要有双电网、倾角传感、红外对射、视频内容分析、光栅放射谱和监测雷达等。

由于监测直观，监控范围大，视频监控作为一种重要的安全保障方法被广泛应用于轨道安全监控系统中。但目前的视频监控系统大多需要专人监管，监控人员的工作强度很大，且容易产生疏漏。

目前，国内多采用安装于防护网上的探测电缆进行异物入侵检测，同时辅助视频监控系统对现场状况进行确认。在已经开通运营的京津城际高速铁路上就采用这种监控方式。该监控方式多应用于跨铁桥环境，通过安装在跨铁桥两侧的金属防护网上的探测电缆来检测侵界异物，当有异物损坏防护网落入铁路线路时，位于防护网上的探测电缆将被切断，同时报警系统启动。然而，该方法可靠性较差，只有在异物损坏探测电缆的情况下才能有效检测出侵界异物。

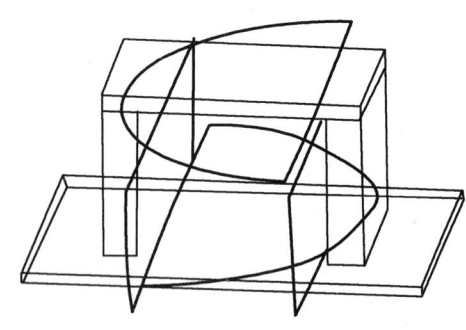

图 4-1　基于激光幕墙的异物检测方法

北京交通大学的王洋采用基于激光幕墙的方法进行异物检测。通过安装多个二维激光传感器形成激光幕墙来检测入侵异物，如图 4-1 所示。该方法检测速度快、灵敏度高，但是安装较为复杂，受环境影响较大，只能检测几个截面，不能准确测量出异物的大小和形状，且成本较高。

兰州交通大学的朱正平、王秀丽、岳秋菊提出了一种基于机器视觉的轨道异物侵界检测方法。利用 Hough 变换检测出铁轨，以铁轨的边缘为基础建立检测窗口，通过检测窗口内的灰度变化判断是否存在异物。该方法实现起来较为简单、成本低、实时性好，但可靠性较低，且无法判断异物的大小和位置。

北京交通大学的葛大伟提出一种基于视频内容分析的铁路入侵检测方法。利用基于混合多高斯背景模型的背景差分算法提取出异物，然后对异物行为进行分析，实现入侵行为的识别与报警。该方法容易实现、成本较低，但是基于图像差分难以避免会出现对静止异物的误检和对阴影的漏检的情况，系统的可靠性较低，异物定位也不够准确。

4.3　土木风险评价

4.3.1　BIM 简介

信息技术不断发展，对很多行业都产生了思想上的冲击，并推动了技术的改革风潮。信息化不仅促使了一批新兴产业的诞生，还加快了传统行业信息化的进程。

建筑信息模型（BIM）是以建筑工程项目的各项相关信息数据作为模型的基础，进行建筑模型的建立,通过数字信息仿真来模拟建筑物所具有的真实信息的一项技术。国际标准化组织设施信息委员会对 BIM 的定义是:BIM 是在开放的工业标准下,对设施的物理和功能特性及其相关的项目全生命周期信息的可计算/可运算的一种形式表现,从而为决策提供支持,以便更好地实现项目的价值。BIM 可由个人、组织、政府操作,在项目全生命周期即设计、施工、运营和维护四个阶段均可发挥作用,是项目向信息化过渡的重要工具,将大幅提高工作效率。自 2002 年提出 BIM 概念以来,其在国外的应用已颇为广泛,我国对于 BIM 的应用虽还处于初级阶段,但 BIM 在建筑业信息化的作用已可预见。

在 BIM 技术发展初期,相关研究只涉及 BIM 的标准制定、软件开发、案例分析等几个方面,更多地倾向于理论方面来研究 BIM 的可操作性、数据标准和效益优势,故在建筑设计、施工阶段的研究和应用较多。近年来,随着技术的不断发展,BIM 的研究重点更多转向了运营和管理阶段,以实现运营维护的信息化。

4.3.2 BIM 技术原理

1. 系统设计

BIM 技术是一种专门面向建筑设计的基于对象的 CAD 技术,用于对建筑进行数字描述。利用 BIM 技术可以实现在一个电子模型中存储完整的建筑信息,这种方法被称为一种最新的变革。BIM 操作的对象不是几何图形或三维几何单体,而是建筑构件(如墙体、门窗、管道等)。在 BIM 应用中,将对象数字化,通过编码实现建筑物的还原。每个对象有一系列参数用于描述其属性,通过项目设计输入,所有参数构成了整体建筑的属性,使得对象之间具有关联性。

简而言之,BIM 技术的设计中融合了设计信息数字化,信息存储于数据库中实现了各方共享和实时更新;设计参数间的关联性表现为一处更改、处处更新,体现了项目的系统性和一致性。

2. 信息互用

BIM 实现信息互用主要依托三大标准,分别是数据存储标准 IFC、信息传递标准 IDM 和信息语义标准 IFD。三大标准的制定将信息格式标准化,实现了信息在各方之间的平顺传递。

(1) 数据存储标准——IFC

IFC 的全称是 Industry Foundation Classes,即工业基础分类 IFC 是由国际协同工作联盟(International Alliance for Interoperability,IAI)为建筑行业发布的建筑产品数据表达标准。其目的是建立一个不依托具体系统的,适用于整个项目周期内数据描述的中性机制,以实现信息的有序共享,改善现有信息传递过程中杂乱、无序的现状。统一化的标准信息格式表达可以帮助信息流在各专业领域、各参与方之间较为流畅、准确的传递。

(2) 信息传递标准——IDM

IDM 的全称是 Information Delivery Manual,即信息交付手册。IDM 用于定义建设

项目生命周期内某一个或几个工作流程、项目参与方或应用软件之间进行的用户信息交换及流程。目的是解决特定阶段项目需求参数的选择问题,帮助调用项目不同阶段、不同参与方解决不同问题所需的特定参数。

(3) 信息语义标准——IFD

IFD 的全称是 International Framework for Dictionaries,即国际字典框架。IFD 通过类似身份证号的概念,将每个项目涉及的概念定义唯一全球标识,目的是使项目可以在不同国家、地区间进行无障碍的信息传递,这也是保障信息一致性的重要依托。

4.3.3 BIM 特点

概括来说,BIM 具有可视化、协调性、模拟性、优化性、可出图性等基本特征,本节将在其基本特征的基础上,进一步阐述 BIM 多维信息集成、数字定量化、项目全生命周期可用性三个特征。

(1) 多维信息集成

传统的 2D 模型使用平面图纸,用点、线、几何图形等在平面上模拟几何构件,它无法做到项目立体可视化效果。与之相比,3D 模型增加了立面维度,增加了项目的可视化程度,却不具备多方信息整合功能。这两类模型均不便于多方人员编辑、修改项目内容,容易使项目各方处于信息割裂的状态,降低工程整体效率。

BIM 模型则能很好地解决了上述传统模型难以同步化和各方编辑的问题,其实时性、动态性的多维信息更新功能将使得项目各方协调参与工作,并且更加快速、高效地接受项目已更改的信息。不仅在项目初期设计阶段的信息,项目施工、运营、维护阶段的信息也可以在项目全局中得到及时更新,从而增强了整个项目的系统性。并且,在此基础上,BIM 依托软件存储信息,使用网络手段传递信息,极大地提高了项目的经济适用性和环境友好性。

(2) 数字定量化

相比于一些传统手段,BIM 是建立在参数定量化输入基础上的一类模拟模型。其各参数可计量化、位置坐标化、项目数据可查询化,这些都能很好地帮助使用者分析项目内容和重要参数。BIM 的数字定量化可在施工阶段帮助完成工程量的估算和控制,帮助预算、物料、人力、工期等的制定;在项目运营阶段,可帮助完成耗能分析、环境影响程度分析、成本分析等;在后期维护阶段,可根据设施数据估算寿命年限,制定维护周期,计算可靠性、失效率等参数,并记录、更新维修信息。

数字定量化有助于项目优化、信息及时勘误、信息准确传递、建设精确度提高、成本计量精确化、施工规划合理化等,保证了从设计到施工再到运营维护的一致性,避免因各方交接导致的误差。

(3) 项目全生命周期可用性

项目全生命周期是一个项目从概念到完成经过的所有阶段,且无论项目大小,都有一个类似的生命周期结构。将其概括为四个主要阶段即为:概念阶段、开发或定义阶段、执行(实施或开发)阶段和结束(或试运行)阶段。工程项目周期尤指工程项目从设想、选择、评估、决策、设计、施工到竣工验收、投入生产或交付使用的整个建设过程。BIM 技术可以在项目全生命周期内应用,也可以在每个阶段单独应用或贯穿多个阶段应用。由美国宾夕法尼亚大学建筑工程学院的 CIC 研究小组(Computer Integrated Construction Research Group)引领的美国建筑联盟项目(A buildingSMART alliance™ Project)在一篇题为《项目实施计划指南》(*BIM Project Execution Planning Guide*)中总结出了 25 种贯穿项目整个生命周期的应用,如图 4-2 所示。

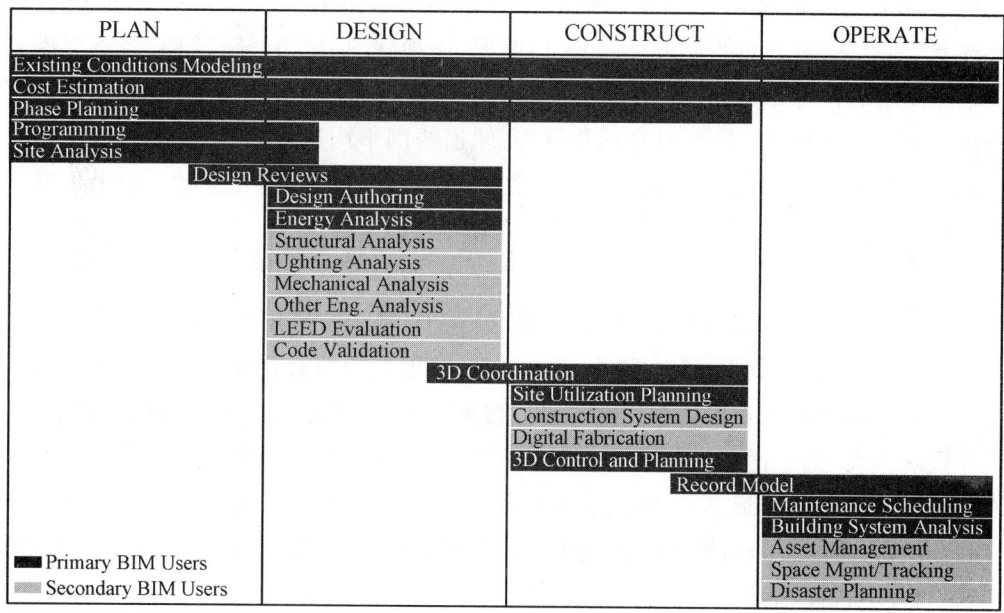

图 4-2 25 种贯穿项目生命周期的 BIM 应用

4.3.4 BIM 技术在有轨电车项目中的应用

有轨电车项目有以下特点:

(1) 工程建设周期长、建设线路长、空间小、工期紧张。

(2) 地下工程沿线具有种类繁多的各种外部接口,施工空间受地形局限。这给设备管线施工带来巨大困难,在设计及现场结构协调上要耗费大量人力、时间和精力,既降低了工作效率,又增加差错返工的概率,增加了项目成本。

(3) 在工期一定的前提下,前期工作的效率低下会导致后期设备安装调试时间不足,隐患排查不充分。

(4) 待建成运行后,运营管理安全标准要求高,对轨道交通的管理难,在整个轨道交通全生命周期中产生的信息量多且复杂,导致信息流通不畅,普遍存在"信息孤岛"现象,并最终导致轨道交通的管理水平和管理效率低下,建设质量也得不到保障。

BIM 技术的应用解决了在有轨电车项目的设计、施工、运维以及管理等方面存在的诸多问题。在城市轨道交通建设全生命周期中,构建基于 BIM 的项目管理、设计、施工及运营阶段的集成系统,不仅可以对轨道交通全生命周期中的进度、成本、质量和安全等多个目标进行高效的管理控制,而且也可以更好地让各参建企业将 BIM 技术应用到实际中,发挥 BIM 技术的优势和价值。因此,将 BIM 技术应用到轨道交通领域也成了一种必然。

下面从规划、设计、施工、运维这几个方面阐述 BIM 技术在轨道交通工程中的应用。

1. 规划阶段的应用

利用 BIM 可构造城市交通的三维模型,该模型一般由诸多模型元素共同构成,主要涉及城市经济与社会方面的资料,例如人口状况、用地状况、城市经济结构、经济规模和经济规划等。之后在详细分析这些大量的、真实的、可靠的资料的基础上,利用模型进行相应的计算,例如线网规模计算、日客运量计算、轨道线网平均运距计算等,最后再采用层次分析和模糊决策等方法,结合 BIM 与三维 GIS,实现轨道线路的三维选线,找出轨道交通最合理的一条或者几条走线方案,供相关方决策参考。

2. 设计阶段的应用

传统设计方式与 BIM 设计方式的不同之处在于:基于二维图纸的传统设计方式的特点是设计分散、成果集中、需要时协同、简单易行,一般比较符合目前设计单位的网络现状和设计习惯,其数据交换、共享方式主要通过数据中心、公共邮箱或网络通信软件进行,并定期开展协调会,沟通协调设计中存在冲突的情况。对于涉及专业多、工期紧、各专业同期施工的有轨电车项目而言,采用二维施工图指导施工的方式,其效果受制于设计人员的经验和责任心,类似管线碰撞等隐患较多,协调和解决这些矛盾十分费时费力,随意性大,达不到所看即所得的效果。

而 BIM 技术中的协同设计是通过协同办公平台实现的,建筑、结构、设备等各个专业的设计人员可在办公平台中对同一模型基础中被授予权限的部分进行操作、修改,通常只对自己上传的模型部分具有修改权限,修改后的结果将实时体现在平台模型中,供各位查阅人员更新,同时保存历史版本模型。采用这种方式可有效节省不必要的协调时间,避免因数据往复次数过多而导致的版本混乱,能统一各设计单位的基础模型。

相比于传统设计方式,在设计阶段中可利用 BIM 技术实现以下功能。

(1) 场地仿真模型

使用 3D 扫描技术复核验证周边线路及周边环境的位置关系。根据场地现状进行三维建模,搭建周边环境、施工场地模型。

(2) 三维协同设计

利用 BIM 技术应用管理平台,使不同工作地点、不同专业的设计人员通过网络对同一个模型进行三维协同设计,可以提高不同专业间信息的传递效率和传递质量,使设计信息得到及时、准确的更新。

(3) 模型协调检查

通过整合各设计专业(建筑、结构、机电、系统)在设计中的错误,处理解决管线碰撞问题,优化管线排布方案,减少施工阶段因设计疏忽而造成的损失和返工,提高施工效率和质量。

(4) 实时场景漫游、装修效果渲染

将完成的模型导入实时渲染引擎中进行三维沉浸式漫游,增强业主和相关参与方在真实场景下的体验感。

综上所述,BIM 在设计阶段的功能主要是协同设计和模型集成。首先,利用 BIM 软件在协同方面的优势使不同的设计人员根据自己的权限展开协同设计。其次,模型建立起来之后,可以利用集成软件(如 Navisworks)对模型进行管线碰撞检查、大型设备后期安装等设计研究,从而实现净空、管线排布方案、工程设计等的优化,减少施工阶段的错误损失和返工的可能性,以求设计达到最优,从而提高设计和施工质量。

3. 施工阶段的应用

施工阶段,在合理运用 3D 模型的基础上,通过增加项目施工进度(4thD-Time)及成本(5thD-Cost)可形成多维技术,从而进行直观的 5D 施工管理。以四维乃至五维的直观方式对施工重点、难点方面进行细节上的模拟,找出最优施工方案。此外,通过施工模型与成本、时间的有效结合,还可以准确地获得工程量、时间及成本信息,并且还能将信息分解到生产过程中,以生成预定的采购计划,确定更加合理的施工工序。

BIM 技术在施工阶段的基本功能是施工模拟及施工方案的确定,具体应用如下。

(1) 管线搬迁方案模拟。通过分阶段模拟管线搬迁、进行碰撞检查等动态方式表现施工方案。

(2) 交通疏解方案模拟。模拟车站施工期间的交通疏解过程,检查交通疏解方案的可行性。

(3) 土建施工仿真。将土建施工计划整合到 BIM 中形成 4D 模型,进而模拟各阶段的施工情况以检验施工方案的可行性。根据模拟仿真结果来优化施工组织方案。比如,可以对机电管线和设备进行动态安装模拟,检查管线和设备密集区域的安装计划是否存在实施难点,从而优化施工工序,提高安装效率和质量。

(4) 工程量辅助统计。可以将模型导入计算工程量的软件中,对于施工阶段的工程量进行精确统计。

4. 运维阶段的应用

项目运维阶段也是用户最终使用阶段,为了保证给使用者提供更好的服务和产品,需要对工程项目进行全面、综合的运维管理。在此阶段采用 BIM 技术,利用其可视化、数字化和集成化的特点,可以更好地完成项目的运营与维护工作,给用户提供更优质的体验。

在 BIM 技术发展初期,国内外的相关研究主要集中在建筑的设计与施工阶段,较少涉及设施管理。然而,随着 BIM 技术的飞速发展,世界各地 BIM 实际应用的案例也越来越多,研究重点也由对单体项目的案例分析和经验总结,逐步转向面向多项目的规律分析和更高层次上对 BIM 技术的整体研究。从原先对建筑的设计和施工阶段分析,转变为更多地对运营和设施管理的建筑全寿命周期分析。以下从运维管理的现状、技术应用、平台创建等方面阐述 BIM 技术的应用。

1) BIM 运维管理现状

早在 2002 年,BIM 一词才出现在工程建设行业,之后 BIM 逐渐成为建筑企业项目精细化管理、企业集约化管理、信息化管理过程中不可或缺的数据和技术支撑,成为助推建筑业改革的重要力量。随着 BIM 技术的不断成熟,我国掀起了一股 BIM 热潮,政府、企业、科研院校也都开始重视并且积极推广 BIM。目前,我国 BIM 技术普遍应用于规划设计、施工招标、建造施工阶段,而对于运维管理的实施案例较少,仍然处于探索研究阶段。建筑的生命周期长达几十年,运维成本十分巨大。运维企业只要使用 BIM 竣工模型,就可达到提升运维效率、降低运维成本的作用。随着 BIM 运维平台的逐渐完善,BIM 在项目运维管理阶段的潜力将会空前巨大。

2) BIM 运维管理的技术方案

现阶段,BIM 运维管理的实现方法多种多样,将 BIM 软件进行整合,通过研发软件和平台接口,对软件进行二次开发,以达到项目在不同阶段、不同参与方之间信息的整合、共享和转换的目标,这就是 BIM 技术的核心所在。通过研究 BIM 运维管理应用案例,将案例中采用的 BIM 技术方案进行整理,结果如表 4-3 所列。

表 4-3 BIM 运维管理技术方案统计

序号	技术方案	技术简介
1	BIM+传感技术	基于 BIM 的视频安保监控设施与结合了传感技术的子系统协作,在主控室通过大屏幕对整个项目实时监控,当选择建筑某一层时就会调集其相应位置的信息和视频画面,从容应对突发事件
2	BIM+FIM 系统	研发 IFC 接口,将 IFC 文件格式模型导入 BIM+FIM 系统中,基于云储存技术保存模型的属性信息,将整个项目系统信息整合并集中于服务器端,便于运营维护管理
3	BIM+IBMS	将 BIM 融入 IBMS(智能建筑管理系统),在 BIM 中提取相应信息,通过统一的软件平台对建筑物及其设备进行自动控制和管理
4	BIM+ARCHIBUS 系统	将 BIM 建筑信息传递到 ARCHIBUS 管理系统,以达到对项目空间、设备和建筑运维管理的目的
5	BIM+RFID 系统	将 BIM 与 RFID 技术相结合,采用模块匹配算法和聚类算法技术定位设施在建筑模型的位置,使信息传递更加迅速、高效

BIM 技术在项目运维阶段的技术方案多种多样,通过对比分析,抓住核心关键点。现有方案基本都是通过研发接口,将软件和系统连接整合,构建一个整体运维平台,形成平台式的管理模式,而平台的组建则根据业主的需求选择相应软件系统,即需求导向为主导的技术方案。

3) 基于 BIM 的运维系统平台

为了更好地发挥 BIM 技术的效果,在轨道交通项目中,应该建立 BIM 轨道交通设施资产管理及运营维护管理系统。该系统利用 BIM 竣工模型将设施资产管理与设备运维管理集成到三维可视化平台,并结合物联网技术,将各设备的使用情况纳入系统的管理范围内,进行现场管理。基于 BIM 的运维系统主要有以下应用。

(1) 信息检索/快速查询

在项目运维阶段,BIM 的模型构件包含了大量设备信息,如设备型号、数量、维修期、维修记录以及设备功能等。与此同时,BIM 整合了消防系统、照明系统、监控系统等。通过信息检索功能,可以快速调集所需信息,并能在 BIM 的三维模型中实时展示。

(2) 虚拟仿真

通过运用数字仿真技术,对各种灾难情况下的应急预案进行模拟分析,如人流疏散模拟、运营事故模拟、火灾模拟等,这样可以比较真实地反映以上突发事件可能出现的各种状况,并生成详细数据。运营商在得到这些数据后,可以调整、优化应对方案,降低安全风险,为今后的突发事件提供应对指导。

(3) 优化运维方案

通过对模型和模型信息的更新管理,运营方能够准确掌握资产设备的状况,进而对维修成本、设备的安全风险进行评估,并设置不同的维护方案,以提高设备维护的效率与水平。运营商可以视情况选择相应的维护方案,降低项目的运营维护成本,提高利润空间,获得更大的收益。

总之,在项目的运营维护阶段采用 BIM 技术,以集成项目信息的 BIM 模型为依托,运用计算机软件系统,构建平台式的管理模式,统筹项目的运营与维护。较之传统模式,在日常维护、应对突发方面,运维阶段采用 BIM 技术的益处显而易见,BIM 技术成功地扮演了"智能管家"这一角色。

4.4 节能控制评估技术

4.4.1 节能运行策略

节能模式是控制列车以达到最大程度降低能耗为目的运行方式,通常在列车运行中尽可能多的利用惰行工况。其操控策略为:启动时,列车用最大牵引力加速,使列车最快达到目标速度。中间运行过程中,列车尽可能使用惰行工况来减少牵引能耗。进站时,列车以最大制动加速度减速至车站停车。在节能策略下,列车能够在有效运行时间内,使能量消耗最低。当列车在站间运行时,在操作序列没有很大差别的情况下,列车在区间运行的时间越长,站间运行所消耗的能量越低。因为当区间运行的时间越长,区间内运行的平均速度越低。根据阻力的计算公式,阻力的大小与速度的二次方相关,列车的速度越高,阻力越大,列车为了克服阻力所做的功就越多。但是,无限制的时间延长没有现实意义。因此,在讨论列车节能状况时,必须对时间加以限制,也就是需要考虑定时节能策略。

定时节能策略是指在给定线路条件、列车参数和两点间运行时分条件下寻求最为节能的列车操控方式。相比节时节能策略，为了同时满足降低运行成本和乘客对旅行时间的双重要求，就需要研究定时节能策略。

4.4.2 列车控制方式

列车控制方式主要是根据机车的牵引/制动力是否存在分级，分为连续控制和离散控制。

连续控制表示机车的牵引力和制动力为连续变化的变量，也是目前列车普遍采用的控制方式。早期的研究基于极大值原理，证明了连续控制的最优速度曲线是由"最大牵引、巡航、惰行、最大制动"四种工况构成的。

离散控制表示机车的驾驶为分级手柄控制，即只有若干预先确定的控制量可供选择。在此情景下，由于机车的牵引力、制动力只能在若干有限的离散值之间取值，因此列车运行的巡航工况通常是难以实现的。目前仅在一些货运内燃机车上使用这种控制方法。关于此问题的研究多数见于早期的研究参考文献中，并且已有文献证明了离散控制下最优的速度曲线可以由"最大牵引、惰行、最大制动"三种工况的组合以任意精度逼近。

4.4.3 线路特征

线路特征之一是指问题研究的线路为城市轨道交通线路还是大铁线路。城市轨道交通线路通常具有站间距离较短、发车间隔短等特点，根据《城市轨道交通技术规范》（GB 50490—2009），地铁车站的站间平均距离在600~2 000 m之间，而大铁线路车站之间的距离通常在数十公里以上。对于城市轨道交通线路而言，P. G. Howlett 和 P. J. Purdey 在专著 *Energy-efficient Train Control* 中研究结论表明：对于站间距离较短的城市轨道交通线路（如地铁线路等），其能耗最优速度曲线由"最大加速、惰行、最大制动"组成（图4-3），即当站间距离较短时，最优速度曲线的组成不包括巡航工况，而在站间距离较长的大铁线路中，最优速度曲线仍然是由"最大牵引、巡航、惰行、最大制动"四种工况构成的（图4-4）。

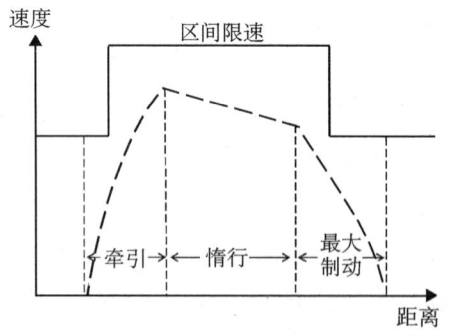

图4-3 不包括巡航工况的最优速度曲线
（城市轨道交通线路）

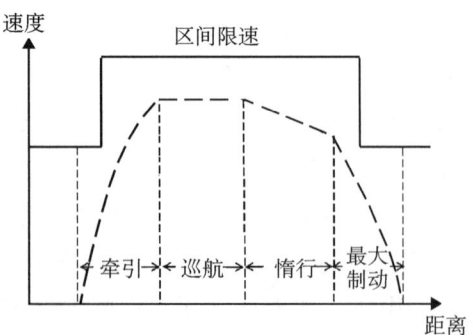

图4-4 包括巡航工况的最优速度曲线
（大铁线路）

除此之外,区分旅客运输与货物运输也是需要考虑的一个重要因素,其主要区别在于旅客运输中,服务水平是一个重要的衡量指标。一般认为,轨道交通服务水平的指标包括但不局限于以下几个指标:旅行速度、时刻表准点率、运行平稳性、安全性、舒适度等。为了提升轨道交通的服务水平,列车运行计划的制定者通常会提高列车在站间的运行速度,尽量采取巡航工况,以避免列车运行加减速变化过大而导致乘客的舒适度降低,但此时列车运行的能耗会增加。反之,若以更好的经济效益为目标,减少列车运行能耗,降低列车运行速度,则会大幅度降低服务水平。因此,在旅客运输的节能问题研究中,通常会将节能指标和安全性指标、舒适性指标等与服务水平相关的指标结合起来进行多目标寻优。而在货物运输的节能问题研究中,通常能耗指标是最重要的考虑因素。

4.4.4 再生制动

在列车节能控制问题中,对再生制动的考虑也是一个重要的研究方向。再生制动能量在列车间相互利用的原理是:当制动列车将动能转化为电能传送回接触网时,如果同一供电区间内恰有列车处于牵引状态时,则再生能量正好能被牵引列车所利用。能量的传输过程如图4-5所示。由于再生制动的过程中,能量没有像电阻制动中那样完全转化为热能被消耗掉,因而减少了列车从牵引供电网吸收的能量,降低了列车的牵引能耗。由于再生制动的考虑涉及了多辆列车的追踪运行,因此再生制动节能利用问题实质上对应单车节能优化问题和多车追踪节能优化问题。

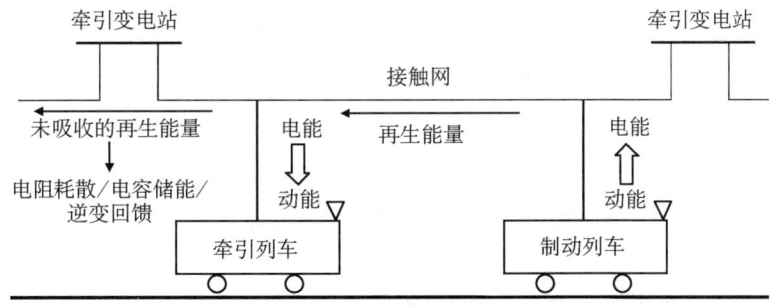

图 4-5 再生制动能量利用原理

对再生制动因素的考虑也与问题研究的线路特征有关。相比于大铁线路,再生制动在城市轨道交通线路中的利用前景更加广阔,主要原因在于大铁线路的站间距通常在数十公里以上,在运行过程中列车一般不会频繁地起动制动,因此大铁线路上,列车的牵引能耗绝大部分都用于克服车辆运行过程中的阻力以及重力,而在制动过程中耗费的能量相对而言较少。然而,城市轨道交通列车运行时,相邻车站间距通常都很短,较短的站间距导致列车频繁地启动制动。对于没有安装再生制动装置的列车而言,在频繁的制动过程中产生的能量都以热量的形式挥散到线路中。因此,再生制动已在国内外城市轨道交通列车上得到了广泛应用,降低能耗的效果非常可观,而在大铁线路上通常对此考虑得较少。

第 5 章　有轨电车安保环保技术

安保技术,即安全保障技术,是指在生产和管理过程中为防止各种事故,并为相关人员提供安全、良好的环境而采取的各种技术措施的总称。环保技术是为解决现实的或潜在的环境问题,协调人类与环境的关系,保障经济社会的持续发展而采取的各种技术措施的总称。

有轨电车安保与环保技术是围绕有轨电车,面向一体化控制技术,在轨道交通、智能交通和信息检测研究基础上,针对车辆防撞、车地通信、安全检测等安全保障技术与信号系统节能、运行综合节能等环境保护问题,开展基础理论与应用研究,提供行业安保与环保领域共性与关键问题的解决方案。安保与环保所需的关键技术如图 5-1 所示。

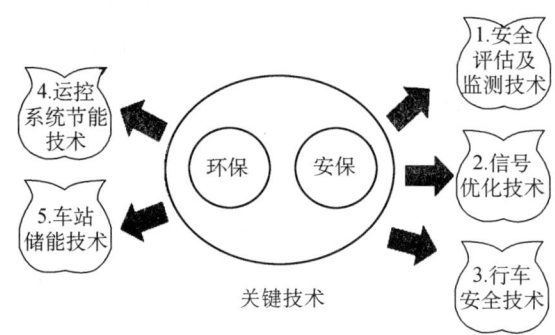

图 5-1　安保与环保所需的关键技术

目前,对于有轨电车的研究包含如下内容:
(1) 道路领域:道路信号控制、协调控制、交通状态检测;
(2) 轨道领域:大铁、高铁+动车、地铁、现代有轨电车;
(3) 道路和轨道的规范标准。

目前,有轨电车发展存在以下问题:
(1) 轨道交通与道路交通之间相互协调性不够,没有接口。有轨电车相关厂商之间无法互联互通。有轨电车与其他公共交通方式无法互联互通。
(2) 有轨电车运营组织技术研究尚不完善。目前,相关研究大多集中在传统轨道交通行业,比如地铁等系统。有轨电车运营管理与既有公共交通系统联动技术研究尚不完善。
(3) 有轨电车安全防护有待进一步加强。目前,防撞技术主要是列车被动防撞,还需研究主动防撞技术。另外,专门针对有轨电车控制系统的测试评估研究尚为空白。

（4）目前，与有轨电车相关的智能信息服务研究尚不成熟，尚无专门针对有轨电车的相关政策及法规。同时，针对有轨电车绿色节能运营的研究也尚在起步阶段。

5.1 安全监测检测评估管理

1. 隐患排查技术

1）隐患分级

（1）一般隐患：危害和整改难度不大，发现后能够立即整改销号的隐患；

（2）较大隐患：危害较大，可能造成安全生产事故和质量问题，或整改难度较大，需经过一定时间整改治理方能销号的隐患；

（3）重大隐患：危害大，可能造成重大的安全生产事故和质量事故，在全国或省市范围内造成不良社会影响的；或隐患整改难度大，需全部或局部停工。

2）隐患排查治理流程

隐患排查治理流程如图5-2所示。

2. 故障注入技术

1）故障注入原理

为了能够预防轨旁设备故障的发生以及设计故障发生后的有效减灾措施，需要对轨旁设备实行测试评估。通过建立列车运行控制系统模型，并在实验室仿真平台下进行建模仿真，来对设备的安全可靠性进行评估。安全测试评估技术的发展如图5-3所示。

图5-2 隐患排查治理流程

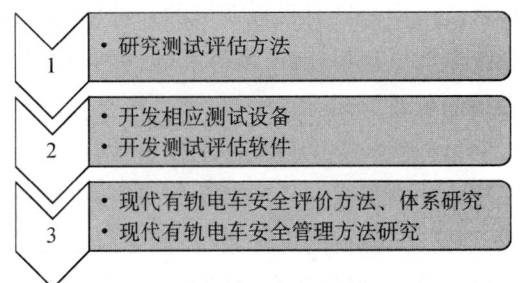

图5-3 安全测试评估技术的发展

在众多安全评估测试方法中，故障注入法是其中较有代表性的一种方法。对应的故障注入技术，作为一种测试技术是指：按照特定的故障模型，用人为的、有意识的方式产生故障，并施加于待测系统中，用以加速该系统的错误和失效的发生，同时观测并反馈系统对所注入故障的响应信息，通过分析从而对系统进行验证和评价。故障注入原理可用图5-4所示的行为循环层次结构模型进行说明。

目前，国内外的故障注入测试系统有以下几种：国际上，关于故障注入研究处于领先地位的是法国图卢兹国家科学研究中

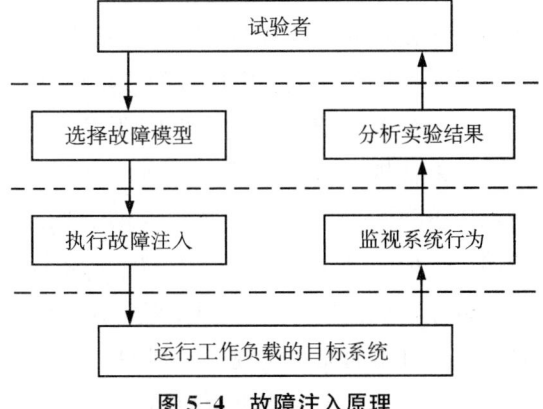

图5-4 故障注入原理

心系统分析与架构实验室(LAAS-CNRS)。除此之外,美国许多高校也开发出各种典型的故障注入工具,比如伊利诺伊大学开发的 Ftape,卡内基梅隆大学开发的 FIAT,密歇根大学开发的 DOCTOR,得克萨斯大学开发的 FERRARI 等。在欧洲,葡萄牙科英布拉(Coimbra)大学开发了 Xception,意大利都灵理工大学(Politecnico di TORINO)开发了基于嵌入式工具 EXFI,瑞典查尔姆斯(Chalmers)理工大学开发了基于软件故障注入的 MEFISTC-C 等。国内开展故障注入技术研究比国外晚,主要研究成果有哈尔滨工业大学开发研制的故障注入工具 SOBFI,中科院电子所开发的基于单片机的故障注入工具,还有同济大学的轨道交通运行控制原型试验子系统等。

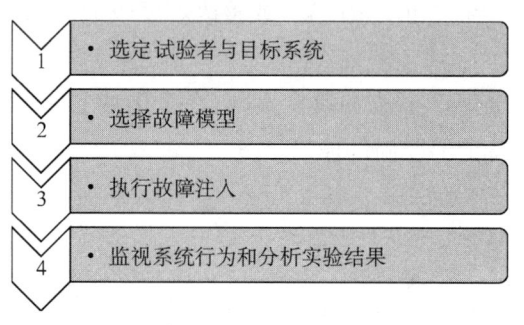

图 5-5 故障注入试验过程

故障注入的试验过程由以下四个步骤组成:选定试验者与目标系统→选择故障模型→执行故障注入→监视系统行为和分析试验结果,如图 5-5 所示。

(1)试验者与目标系统

试验者不仅要提供故障模型以用于执行故障注入,还应采取一定的措施对试验过程进行自动控制。在系统开发过程的不同阶段中形成了故障注入试验中不同类型的目标系统,包括模拟系统模型和真实系统原型。模拟系统模型是针对目标系统的一种模拟系统,根据抽象级别的不同可以有多种形式;真实系统原型可包括软件、硬件和硬件与软件原型三类。目标系统的类型是影响故障注入各步骤的重要原因。

目标系统应运行某种工作负载。工作负载指的是在目标系统中运行的全部任务或是应用程序的集合。从广义角度来讲,工作负载应包括用户的全部行为、用户执行的程序以及支持任何执行的操作系统等,可以是真实的应用程序、综合测试程序、标准测试程序、模拟程序等,应根据研究目标的不同进行合理选择。

(2)选择故障模型

选择故障模型的任务是定义对待测容错机制的输入即故障的构成属性,并将生成的模型传递给执行注入步骤。试验中选择的故障模型越接近并尽可能覆盖系统真实运行期间所发生的故障,试验结果就越精确。如图 5-6 所示,应尽可能使表示覆盖率的 $|F_1 \cap F_R|/|F_R|$ 增大和使表示开销的 $|F_1|-|F_1 \cap F_R|/|F_1|$ 减小。

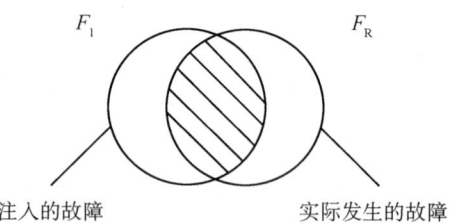

图 5-6 故障模型的选择

目标系统类型、注入方式、度量结果等会影响故障模型的确定。由于故障集的庞大和时间花费过多而无法实现一一列举。因而必须采用一定策略选择所有可能发生的和可以注入的故障的一个子集进行故障注入研究。而随机抽样就是一种简单易行的策略,但其结果有可能因不够精确或严重偏差而令人无法接受。目前,多级抽样、分层抽样及典型抽样等抽样技术已被广泛应用于选择故障模型的过程中。

(3) 执行故障注入

该步骤接收"选择故障模型"步骤中生成的故障模型并将该模型转换为可应用于故障注入的故障形式,而后选定恰当的注入方式将故障施加于目标系统。注入方式的选择取决于目标系统的类型:系统模拟模型或真实系统原型。

目标系统模拟模型决定了模拟注入方法的使用。模拟方法可以比解析模型更为细化描述复杂的系统,无须因可处理问题而进行简化和假设。同时,模拟注入还具有如下优点:能访问在原型阶段无法访问到的内部结点、注入监控更精确容易、在设计阶段便可进行试验等。

当目标计算机系统为真实的系统原型时,物理故障注入方法可适合测评系统原型的可信性特征。物理故障注入方法使注入实际故障成为可能,同时也可以测试容错机制的实现。物理故障注入方法一般均需要构造一个包含监控试验过程的组件和故障注入器的故障注入环境,其中故障注入器可通过硬件、软件、辐射源等方法实现。

(4) 监视系统行为和分析实验结果

试验者在形成试验意图和目标之后进行试验,分析试验结果阶段是一次完整的试验过程中向试验者提供其预先指定的试验目标的最后步骤。同时,该步骤也是一个回答"试验是否可以终止"问题的一次完整试验的中间步骤。一次完整试验包括一系列独立的故障注入试验,而每一次独立的故障注入试验均包含故障注入原理所阐述的四个步骤。当每一次独立试验进行至分析试验结果阶段时,该步骤判断是否可以终止试验。判定的依据可以是置信区间是否满足、欲获得的概率分布是否稳定或参数是否达到某一预定闭值等。若试验可以终止,则该步骤总结并分析以前所有独立试验结果,从而得出试验者的目标。分析试验结果经常需要用到概率统计方法,以分析和综合由多次独立故障注入试验获得的结果。

2) 故障注入分类

从技术实现上来分,故障注入主要有三类:基于硬件的故障注入、基于软件的故障注入和基于模拟的故障注入。

(1) 基于硬件的故障注入

硬件实现的故障注入技术就是使用额外的硬件将故障注入目标系统硬件中。根据故障和位置将硬件实现的故障注入方法分为两类:

① 接触式硬件故障注入。注入器和目标系统在物理上连接在一起,从外部改变目标芯片的电压或电流。接触式硬件故障注入中最为普遍采用的一种方法是管脚级注入,即通过直接和电路管脚相连进行硬件的故障注入。有两种改变管脚电流的主要技术:第一种是强制式故障注入,即通过在管脚上绑上探针来改变电流;第二种是插入式,即在目标系统和其电路板之间插入一个插座,通过插座可以注入固定、开路或者更复杂的逻辑故障。

② 非接触式硬件故障注入。注入器和目标系统之间没有物理连接，并且利用某种外部因素产生某种物理现象，比如重离子射线照射、电磁干扰、激光注入等。这些方法很适合研究一些原型系统的可靠性，这些系统一般对硬件的触发和监视要求有很高的时间分辨率，例如内部的故障，或者需要注入其他注入方式无法到达的地方。

(2) 基于软件的故障注入

软件实现的故障注入是根据一定的故障模型，通过修改目标系统的内存映像来模拟系统硬件或软件故障的发生。尽管由于自身的原因使得它存在一些缺点，如只能将故障注入软件能达到的地方、容易对被测系统造成入侵、时间精度不高等，但与其他故障注入技术相比仍存在明显的优势，如：可注入的故障范围广，既可模拟硬件故障，又可模拟软件故障；无须昂贵的附加硬件设备，开发成本低廉，且不会对硬件造成任何形式的损伤；能够方便地跟踪目标系统的执行和回收数据，具有较好的可移植性；无须开发和验证复杂的系统模型，开发周期短等。

(3) 基于模拟的故障注入

基于模拟的故障注入技术是利用某种标准硬件描述语言（如 VHDL）为目标系统建立硬件仿真模型，然后在该模型内部插入故障注入单元来实现故障注入。由于该方法是把故障注入进被测系统的仿真模型中，因此它可用于设计过程的早期阶段，此时实际系统还没有产生。所以该方法的一个优点是可探测早期的设计错误，这就大大降低后期纠正这些错误的开销。另外，由于注入故障的时间和位置以及跟踪系统响应的观测点的设置比较自由，该技术所提供的故障注入的可控险和可观性也非常高。主要缺点则是仿真过程的时间消耗很大，这就限制了可模拟的硬件和软件行为总的数量。根据抽象层次的不同，基于模拟的故障注入方法可在三个层次上进行：晶体管开关级、逻辑级、功能级。

3) 故障注入平台

基于故障注入理论的测试验证平台，主要搭建的测试设备包括：控制器、故障注入器和状态监视器。控制器负责控制整个测试验证的执行过程，协调各子系统以保证测试的进行；故障注入器接收控制器的命令，将故障注入被测系统之中；状态监视器用于监视系统输出，并将监视结果返回给控制器。

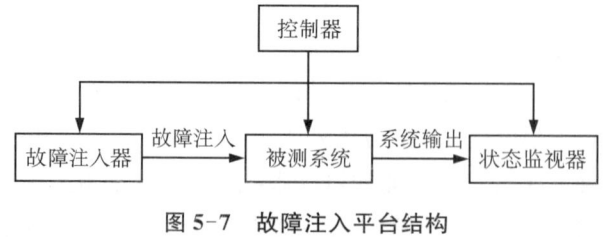

图 5-7 故障注入平台结构

3. 故障检测技术

可靠的故障检测技术是保障现代有轨电车运输安全与效率，降低建设和维护成本的前提。应用故障检测技术，形成了以下几种常见的现代有轨电车设备运行安全检测系统：

微机监测设备系统(图 5-8)、信号灯故障自动检测报警(图 5-9)。

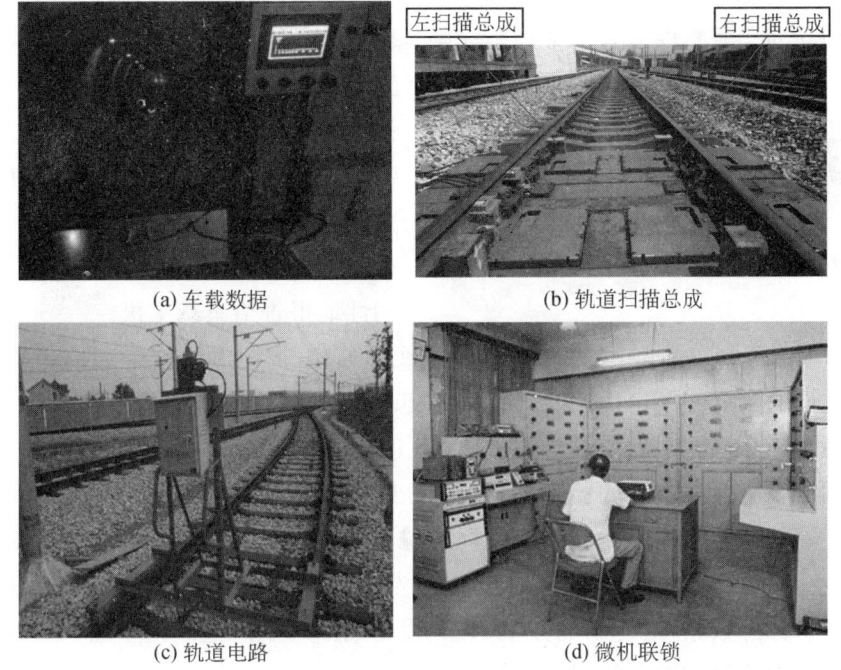

图 5-8 微机监测

具体来说,对于运行中的车辆,按故障发生原因可分为:车体故障、运动故障和通信故障。针对这三类故障,每一类故障中最为典型的代表为列车完整性故障、空转打滑故障和车地通信超时故障。

1) 列车完整性检查技术

列车完整性检查是指在列车运行期间检查列车整体是否连接完整,是否发生车厢脱节等问题。若列车尾部一节或者多节车厢因脱节而被遗留在线路上,会给后续车辆的运行带来重大安全风险。

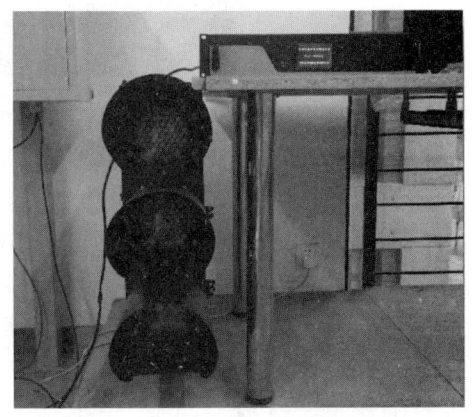

图 5-9 信号灯故障自动检测报警

检测车辆完整性的传统方法主要是依靠轨旁设备,如:轨道电路、计轴器等。若发生车厢脱节,遗留的车厢占用轨道,轨道电路会显示持续占用信号;而计轴器则通过在闭塞分区的出入口检测列车车轮轮轴数,判断列车是否完整,闭塞分区是否被占用。这两种方法均要求有较多的轨旁设备,且维护成本偏高。

对于新一代列控列车而言,列车完整性可以不依赖于轨旁设备,而是通过车载设备自行检测并向闭塞中心报告。实现车辆完整性检测的方法按照列车电源供电方式和通信方式可分为两种:

（1）采用有线供电和通信的列车车体内包含连通的供电和通信电缆，如动车组列车。动车组列首和列尾通过车体有线网络连接，车载 ATP(Automatic Train Protection)设备从列首和独立列车完整性装置采集列车完整性信息，如图 5-10 所示。工作方法是：设备上电后，驾驶室激活完整性检测装置，周期性检测每节车厢的电缆是否完整，有线通信是否能进行首尾配对。若列首和列尾能完成通信配对，则说明车体内部电缆完整，车体完整，并将判断结果通过 ATP 接口周期性地报告给车载主机。

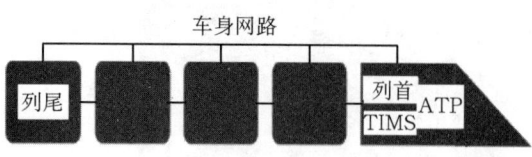

图 5-10 采用有线通信的列车完整性检测

（2）对于货运列车而言，大多不具有连通线缆通信，此时利用线缆通信连通与否来检测车辆完整性的方式便不再适用。转而采用基于无线传感网络的列车完整性检查方案。此方案在列车每个车厢中配备了传感器节点，工作方法是：设备上电后，车载 ATP 通过无线传感器网络收集所有节点的传感信息，由位于列首的节点初始化并周期性发送数据请求。每个车厢的传感器通过无线网络互联传输数据，从列首传感器初始数据依次向后传递，最终到达列尾传感器并回传。每个传感器节点传输的数据包括上一个节点发送的数据和自身身份标志数据，最终由驾驶室 ATP 设备判断列车的整体完整性。采用传感器网络的列车完整性检测如图 5-11 所示。

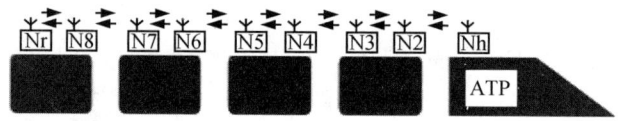

图 5-11 采用传感器网络的列车完整性检测

2）列车空转打滑检测

空转和打滑是列车运行过程中车轮容易出现的异常状况之一。空转指车轮未完全与轨道接触，转动圈数大于实际运行距离；滑行指车轮与轨道接触时打滑，转动圈数小于实际运行距离。二者的成因都是车轮与轨道表面的摩擦力不足。空转和打滑成因示意图如图 5-12 所示。

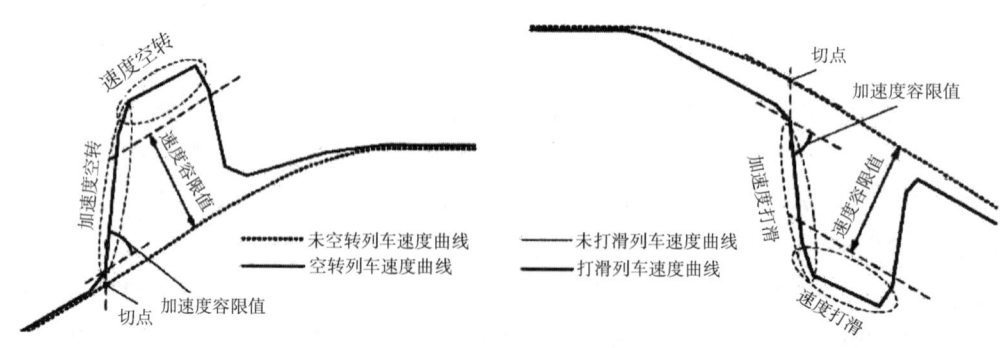

图 5-12 列车空转与打滑成因

实际场景中,列车出现空转主要有以下三种情况:

(1) 列车在加速阶段,由于牵引力的增加,导致牵引力大于轮轨摩擦力而引起空转。

(2) 轨道坡度增加时,列车行驶速度降低,牵引力加大,轮轨摩擦力减小,导致牵引力大于轮轨摩擦力而引起空转。

(3) 不良天气(如降雨、降雪等)情况下使轮轨黏着系数减小,轮轨摩擦力减小,列车在运行过程中车轮可能会发生空转。

而列车打滑一般发生在列车制动阶段,此时制动力大于轮轨黏着力。

传统列车空转打滑有加速度和速度两种检测方式。加速度检测是指,正常情况下,加减速度是在一定范围内的,列车在加速过程中,如果加速度超过一定范围,则认为列车出现空转。列车在减速过程中,如果减速度超过一定范围,则认为列车出现滑行。速度检测是指,用速度传感器检测列车车轮转速,通过比较不同测速周期的速度传感器测量值完成空转打滑的检测,若当前周期检测到的速度大于设定值,则认为列车出现空转,若当前周期检测到的速度小于设定值,则认为列车出现打滑。

列车空转和打滑对列车测速和定位的影响都很大,尤其是测距误差会不断累积,导致列车位置不确定性增大,进而直接影响列车运行效率的提高。因此,需采取适当的方法对列车的空转和打滑进行检测。

较为简单的方法是通过硬件实现的双传感器结合检测法。其中双传感器是指光电式速度传感器和雷达速度传感器相冗余的空转打滑检测。在检测空转打滑状态时,光电式速度传感器用于检测假设状态开始的时间点,雷达速度传感器用于检测该状态结束的时间点。设某一时刻光电式速度传感器的速度增量为:ΔV_{OPG},车载计算机读取到当前列车运行速度下最大的加速度和减速度增量分别为 ΔV_{acc} 和 ΔV_b,通过比较三者的大小,从而确定空转或是滑行的起始点。雷达传感器测量速度的变化率较小,认为空转打滑发生在较短的时间内,雷达速度约等于列车真实速度。当光电传感器测速 ΔV_{OPG} 和雷达传感器测速 ΔV_{RD} 间绝对差值小于设定阈值时,即 $|\Delta V_{OPG} - \Delta V_{RD}| < \Delta V$ 时,认为该状态结束。

图 5-13 是判定列车空转时的速度变化图,当 $\Delta V_{OPG} > \Delta V_{acc}$ 时,即 t_0 时刻,对应图中速度三角形左下角,判定为空转开始时刻。雷达传感器检测速度 ΔV_{RD} 基本不变,当两传感器差值小于设定阈值时,判定为空转状态结束。

图 5-14 是判定列车打滑时的速度变化图,当 $\Delta V_{OPG} < \Delta V_b$ 时,即 t_0 时刻,对应图中速度三角形左上角,判定为打滑开始时刻。雷达传感器检测速度 ΔV_{RD} 与光电传感器差值小于设定阈值时,判定为打滑状态结束。

除去依靠单一的脉冲速度传感器,也可以通过速度传感器和加速度计联

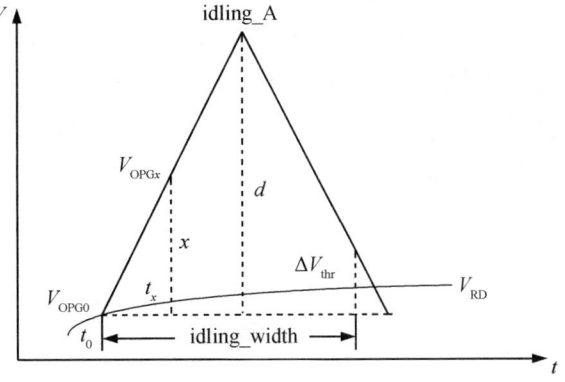

图 5-13 列车空转速度变化图

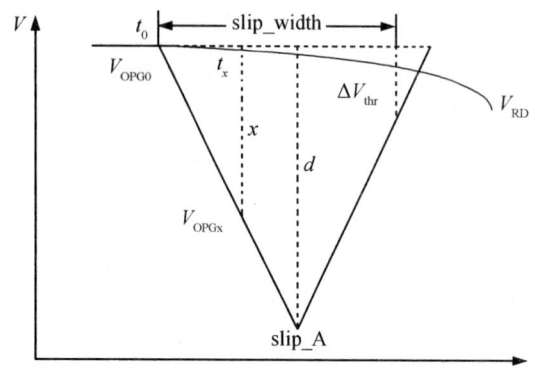

图 5-14 列车打滑速度变化图

合检测实现对列车空转打滑的检测,但其测量精度并不理想。采用脉冲速度传感器作为基本测速测距手段,同时搭配加速度计对空转打滑结果进行进一步确认,可以提高测量精度。对结果采取冗余校验,如果加速度检测和速度检测有一个发生,或者二者同时发生,则判定车轮发生了空转打滑。

使用加速度法判断空转打滑,即通过计算加速度计测量的加速度值和脉冲速度传感器测量的加速度值之差 $a_{差(n)}$ 和加速度限值实现。若超过限值,则判断车轮发生了加速度打滑。$a_{差(n)}$ 计算公式如下:

$$a_{差(n)} = | a_{传(n)} - a_{测(n)} | \tag{5-1}$$

$$a_{传x(n)} = \frac{v_{传x(n)} - v_{传x(n-1)}}{T} \tag{5-2}$$

$$a_{测(n)} = \left(1 - \frac{1}{p}\right) \times a_{测(n-1)} + \frac{1}{p} \times a_{始(n)} \tag{5-3}$$

式中 $a_{差(n)}$ ——第 n 个周期加速度的差值;

$a_{传x(n)}$ ——第 n 个周期由速度传感器 x 测得的速度值计算得到的加速度;

$a_{测(n)}$ ——第 n 个周期加速度计测得的加速度经过一阶低通滤波后的值;

$a_{测(n-1)}$ ——第 $(n-1)$ 个周期加速度计测得的加速度经过一阶低通滤波后的值;

$a_{始(n)}$ ——第 n 个周期加速度计测得的原始加速度;

$v_{传x(n)}$ ——第 n 个周期速度传感器 x 测得的速度经过一阶低通滤波后的值;

$v_{传x(n-1)}$ ——第 $(n-1)$ 个周期速度传感器 x 测得的速度经过一阶低通滤波后的值;

T ——检测周期;

p ——加速度滤波因子。

若只用速度传感器,可以通过速度法判断列车空转打滑,与光电雷达双传感器判断的思路类似,即用速度的前后测量差值与更为贴近真实值的变化限值进行比较。区别在于,此处的测量速度经过了一阶滤波,减少了随机误差的影响。速度限值使用加速度计间接计算,而不是由另一速度传感器直接测量。计算公式如下:

$$v_{差(n)} = | v_{测(n)} - v_{加(n)} | \tag{5-4}$$

$$v_{测(n)} = \left(1 - \frac{1}{p}\right) \times v_{测(n-1)} + \frac{1}{p} \times v_{始(n)} \tag{5-5}$$

$$v_{加x(n)} = v_{计x(n-1)} + (a_{测x(n)} - a_{坡x(n)}) \times T \tag{5-6}$$

$$v_{\text{计}x(n)} = v_{\text{加}x(n)} + \frac{1}{k} \times v_{\text{差}x(n)} \tag{5-7}$$

式中 $v_{\text{差}(n)}$ ——第 n 个周期速度的差值；

$v_{\text{测}(n)}$ ——第 n 个周期速度传感器 x 测得的速度经过一阶低通滤波后的值；

$v_{\text{加}x(n)}$ ——第 n 个周期由加速度计测得的加速度值计算得到的速度；

$v_{\text{测}(n-1)}$ ——第 $(n-1)$ 个周期速度传感器 x 测量的速度；

$v_{\text{始}(n)}$ ——第 n 个周期速度传感器 x 测量的原始速度；

$v_{\text{计}x(n-1)}$ ——第 $(n-1)$ 个周期车轮 x 最终计算的速度；

$v_{\text{计}x(n)}$ ——第 n 个周期车轮 x 最终计算的速度；

$v_{\text{加}x(n)}$ ——第 n 个周期加速度计测量的速度；

$a_{\text{坡}x(n)}$ ——第 n 个周期的坡道加速度；

T ——检测周期；

p ——速度滤波因子；

k ——加速度计和脉冲速度传感器的权重比。

3) 列车车地通信超时故障检测

目前，广泛采用的 CTCS-3 级列控系统采用 GSM-R 无线通信进行车地间通信，实现列控中心对列车的移动授权命令下达、运行间隔防护等功能。然而，现实中该通信常常发生超时故障，导致列车减速或者制动，从而降低了运行效率和体验。

车地通信超时故障的原因较为复杂，常常是一个或多个因素导致的结果，如车载通信设备故障、无线闭塞中心故障、无线网络异常等。

传统检测车地通信超时的方法主要有：人工故障诊断方法、基于信号处理的方法和基于解析模型的方法。人工故障诊断方法依靠现场技术人员的工作经验找出设备问题，该方法具有一定的主观性和随机性，对于特殊的异常状态处理精度不高；基于信号处理的方法是采集工作中设备收发的信号进行分析，通过得到能耗指标如幅值相位等得出结论，该方法受外界干扰影响较大；基于解析模型的方法是用数学方法建立诊断模型，将实际参数输入到模型中比较形成的残差信号并分析，诊断效果较前两种方法更加稳定。

从无线报文的角度去分析，超时故障可分为两大类：①20 s 超时；②超时触发报文异常交互。其中，20 s 超时是指车地通信延时超过 20 s 的情况，此时会触发列控系统对列车的安全控制逻辑，向列车下发导向安全侧的命令，如减速制动等。由于 20 s 超时发生的概率较大，故采用计算机自动拟合检测。

计算机自动拟合检测的 20 s 超时故障检测方法具体来说就是：列车运行过程中无线闭塞中心（Radio Block Center，RBC）下发命令给列车，用 M_ACK 标志位表示该消息是否需要车载设备回复，当 M_ACK＝1 时车载设备执行命令的情况需要回馈给 RBC，若该回馈与 RBC 发送时间超过 20 s 即触发超时故障逻辑处理。因此，检测系统根据此工作原理，以 RBC 发送第一个消息包时刻为起点，跟踪无线报文的发送时间，当确认所有消息包发送完毕(如 24 包)后结束跟踪,若两消息的间隔时间超过 20 s,则判定发生超时故障。系统工作的流程图如图 5-15 所示。

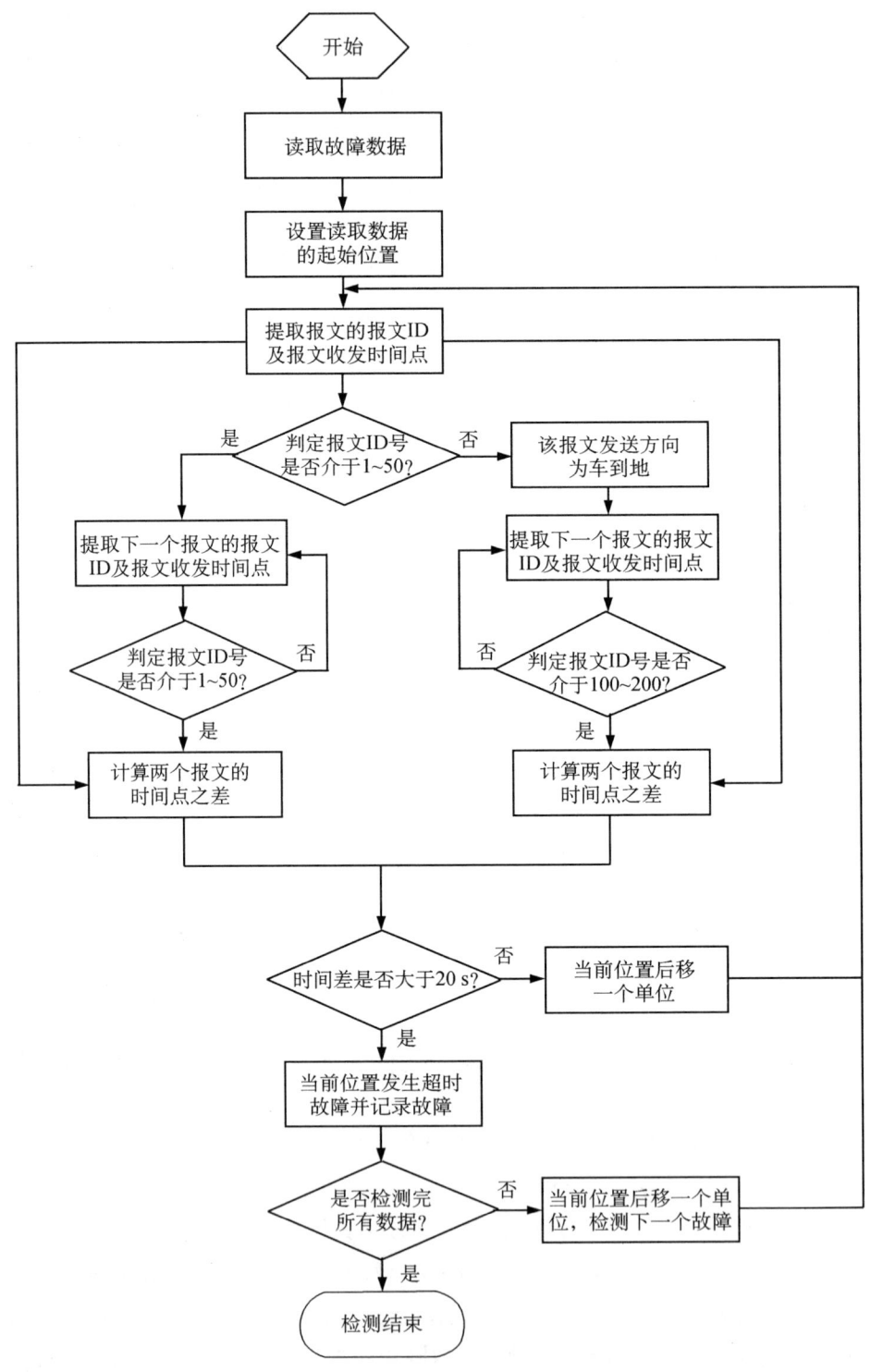

图 5-15　超时检测流程图

工作时首先读取一个报文的 ID 号和发送时间,RBC 发送的无线报文 ID 号介于 1～50 之间,列车发送的无线报文 ID 号介于 100～200 之间,由此可判断报文发送方向。针对两种不同报文形成两个逻辑功能相似的分支,判断超时故障发生在哪一侧。检测完成后,系统重置,等待下一个报文发送时继续检测,实现周期性检测工作。

5.2 信号优化

1. 道路交叉口协同控制

有轨电车道路交叉口协同控制示意图如图 5-16 所示。

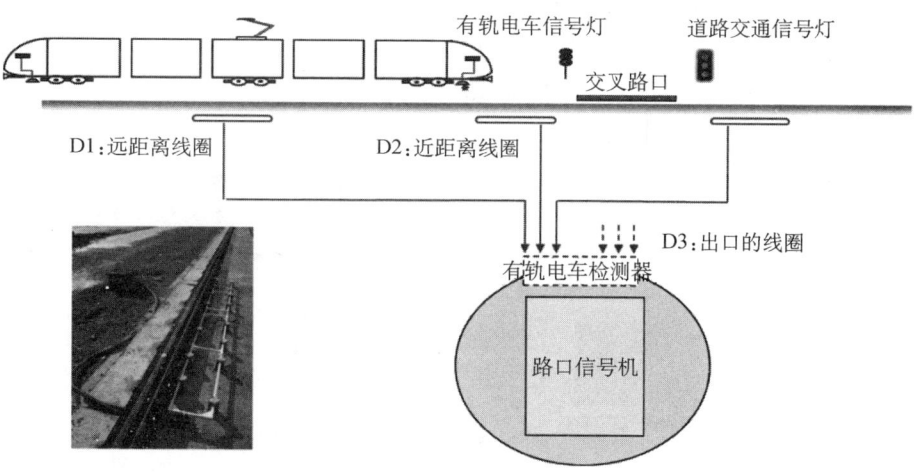

图 5-16 路口协同控制示意图

2. 有轨电车协同控制

这部分的内容包括协同控制系统设计、建模理论与方法,在此不做展开介绍,在后续的综合交通系列教材中会详细介绍。有轨电车信号系统设备及外部接口主要由卡斯柯、富欣、泰雷兹等企业提供。图 5-17 为有轨电车协同控制过交叉口实景图。

图 5-17 有轨电车协同控制过交叉口实景图

5.3 车辆防撞

1. 辅助防撞技术研究

车辆安全防撞系统是车辆在安全高效运行的重要保证,因此车辆安全防撞系统至关重要。地铁中 ATP(Automatic Train Protection)系统不能对出入库时的列车进行防护,而有轨电车没有 ATP 系统。车辆安全防撞系统主要由三部分组成:防护终端、主机和数据库。

地铁车辆安全防撞系统独立于 ATP 系统,通过后车发送调制脉冲(包括声波或无线射频信号),经前车反射回来,后车接收前车反射波,并计算发射到接收的时间差,通过计算公式自动估算出两车之间的相对距离,如图 5-18 所示。当计算距离小于设置的安全距离时,防撞系统将向司机室报警。地铁车辆防撞示意图如图 5-19 所示。

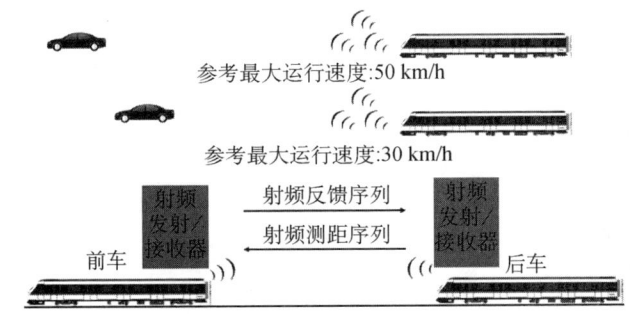

图 5-18 辅助防撞原理示意图

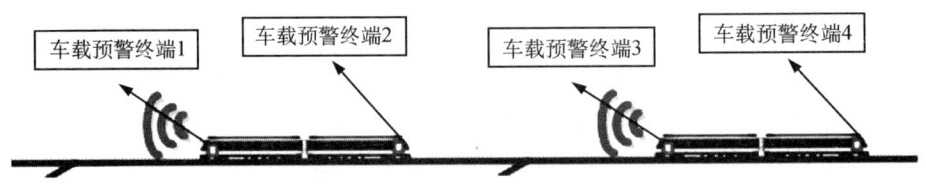

图 5-19 地铁车辆防撞示意图

地铁车辆安全防撞系统设备包括:测距主机、车载显示终端和后台服务器(数据存储)。

2. ATP 系统

ATP 系统是确保列车运行速度不超过目标速度的安全控制系统,起到确保列车安全运行,实现超速防护的作用。该系统通过设于轨旁的 ATP 地面设备,连续地向列车传送"目标速度"或"目标距离"等信息,以保持后续列车与先行列车之间的安全间隔距离,并监督列车车门和站台屏蔽门的开启和关闭的程序控制,确保它们的安全操作。

ATP 系统始终严密监视不可超越的"目标速度"是以下四类速度限制:

(1) 列车位置、停车点、联锁条件等的列车最大允许运行速度;

(2) 取决于线路参数的区间最大允许速度；

(3) 取决于列车的物理特性的列车最大允许速度；

(4) 取决于随机事件的临时性速度限制。

一旦超过某一速度限制，先提出警告，后启动紧急制动。

1) 基于车-地通信的传统 ATP 系统

传统的 ATP 系统基于车-地通信，其设备包括轨旁 ATP 设备和车载 ATP 设备。而轨旁 ATP 设备有安装在室内和轨道上两种安装位置。ATP 系统设备如图 5-20 所示。

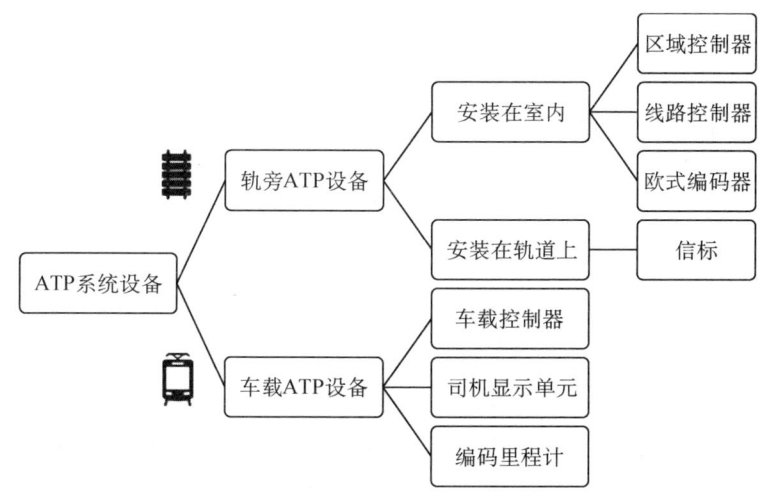

图 5-20　ATP 系统设备

安装在室内的 ATP 设备主要包括：

(1) 区域控制器(ZC)，是轨旁 ATC 的重要组成部分，它与联锁系统相连，为 ATC 控制列车提供了轨旁变量信息；

(2) 线路控制器(LC)，是轨旁 ATC 的组成部分之一，它负责管理临时速度限制和 ATC 软件的版本；

(3) 欧式编码器(LEU)，在后备模式下，LEU 从联锁系统提取轨旁信息，再将信息编码后传给安装在轨旁的信标，从而使经过的车辆能够读取这些信息。

安装在轨道上的轨旁 ATP 设备主要是信标，一般是装有固定报文的应答器，用于列车自定位。

安装在列车上的车载 ATP 设备主要包括：

(1) 车载控制器(CC)，是车载 ATC 的核心部分，主要由核心编码处理器和输入输出模块组成，它们分别负责信息的安全处理和安全输入输出；

(2) 司机显示单元(DMI)，供司机查看列车相关状态信息；

(3) 编码里程计：用于测量列车位移，推算速度和加速度；

(4) 信标天线：用于接收信标信号。

在正常情况下，CC 利用信标和编码里程计进行定位，通过无线通信向 ZC 报告位置、获取限速信息。当 ZC 故障或无线通信中断时，可以进入后备模式，利用 LEU 将控制信息通过有源应答器传递给 CC。轨旁设备结构如图 5-21 所示。

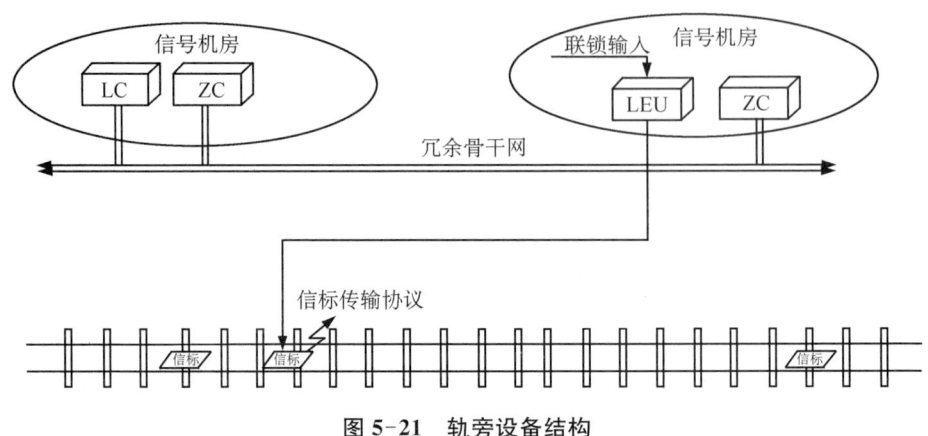

图 5-21　轨旁设备结构

列车定位由编码里程计的位移数据和信标定位数据共同计算得到。

连接在车轴的编码里程计负责测量位移。为执行这项工作，编码里程计的计齿设备里有一个编码圆盘通过机械轴与车轴相连，能与车轴同步转动（图 5-22）。编码圆盘上有连续的数圈小孔，通过光电耦合管读取编码盘，编码盘上的小孔将会产生电脉冲，对脉冲数进行计数，即可获得车轮转过的角位移，编码里程计电路结构示意图如图 5-23 所示。结合车辆的轮径和车辆角位移，编码里程计就可以计算列车位移并推算速度与角速度。编码里程计产生的数据由于受到多个传感器组合的保护，所以是安全的。若组合不正确，传感器检测为故障，CC 则会失去定位，但因为备用 ATP 设备能无扰及时切换，故不影响列车运动。编码里程计发送计齿器计数信息和传感器信息的组合，计齿设备用于测量位移。

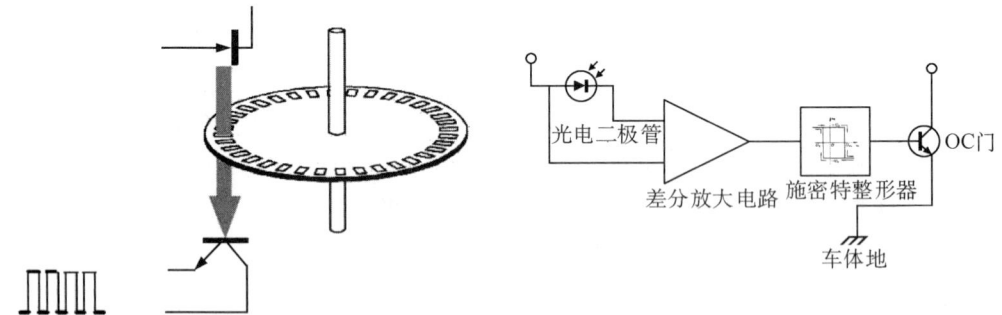

图 5-22　编码里程计机械结构示意图　　图 5-23　编码里程计电路结构示意图

CC 计算机通过读取沿线的信标，计算其位置。当列车通过一个信标时，CC 通过捕获轨道沿线的信标名和位置，计算其在轨道上的位置，并将其报告给 ZC。车载 ATP 在每个周期中估计其在最小位置和最大位置之间的安全定位，而最小位置和最大位置通过测量到上一个信标的位移得到。

列车的实际位置总是保证在这两个位置之间。最小位置和最大位置之差称为定位误差。随着列车的移动,定位误差也随之增加,当检测到某个车轴发生空转或打滑时,ATP 增加更多的误差以确保列车实际位置依然在 ATP 最小位置和 ATP 最大位置之间。这些最小和最大定位测量结果被发送给 ZC,用于计算自动防护点。图 5-24 为列车定位原理。

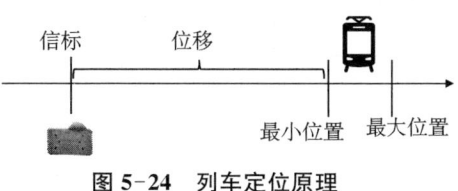

图 5-24 列车定位原理

列车防护是基于 CC 每隔 600 ms 给 ZC 发送定位报告,ZC 根据接收的列车位置信息来建立自动防护,CC 负责根据 ZC 给出的安全限制控制列车运行。

CC 向 ZC 发送的定位报告的主要信息为列车的最大和最小定位位置、速度、列车数量及其相应的时间标记和时效性。这些消息是防护原理的基础,因此使用变结构拥塞控制协议(Variable Structure Congestion Protocol,VCP)对其进行保护。对于无线 DCS 网络,使用了 48 位循环冗余校验,保证误码率低于 2^{-40},双时间戳保证其有效性。

ZC 是负责被指定区间内的列车间隔防护的子系统。在此区间内,防护所有设备或通信中断的列车间可能发生的任何碰撞。ZC 为区域内每辆列车分配一个称为"自动防护"的安全范围,计算得到每个自动防护在线路上的位置,然后根据相邻自动防护的位置,计算每列列车的移动授权(Movement Authority,MA)限制,从而使列车之间可以相互提供防护。自动防护实际上是列车周围的屏蔽,即其他列车或轨道车辆不能进入另一个移动或静态列车的自动防护范围内。

ZC 根据每个自动防护的位置和联锁机发送的轨旁设备状态向每列列车提供一个权限,该权限是根据相邻自动防护的位置计算出来的。被称为"授权终点(EOA)"的消息作为对位置报告的响应,发送给每辆列车。此消息包括列车不能通过的限制点,还包括有关道岔位置或信号机状态等方面的变量消息。图 5-25 为列车防护原理。

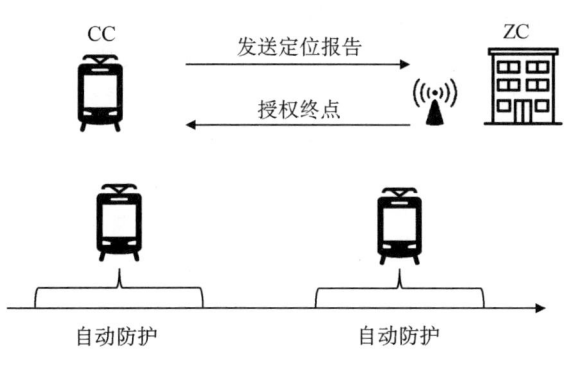

图 5-25 列车防护原理

综上,传统的 ATP 系统的列车运行数据主要由地面安全设备产生(图 5-26),车地之间通信要进行大量的数据交互,且数据的实时性也不高,故会影响列车的运行效率。另外,当线路上存在非通信车时,后方列车要根据计轴状态运行,这就极大地增加了列车追踪间隔。

2)基于车-车通信的 ATP 系统

若基于自律分散系统思想对传统 ATP 系统进行改进,可以将其改进为基于车-车通信的移动闭塞控制系统。系统架构上,将区域控制器(ZC)、计算机联锁(CI)合并到车载控制器(CC)中,轨旁仅设置控制轨旁设备的对象控制器(OC),列车通过前后车直接通信

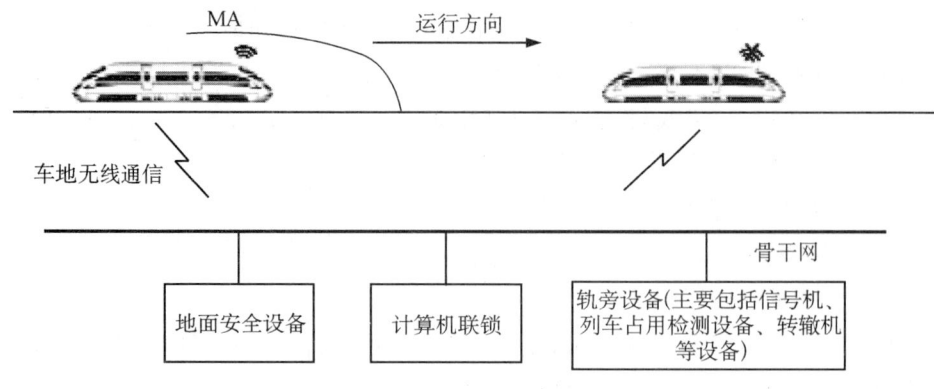

图 5-26 传统 ATP 系统

的方式来获取前车位置、运行速度等信息,并自行计算列车移动授权,从而控制列车的运行。该系统在大大降低轨旁设备的建设和维护成本的同时,提高了列车运行效率。

在基于车-车通信的列车进入正线运行后,根据列车当前位置,确定需要建立通信的 OC。随后列车与该 OC 通信,获取列车需要建立通信的 OC 的管辖范围内的所有列车的列车标识。分别与每个列车标识所对应的列车进行通信,获得每个列车标识所对应的列车的当前运行信息,从而识别出本列车(以下简称本车)的前方通信邻车。本车根据自身的当前位置信息和前方通信邻车的当前位置信息、运行速度信息,计算本车的当前 MA。

对象控制器(OC)是基于车-车通信的列车超速防护系统中的线路资源控制管理设备,用于对线路资源进行分配、保存及更新等。OC 通过与轨旁设备(道岔转辙机、计轴、紧急停车按钮等)交互,实时获取线路资源的状态信息,如计轴区段占用状态、道岔状态、紧急停车按钮信息和区段信息等。列车在进入 OC 的管辖范围时,需要与对应的 OC 建立通信,向 OC 汇报列车进入 OC 的管辖范围,将列车的标识(ID)等信息汇报给 OC,OC 保存其管辖范围内的所有通信列车的列车 ID 列表。

列车在运行时,首先要通过与 OC 通信来获取其他列车的 ID,如图 5-27 所示。

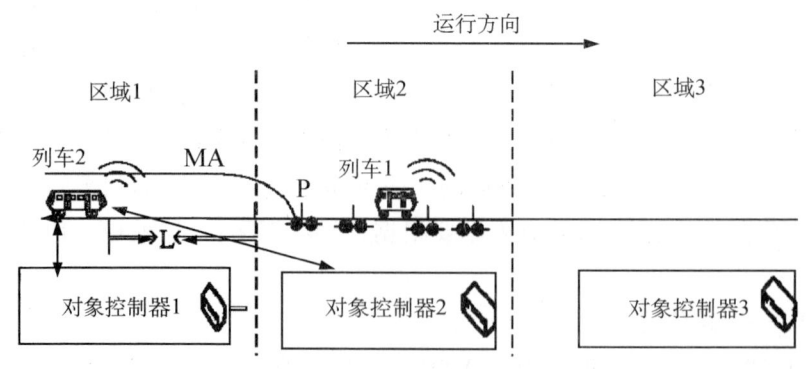

图 5-27 列车与 OC 进行通信

需要注意的是，若本车的当前位置与本车运行前方的下一 OC 的距离大于设定距离 L，则本车需要建立通信的 OC 无须包括下一 OC。若本车的当前位置与本车运行前方的下一 OC 的距离不大于设定距离 L，则本车需要建立通信的 OC 包括下一 OC，这样可以确保列车与 OC 不会失去联系。

随后列车通过 OC 获取列车需要建立通信的所有列车的列车标识。分别与每个列车标识所对应的列车进行通信，获得每个列车标识所对应的列车的当前运行信息，以此识别出本车的前方通信邻车。

在识别出列车的前方通信邻车后，列车即可根据本车的当前位置信息和前方通信邻车的当前位置信息，完成本车当前 MA 的计算，为本车对其前方通信邻车的追踪运行提供数据基础。

计算本车的当前 MA 时，若本车的车头与前方通信邻车的车尾之间的距离大于预设的 MA 最大值，则本车按单车区间运行计算本车的 MA。若本车的车头与前方通信邻车的车尾之间的距离小于 MA 最大值，则本车的 MA 终点为本车运行前方距离前方通信邻车的车尾预设的安全防护距离处，如图 5-28 所示。

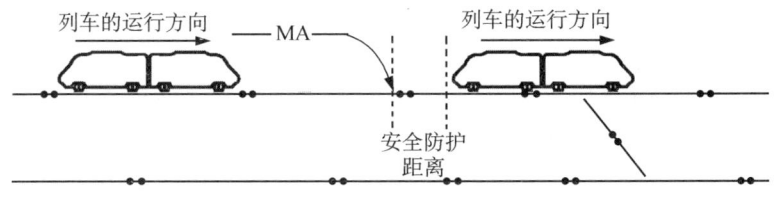

图 5-28 列车安全防护距离

若本车与本车需要建立通信的 OC 通信后，得知本车运行前方无其他列车，即在本车的当前运行方向，本车为当前所在 OC 管辖范围内运行在最前方的列车。此时，本车可以根据列车运行线路上的轨旁设备（计轴器、轨道电路等）来确定本车的当前 MA。

3. 车辆云共享与故障挖掘系统

车辆云共享与故障挖掘系统能够有效提高列车的安全性，该系统分为两部分：数据采集存储模块和无线传输网络共享模块。其中，数据采集存储模块直接与车载控制器（Vehicle On-Board Controller，VOBC）相连，实时采集并存储诊断数据；无线传输网络共享模块可根据需求将指定列车的 VOBC 诊断数据通过无线链路实时传输至服务器，实现网络共享。

通过对 VOBC 系统架构及诊断数据记录共享需求的分析，VOBC 诊断数据实时记录共享系统具备以下功能：

(1) 通过与 VOBC 系统的通信，完整、可靠地获取 VOBC 诊断数据；

(2) 具备大容量数据存储功能，可完整存储一个运营维护周期内的 VOBC 诊断数据；

(3) 具备无线通信与网络共享功能，可实时获取在线运营列车的诊断数据；

(4) 不影响 VOBC 现有功能，尽可能地减少对现有设备的干扰。

5.4 驾驶节能

1. 单列车驾驶节能

单列车节能控制(Energy-efficient train control，EETC)问题，又称节能驾驶问题，是在考虑列车性能、线路条件的情况下，寻找一条满足时刻表给定区间运行时分约束的列车运行轨迹，以达到最小化列车运行能耗的目标。针对该问题的研究可以追溯至 1960 年代，以日本学者 Ichikawa 发表的文献为开端，之后在近几十年以来随着计算机、电子、控制与优化技术和理论的不断进步而发展更新，并逐渐将理论研究在实际系统中进行了应用。

EETC 问题主要依据列车运行的牵引计算进行。该问题以列车运行的轨迹为优化对象，在数学上属于动态优化问题。随着最优控制理论与体系的发展，该问题通常被建模为最优控制问题进行分析与求解。对 EETC 问题的优化模型可以按照问题的寻优对象与离散化方式进行分类，具体分为两类：预设控制序列、寻找控制序列转换点和无预设控制序列；离散化距离(或时间)微元，寻找最优控制律。在该问题的场景建模过程中，通常考虑的要素包括：线路模型、列车模型、闭塞类型等。

针对 EETC 问题，在求解算法方面，采取的主流算法类型笔者将其分为四大类：解析法、规划算法、智能算法和其他算法。

1) 解析法

最优控制问题的解析法基于苏联学者庞特里亚金等人在总结并运用古典变分法成果的基础上，提出的极小值(有时也称作极大值)原理(PMP)。该方法是控制向量约束时求解最优控制问题的有效工具，最初运用于连续系统，之后又推广于离散系统。

Ichikawa 等建立了对于连续控制列车在水平坡度、不考虑限速条件下的节能运行速度曲线的数学模型，并采用 PMP 原理对其最优性条件进行了分析；Milroy 针对连续控制的列车，以最小化运行过程中动力做功为目标，得出当区间长度较短、区间坡度很小时，列车运行工况包括最大牵引、惰行和最大制动三种；Asnis 等基于 PMP 原理，证明了列车节能最优速度曲线包括最大牵引、巡航、惰行与最大制动四种工况；Khmelnitsky 以时间和列车动能为状态变量、距离为自变量，考虑了变化的坡度和限速条件，对连续控制的列车的节能控制问题进行了研究，证明了当给定巡航控制模式速度，就可以唯一确定最优节能驾驶曲线，并据此提出了数值迭代算法进行列车运行轨迹的求解。

针对离散控制的内燃机列车，Howlett 等考虑了变化的坡度，给出了能够确定节能最优控制策略的控制转换关键方程，并得到了由最优控制策略组成的最优运行轨迹；在上述基础上，Cheng 等针对离散控制的内燃机车，同时考虑了变化的坡度和限速限制，在将区间划分为若干常数限速与常数坡度的子区间后，给出了相应最优控制转换的关键方程与求解方法，并证明了对于离散控制的列车，最优速度曲线可以由最大牵引、惰行、最大制动三种控制模式组成的锯齿状形式，以任意精度逼近连续控制列车的巡航模式。

进而，针对线路条件中存在陡峭坡度的情况下的 EETC 问题，SCG 团队也进行了一系列的研究。

Howlett 等指出，与不含陡峭坡度的列车节能运行最优控制序列不同，当列车处于陡峭的上坡区段时，由于列车即使采用全功率牵引也无法保持车速的匀速巡航（更无法使得车速加速上升），因此列车需要在进入陡峭的上坡区段之前提前实施最大牵引工况，并持续至列车离开陡峭坡度区段后，待车速恢复巡航速度止。在此过程中，列车速度将呈现先上升，在陡峭上坡范围内车速下降，之后离开陡峭上坡范围后车速重新上升的波动形式。同理，当列车处于陡峭的下坡区段时，由于重力分力的作用，列车此时虽采取惰行工况，车速仍然会加速上升，因此需要在列车进入陡峭的下坡区段之前提前实施惰行工况，并持续至列车离开陡峭坡度区段后，待车速恢复巡航速度止。在此过程中，列车速度将呈现先下降，在陡峭下坡范围内车速上升，之后离开陡峭坡度范围后车速重新下降的波动形式。之后 Albrecht 等在此基础上将仅在局部陡峭坡度的最优解完善至全局最优解，给出了包含陡峭坡度的变化坡度条件下的列车节能速度曲线一般模型与求解方法，并在文献中，运用摄动分析法给出了最优性与唯一性证明。

在实际工程应用方面，由于基于 PMP 的解析算法具有计算速度快的特点，SCG 团队将上述研究成果开发了列车节能驾驶操纵指导系统，包括早期用于市内交通列车的 Metromiser、用于长途货运列车的 Cruismiser、Freightmiser 以及近期的 Energymiser 系统。

2）规划算法

（1）动态规划（离散动态规划）算法

动态规划（Dynamic Programming，DP）算法是 Richard E. Bellman 于 1957 年提出的求解多级决策过程最优化的一种数学方法。国内外诸多学者通过将 EETC 问题离散化为多阶段决策问题，之后应用 DP 算法进行了求解。

Franke 等考虑了变化的牵引能耗效率，将能耗效率建模为列车牵引力（制动力）和车速这两个因素的函数。并将列车站间运行距离进行离散化，作为离散的决策阶段，使用列车单位质量的动能和时间作为状态变量向量，并采用 DP 算法进行求解。Ko 等采用非均匀网格的离散化方法：在列车发车与站间运行过程中采用较为稀疏的网格尺寸，在停站阶段采用较为精细的网格尺寸，改进了 DP 算法的数值计算精度。Vašak 等针对 EETC 问题，将基本阻力方程采用分段线性仿射函数（PWA）的方法进行线性化处理，并采用 DP 算法进行求解。Miyatake 等首先总结了在 EETC 问题中需要被考虑进列车运行轨迹优化的因素，包括牵引供电系统馈线损失、接触网电压与列车牵引力曲线之间的互相影响关系、列车制动过程中再生制动力与空气制动力之间的分配、列车运行阻力、线路坡度、车载或地面储能设施、牵引电机与逆变器的能量转化效率和信号系统；而后在考虑了储能装置、牵引供电馈线的能耗损失，以牵引变电所输出能耗为评价目标进行了 EETC 问题的研究，并使用 DP 算法进行了求解。Lu 等针对 EETC 问题提出基于离散位置的列车节运轨迹搜索模型，并采用 DP 算法求解，并将 DP 算法结果与遗传算法、蚁群算法求解结果进行对比，得出 DP 算法的求解效果最好的结论。唐海川等以列车速度的改变量为控制变量，离散化列车区间运行距离为决策阶段进行建模，并采用了 DP 算法求解，并基于 DP 算法的回溯记录表特性，讨论了列车运行过程中的实时节能在线调整。Ghaviha 等针对 EETC 问题，考虑了以列车牵引力（制动力）和速度为因素的变化的牵引能耗效率所导致的动态能耗转换损失，以离散化时间步长为决策阶段，速度与距离为状态量，速度的改变量为控制变量，进行了多阶段决策问题的建模求解，并采用了 DP 算法进行求解，设计了基于 Android 平台的驾驶辅助系统。Zhou 等研究了高速铁路时刻表与列车运行轨迹的联合优化问题，采用拉格朗日松弛法对原问题进行解耦，在解耦后的单列车的节能轨迹优化子问题中，对高铁列车运行轨迹的优化采用了离散空间-时间-速度网络建模，并使用动态规划算法进行求解。Wang 采用离散动态规划方法，分析讨论了在考虑列车长度因素时，将列车视为质量带模型的城轨列车 EETC 问题，并与采用单质点模型建模所得到的 EETC 问题的列车运行轨迹进行了对比。

（2）序列二次规划算法

序列二次规划（Sequential Quadratic Programming，SQP）算法是一种强有力的处理中、小规模非线性规划问题（NLP）的基于梯度的算法。SQP 算法的主要思想是通过将原问题转化为一系列二次规划子问题，在每一迭代步通过求解一个二次规划子问题来确立一个下降方向，以减少价值函数来取得步长，并重复这些步骤直到逼近并求得原问题的最优解。这也是其成为二次规划算法的原因。SQP 算法可以很好地处理非线性约束，而 EETC 问题又恰好包含诸多非线性条件与约束，因此国内外不少学者将其应用于该问题的研究中。

Miyatake 应用 SQP 算法对 EETC 问题进行求解，指出 SQP 算法具有适合拓展应用至多维度控制变量输入的优点。Gu 基于来自列车自动监督系统（Automatic Train Supervision，ATS）的实时调度信息，设计了一种针对城轨列车 EETC 问题的实时优化模型与算法：采用 PMP 原理，根据线路坡度、限速条件设定列车节能最优控制序列，并根据能量守恒原理以控制序列的转换点状态为决策变量，建立非线性规划模型，并采用 SQP 算法进行求解。在建模过程中，Gu 认为城轨列车运行速度较低，因此可以根据旅行时间来确定列车平均速度下的基本阻力值，并将其代替变化的基本阻力值进行计算。

（3）混合整数线性规划算法

Wang 等针对 EETC 问题，以列车运行能耗与舒适度的加权作为目标函数，通过采用分段仿射（Piece Wise Affine，PWA）方法将非线性列车模型转化为线性列车模型，同时对距离进行离散化处理，由此建立了 EETC 问题的混合整数线性规划模型，并采用现有的商业求解器（如 CPLEX、Xpress-MP、GLPK 等）进行求解。之后 Wang 等将 EETC 问题的混合整数线性规划（Mixed Integer Linear Programming，MILP）模型求解结果与伪谱法进行比较，得出伪谱法求解结果较好，但是 MILP 模型在计算时间消耗上优于伪谱法 1 至 2 个数量级的结论。之后 Wang 等又基于上述 MILP 模型，以列车运行的时间与单位质量动能为状态变量，考虑了固定闭塞与移动闭塞因素，对 EETC 问题进行了进一步的研究。相似的研究还有 Wu 等,考虑了在固定闭塞和列车延误的场景下,受到前行列车影响的后行列车 EETC 问题。Wu 等采用 PWA 方法来线性化列车动力学模型,以离散距离建立了 MILP 模型优化两车运行轨迹,使得两车总能耗最小。

MILP 方法除了在上述 EETC 问题中的应用之外,Lu 还将 MILP 方法应用于求解部分轨迹优化问题中。所谓部分轨迹优化问题是相对于上述列车在站间全程运行的 EETC 问题而言的。上述 EETC 问题求解的是列车从上游车站至下游车站完整的运行轨迹,此时轨迹的初始点与末端点的列车速度均为零。而部分轨迹优化问题则是在列车运行过程中,列车从区间内任意位置 x_a 运行至另一位置 x_b 的轨迹。与 EETC 问题不同,该轨迹只包含区间部分范围,因此被称为部分轨迹优化问题。除此之外,部分轨迹优化问题的轨迹初始点与末端点的位置速度可以为设定的任意合法值,而不是 EETC 问题中起始端点速度均为零。

Lu 等首先提出了部分轨迹优化问题,并假设该问题中不包含陡峭的坡度,且列车速度曲线随着距离是单调变化的,例如单调上升或者单调下降;并通过离散化距离的方式,建立了 MILP 模型,并采用商业优化求解器 CPLEX 进行了求解。之后 Lu 等考虑了为恒定值的列车牵引电机的运行效率,对 MILP 模型进行了改进,同时简化了线路坡度与限速条件,利用 PMP 原理进行了控制序列与切换规则的分析。Tan 等基于上述研究,假设列车在无坡度的线路上运行,采用 PMP 原理进行了更深入的分析,移除了 Lu 等的研究中对于速度曲线随距离单调变化的假设,得到了更为完整的控制序列与切换规则;并建立了 MILP 模型进行求解,并将求解结果与伪谱法进行了对比。

(4) 伪谱法

伪谱法是求解最优控制问题数值解的一种直接方法。伪谱法的思想是将连续的最优控制问题的状态与控制变量通过正交配点来进行离散化,并通过全局插值多项式逼近状态和控制变量,进而将最优控制问题转化为非线性规划问题进行求解。根据所采用的配点类型的不同,常见的用于求解最优控制问题的伪谱法包括但不限于 Gauss 伪谱法、Legendre 伪谱法、Radau 伪谱法、Chebyshev 伪谱法等。EETC 问题是一种典型的最优控制问题,国内外许多学者也将伪谱法应用于此问题的求解,并进行了深入的研究。

Wang 等考虑了在固定闭塞信号条件下的 EETC 问题,分为两种情况:只能获得下一个闭塞分区信号信息、全程闭塞分区信号信息均为已知。考虑到 EETC 问题具有包含多阶段、非光滑的性质,Wang 等将其建模为多阶段最优控制问题,并用包含 Radau 伪谱法的 GPOPS 求解器进行求解。Scheepmaker 等同时考虑了列车与供电接触网效率,将 EETC 问题转化为多阶段最优控制问题,采用商业求解器 GPOPS 进行求解,并对比了不同效率对 EETC 问题求解结果的影响。Xiao 等则是研究了有轨电车交通系统的 EETC 问题:考虑了交叉口信号灯约束、牵引供电接触网的无电区段等更加实际的工程因素约束条件,建立了多阶段最优控制模型,并使用包含自适应 Legendre-Gauss-Radau 伪谱法的商业求解器 GPOPS-II 进行求解。

3）智能算法

（1）启发式算法

启发式算法（Heuristic Algorithms，HA）是相对于最优算法被提出的，可以定义为一种基于直观或经验构造的算法，在可接受的花费（如计算时间、占用空间等）下给出待解决的优化问题每一个实例的一个可行解，该可行解与最优解的偏离程度不一定可以事先预计。启发式算法是一种随机搜索算法，因此它搜索全局最优解的能力比较强；启发式算法不需要梯度，也不需要解析的目标函数，因此适用于处理那些没有解析目标函数和无法得到目标函数梯度信息的优化问题。同时，启发式算法还适用于解决同时有整数和连续变量的非线性混合优化问题。常见的启发式算法包括但不限于：遗传算法（Genetic Algorithm，GA）、蚁群算法（Ant Colony Optimization，ACO）、模拟退火算法（Simulated Annealing，SA）和粒子群优化算法（Particle Swarm Optimization，PSO）等。作为强有力的优化方法，国内外诸多学者对启发式算法在 EETC 问题上的应用进行了广泛且深入的研究。

遗传算法是一种被广泛应用于 EETC 问题求解的启发式算法。Chang 等针对 EETC 问题设计了惰行控制方式，通过预先设置"惰行-牵引/制动……"控制序列，以控制序列的转换点为决策变量，建立优化模型，通过遗传算法进行求解。金炜东等讨论了列车在起伏坡道上的 EETC 问题，采用了构建局部优化仿真计算和全局寻优相配合的优化计算思想，即通过将线路划分为典型的子区间，根据节能原则给出优化的操纵序列形式，并使用仿真计算获得各个子区间列车能耗、运行时间与区间端点速度的数据，使用 BP 神经网络对各个子区间的数据关系进行拟合；再应用遗传算法对各个子区间的运行时间进行分配以实现全局优化求解。李玉生等针对 EETC 问题，在充分总结优秀司机的驾驶经验的基础上，提出了"坡道三分法"的机车手柄位变化原则，即在一段等坡度值的坡道上，司机变更手柄位的最大次数为 2 次，将坡道划分为三部分。并以手柄位具体值与手柄位变化位置作为决策变量，建立非线性优化问题，并采用遗传算法进行求解。付印平等针对 EETC 问题，通过将线路划分为包含起伏坡度的典型子区间，并预设子区间内的优化控制序列为"牵引、惰行、必要时动力制动、必要时空气制动、缓解"，以列车工况变化点的位置为决策变量，通过惩罚函数的方法建立无约束非线性优化问题，并采用遗传算法进行求解；并在此基础上，针对列车运行通过车站时可能会受到其他列车干扰的现象，采用变长度染色体遗传算法，结合工况序列表进行了建模与求解。丁勇等结合地铁列车的运行特点，提出了 EETC 问题的两阶段优化方法：阶段 1，建立寻求站间最佳惰行控制次数和惰行控制点的优化模型；阶段 2，建立各个站间区间运行时间的分配模型，并采用遗传算法进行求解。刘炜等提出变长实矩阵编码的多种群遗传算法对 EETC 问题进行求解，增强了算法的全局搜索能力。Huang 等采用了多种群基因算法（Multi-population genetic algorithm）对单列车多区间的 EETC 问题进行了研究。邹临风等研究了 EETC 问题在列车辅助驾驶系统的应用：首先，分析了区间运行能耗与巡航速度之间的对应关系；其次，应用遗传算法分配各区间运行能耗，生成节能驾驶曲线。Liang 等将是否超限速、停车精度、准点等多目标因素和惩罚函数方法融合于改进的遗传算法中进行 EETC 问题的求解。

在应用蚁群算法求解 EETC 问题方面,Ke 针对固定闭塞和移动闭塞场景下的 EETC 问题,将区间划分为若干子区段,以各个子区段的平均速度为决策变量,建立了非线性优化模型,并设计了基于蚁群算法的长短蚂蚁算法(Max-min ant)对模型进行求解。Lu 也应用了蚁群算法对 EETC 问题进行求解。Huang 等采用两阶段方法,使用不同尺度的站间区间距离的离散化方式进行建模,并设计了改进蚁群算法进行求解。

在应用模拟退火算法求解 EETC 问题方面,陈万里提出了一种在不考虑坡度的条件下,通过离散化时间微元、动态罚函数的方法,将最优控制问题转化为无约束非线性规划问题,并使用模拟退火算法进行求解。刘炜等利用区间分割和迭代计算,通过离散化区间运行距离,以列车牵引力使用系数作为决策变量,将 EETC 问题转化为非线性规划问题进行求解。

在应用粒子群算法求解 EETC 问题方面,Domínguez 等、Rodríguez 等使用了多目标粒子群算法(Multi Objective Particale Swarm optimization,MOPSO)对地铁列车自动驾驶(Automatic Train Operation,ATO)系统的速度曲线设计过程建立了帕累托最优曲线,进行了节能、提高鲁棒性与准点的优化。贺德强等采用隔断分析的思想,通过离散化区间位置的方法,将列车站间运行过程分为若干阶段,并设计每个阶段包含预先设计控制序列或其中某些子序列,以矩阵向量编码,并采用粒子群寻优算法进行求解。黄友能等采用粒子群算法对单列车在多区间运行过程进行了两阶段优化:第 1 阶段优化列车站间运行轨迹,采用离散化距离的方法,优化各个离散距离内的列车目标速度;第 2 阶段在总运行时间不变的前提下分配各个区间的运行时间。Zhao 等考虑了 EETC 问题中列车机械能与消耗的电能之间的耦合关系,采用了能够反映电气特性的更为精确的列车牵引系统模型进行了建模,并考虑了启动附加阻力的影响,通过对站间距离进行等距离散化的方式,应用粒子群算法优化离散距离的各个阶段的列车运行推荐速度。徐凯采用粒子群优化与布谷鸟搜索(Cuckoo Search,CS)相结合的方法,对城轨列车 ATO 曲线的设计过程进行仿真优化。他构建了多种群双层 PSO-CS 联合优化算法:在底层使用 PSO 算法对小种群进行寻优,高层使用 CS 算法进行深度优化。

(2) 先进控制论方法

自 20 世纪 70 年代以来,随着计算机技术的广泛应用,自动控制技术有了很大的发展,先进控制论方法,又称先进过程控制(Advanced Process Control,APC)应运而生。先进控制理论内容丰富、涵盖面广,包括自适应控制、鲁棒控制、预测控制、模糊控制等。

1983 年,Yasunobu 设计了模糊控制器,首次将模糊控制应用于列车自动驾驶,并应用于车载 ATO 设备,在日本仙台地铁进行了现场试验。Carvajal-Carreño 将模糊参数与 NSGA-II 优化算法相结合,对移动闭塞场景下的地铁列车车载 ATO 节能驾驶曲线进行优化设计。在此基础上,Carvajal-Carreño 基于模糊控制设计了用于移动闭塞场景下的地铁列车速度曲线跟踪算法,从而减少了不必要的连续牵引制动的控制抖动周期,节约了列车运行能耗。Saadat 采用模糊前瞻控制对柴油-电力混合动力机车进行了控制器设计,通过综合考虑列车电池状态(SoC)、前方线路坡度与目标速度等因素，控制列车手柄位，实现列车的节能控制。Bai 综合考虑了控制的时效性与最优性之间的平衡，考虑机车运行过程中复杂时变的限速条件，设计了基于模糊规则的模型预测控制方法(Fuzzy Predictive Control，FPC)，并开发了车载司机驾驶辅助系统，为司机节能驾驶提供操纵建议。

(3) 基于学习的算法

Sekine 针对列车自动驾驶提出双自由度模糊神经网络的控制系统，以吸收优秀司机的操纵经验规则。金炜东等讨论了列车在起伏坡道上的 EETC 问题，采用局部优化仿真计算和全局寻优相配合的优化计算思想，使用 BP 神经网络对各个子区间的数据关系进行拟合，再应用遗传算法对各个子区间的运行时间进行分配，以实现全局优化求解。余进设计了两级模糊神经网络，前一子网模拟优秀司机的操纵可获得在当前状态下应采取的最佳列车运行工况，后一子网根据列车当前状态与环境，得到列车在该工况及当前条件下的运行速度。Acikbas 采用惰行控制的方法研究列车节能运行优化，模型采用人工神经网络(Artificial Neural Network，AN)拟合仿真软件中惰行点输入与运行时间、能耗输出之间的关系，再通过遗传算法进行全局优化。类似地，Chuang 也采用 ANN 的方法通过仿真平台产生训练数据，对列车运行过程中惰行速度与运行时间、能耗之间的关系进行了拟合，以优化列车惰行控制进行节能。柏赟针对货物列车在停车制动阶段建立双层模糊神经网络模型：第一层子网通过样本训练计算基于制动初速度和制动距离的初始控制变量，第二层子网考虑加算坡道和牵引计算误差对制动距离的影响，以实现货物列车一次停车制动，有利于降低行车能耗。

将深度学习与强化学习类方法应用于求解 EETC 问题上，Yin 基于专家系统方法提出了地铁列车智能驾驶算法 ITOE，并在此基础上与强化学习(Reinforcement Learning，RL)方法相结合，提出了列车智能驾驶算法 ITOR，通过在线优化来减少列车运行能耗。之后，Yin 融合了列车人工驾驶与列车自动驾驶各自的优点，提出了基于数据挖掘与数据融合的智能列车驾驶方法——STO(Semi-automatic Train Operation，半自动运行)，采用分类和回归树(Classification And Regression Tree，CART)与集成学习方法，提取列车人工驾驶数据中的经验规则，并与列车自动驾驶数据进行融合，得到了 STO 方法，从而降低了列车运行能耗，提高了列车运行的舒适度。Liu 采用自适应动态规划(Adaptive Dynamic Programming，ADP)方法对 EETC 问题进行了建模求解，并对比了在三种不同的价值函数下算法求解得到的列车运行轨迹。Cheng 基于专家系统的方法，针对高铁列车运行场景建立了智能驾驶方法(Intelligent Driving Methods，IDMs)以提高列车自动驾驶的舒适度，降低运行能耗；同时，Cheng 还考虑高铁运行场景下因线路长度长、速度快等特点造成的数据量巨大，难以直接应用于特征提取与学习的难点，提出了数据稀疏化的方法用于去除冗余数据，提高学习效率。Huang 采用离散区间运行距离的模型，应用随机森林回归算法(Random Forest Regression Algorithm，RFR)和支持向量机回归(Support Vector Machine Regression，SVR)算法进行了基于数据驱动的列车节能运行最优速度轨迹曲线优化。

4) 其他类算法

宿帅针对城轨列车 EETC 问题，基于 PMP 原理、列车运行能耗与运行时间的关系，提出分配能量微元的优化求解算法：以牵引力做功为目标函数进行最小化的优化，采用离散线路距离的方式，分配能量微元至各个细分区间进行搜索，从而获得最优轨迹，降低 ATO 运行过程中的能耗。之后，Su 等应用上述算法在考虑了不同的车辆、线路环境等参数设置下，通过算法优化计算得到了列车节能驾驶最优速度曲线与区间运行能耗，分析了各个因素对于能耗的影响。接着，Su 进一步考虑了牵引能耗传递效率这一特性，采用以列车车速和牵引力使用系数为自变量的变化的能耗效率，并基于能耗效率随牵引力使用效率单调递增这一特性，进行了 EETC 问题的研究。采用了基于 PMP 原理的分析方法，得出在考虑了上述特性的变化能耗效率时，列车节能最优运行过程将不包含"部分牵引力-匀速巡航"这一工况，该工况将由"最大牵引-惰行"这种控制序列对来代替，但是仍包含"部分制动力-匀速巡航"工况。并且基于上述结果，设计了基于离散运行距离，对子区间进行能量微元分配的数值算法，以计算列车节能运行轨迹。

Domínguez 通过实地采集列车运行轨迹数据，建立了精确的列车运行模拟器。他考虑到由于固定闭塞系统，因此应答器提供的地-车单向通信传输的数据有限，故将列车 ATO 运行曲线采用"惰行速度、再牵引速度、巡航速度、制动减速度"这 4 个参数进行描述，并将上述参数按既定步长离散化，采用穷举的方法，建立运行时间与能耗之间的帕累托最优曲线关系。类似地，Zhao 基于多列车模拟器，采用增强的暴力搜索算法（Enhanced Brute Force，EBF）进行列车节能驾驶轨迹的搜索。

2. 多列车驾驶节能

上述单列车的节能控制问题是基于列车运行过程的牵引计算，聚焦于对单辆列车在站间区间运行过程中的控制或操纵方法的优化，减小列车机械能的消耗，以达到节能的目标。对于实际运营的城轨线路而言，同时在线运营的列车数目较多，列车在站间区间运行时存在频繁的牵引、制动工况。目前，城轨列车大多均已装备再生制动能量回收装置，因此存在以基于再生制动能量利用的角度，进行系统级的节能优化的方法。国内外诸多学者针对提高再生制动能量利用率以实现城轨列车节能运行方面进行了广泛而深入的研究。

1) 节能运行图（含一体化优化方法）

节能运行图（EETT）是一种从运营角度降低城轨列车运行系统能耗的方法。EETT 方法常见的思路是：①通过优化调整列车的站间运行时间、到站与发车时刻，协调同一供电分区内列车的再生制动与牵引工况，提高再生制动利用率以实现节能；②采用列车运行速度曲线与运行图一体化的优化方式，首先通过列车节能运行曲线，获得站间运行时分与最优能耗之间的帕累托曲线，再以诸如总旅行时间等为约束，根据客流特征、列车、线路特性等因素，进行各个站间区间运行时间的分配，以减少全程运行能耗。

在调整列车区间运行时间、到站与发车时刻的研究方面，Gordon 首先提出了通过多列车协调控制来最大化再生制动能耗利用。Wong 基于事件的交通流模型，通过对停站时间与站间运行时间的调整,以实现提高服务水平和降低运行能耗的目标,并设计了动态规划算法进行求解。Ramos 首次提出了用牵引工况和制动工况的重叠时间作为衡量再生制动能量利用的指标,并建立了通过最大化同一供电分区内重叠时间的混合整数规划(Mixed Integer Programming,MIP)模型,并采用 Cplex 软件进行求解,以实现再生制动能量的最大化利用,节约系统能耗。Nasri 以最大化再生制动能量的利用为目标,建立了地铁牵引系统的电气模型和列车运行图优化的整数规划模型,并使用遗传算法进行求解,分析了发车间隔和冗余时间对再生制动能量利用的影响。类似地,Peña-Alcaraz 建立了地铁牵引供电系统的能量流模型,以估计能耗节约因数,并以最大化再生能量利用率为目标建立列车运行图优化模型,采用商业求解器 SBB 和 Cplex 进行求解。

Yang 考虑了再生制动能量在相邻列车之间传递的场景,以最大化列车牵引与制动工况重叠时间为目标函数,以列车发车间隔、车站到发车时刻为决策变量,建立了整数规划模型,并设计了遗传算法进行求解。针对在线运行的列车存在不同载客量、各列牵引制动车性能差异等影响运行图能耗的因素,Yang 考虑了不确定的列车质量以及变化的列车牵引力、制动力和基本阻力因素,以最小化列车牵引能耗为目标函数,建立了包含列车质量为随机变量的随机优化模型,并设计了基于仿真的遗传算法来求解,以进行节能运行图设计。之后,Yang 综合考虑了系统能耗与乘客等待时间(服务水平),建立了双目标整数规划模型(TIP),并设计了遗传算法进行求解。在此基础上,Yang 考虑了列车停站时间的不确定因素,以列车运行的净能量(牵引能耗减去再生制动能耗)和旅行时间最小为目标,建立了双目标优化模型,并采用 ε-constraint 和遗传算法进行求解,获得帕累托最优解。Liu 等、刘宏杰等以最大化再生制动能量的利用为目标函数,并首次考虑了日运营列车车次数量和首末班车时间约束,建立了节能时刻表的优化模型,并首次采用了人工蜂群算法(Artificial Bee Colony,ABC)进行求解,获得了优于遗传算法的数值结果。

在利用一体化思想对城轨列车速度曲线与运行图进行一体化优化的研究方面,Su 针对城轨列车运行曲线与运行图一体化的优化问题,在假设线路无坡度,城轨列车牵引力、制动力与基本阻力均为恒定值的前提下,建立了求解给定站间运行时间的列车节能运行曲线的解析算法,获得了列车区间运行时分与最优运行能耗的帕累托曲线关系,并在此基础上设计了数值算法,进行列车在各个站间区间的运行时间分配,使得列车运行的总牵引能耗最小,并应用上述结论设计了列车节能运行图。Su 考虑了更加符合实际的列车模型,即随速度变化的牵引力和制动力与列车基本阻力,以及线路坡度因素,建立了一体化节能优化模型,模型以站间运行时间、列车周转时间、在线列车数量、列车间隔、列车运行曲线的牵引力与制动力使用率为决策变量,以最小化研究的时间范围内的所有列车牵引力做功为目标函数,并设计了用于求解上述一体化模型的 IEE 数值算法。更进一步,Su 在考虑了再生制动因素的场景下,研究了城轨列车速度曲线与运行图的一体化优化问题。

Chen 根据城轨区间长度将其分为短区间和长区间,并定义列车在短区间运行的控制序列为 1 次牵引策略,即"最大牵引-惰行-最大制动"控制序列;列车在长区间运行过程采用 2 次牵引策略,即"最大牵引-惰行-最大牵引-惰行-最大制动"控制序列。以列车发车时刻、工况序列转换点、到站时刻为决策变量,建立优化模型,采用粒子群优化算法进行速度曲线与时刻表的一体化优化求解。

Zhao 考虑了传输损耗的因素,进行了城轨列车速度曲线与全日运行图的一体化研究,其中列车速度曲线的控制序列为"最大牵引-巡航-惰行-最大制动"的经典四阶段控制序列。Tian 通过建立城轨系统直流牵引电路模型,以蒙特·卡罗仿真的方式,回归获得列车牵引能耗与再生制动能耗效率的系数,并以此为基础进行列车速度曲线的选择和运行图的一体化优化。

Zhou 考虑了城市轨道交通场景下,含有陡峭坡度的线路条件时,列车运行曲线与运行图一体化节能优化问题,即将一体化优化问题解耦合为 EETC 问题与 EETT 问题。在 EETC 问题层面:假设线路均为恒定限速,并定义列车在包含陡峭下坡的最优控制序列为"最大牵引-[巡航-惰行]n-最大制动",其中"[巡航-惰行]n"表示 n 对"巡航-惰行"控制序列,这使得列车充分利用陡峭下坡延长惰行范围。Zhou 还指出,当 $n=1$ 时,即为 EETC 问题经典的四阶段控制序列。他采用暴力搜索算法对 EETC 问题进行了求解。在 EETT 问题层面:以最小化列车运行的净能耗(牵引力做功减去再生制动能耗)为目标函数建立了优化模型,并采用一种改进的包含邻域搜索的遗传模拟退火算法(NS-GSA)进行求解。

步兵针对上述一体化问题,提出了多车协作节能控制的方法:他在假设只考虑 2~3 节列车,不考虑线路坡度,且只有一个供电分区的条件下,以时隙能量格模型进行净能耗的评估,通过预先生成的多组运行时间不同的节能驾驶轨迹曲线,供时刻表优化过程选择。除此之外,Feng 采用大灾变遗传算法也对一体化问题进行了研究。

2) 多列车协调节能控制

上述的节能运行图优化方法,或基于运行图与列车运行曲线调整的一体化优化方法,均需要对列车运行时刻表进行调整。而列车运行图的制定需要考虑诸多与运营相关的因素与约束(如运能匹配、协调换乘、首末班车等),从节能角度进行运行图的制定将受到诸多制约。因此,在满足运行图约束下,研究以系统能耗最优为目标的多列车协调节能控制(EETCoC)就应运而生。与单列车的 EETC 问题不同,EETCoC 问题以系统最优为目标,此时列车在区间运行的过程中为了提升再生制动能量的使用,可能存在二次牵引加速或提前制动减速的操纵序列,这将使得 EETCoC 列车的控制序列与经典的 EETC 问题中四阶段(最大牵引-匀速巡航-惰行-最大制动)或三阶段(最大牵引-惰行-最大制动)的最优控制序列不同。国内外学者对此问题进行了一些研究。

Sun 针对城轨列车运行过程中,相同供电分区内存在富余的再生制动能量未被吸收的场景,提出了一种多列车协同的思想,用以调整列车运行的部分速度曲线,以吸收多余的再生制动能量。Sun 以再生制动多余能量产生的时间范围内,最大化列车依靠吸收富余能量运行的距离为目标函数,建立最优控制优化模型以进行列车的速度曲线调整。速度曲线协同调整距离范围内的平均速度相同为调整前后的平衡条件,将原轨迹中"巡航"或"牵引加速"的控制序列替换为"惰行-牵引加速-惰行"组成的控制策略。Sun 研究并分析了更为一般的情况,并考虑了列车之间再生制动能量传递过程中的损失,建立了非线性目标函数与线性约束的优化模型,并用增广拉格朗日方法进行求解。Sun 指出多余的再生制动能量应该优先分配给同方向、邻近的列车调整速度曲线使用。

唐海川考虑了同一供电分区内存在两列追踪运行的城轨列车的场景,建立了包含直流牵引变电所、列车、接触网与回流钢轨的电路拓扑模型,通过求解列车在不同牵引与制动功率下的电路方程,得到牵引变电所输出电压与电流。唐海川在假设前行列车运行轨迹已知的条件下,以两车运行的时间范围内,最小化牵引变电所输出的电能做功为目标函数,建立列车速度曲线节能优化模型,并通过对站间距离进行离散化,通过二次规划算法,求解后行追踪列车在各个离散微元的牵引力或制动力,从而获得最优追踪运行轨迹,降低系统运行能耗。Tang 考虑了同一供电分区内存在两列上下行对向运行的城轨列车的场景,建立了包含直流牵引变电所、上下行列车、上下行接触网与回流钢轨的电路拓扑模型。类似地,通过求解列车在不同牵引与制动功率下的电路方程,得到牵引变电所输出电压与电流。Tang 以两车运行的时间范围内,最小化牵引变电所输出的电能做功为目标函数,建立列车速度曲线节能优化模型。通过对站间距离进行离散化,使用遗传算法与适应度函数内添加晚点与运行距离偏离惩罚的惩罚函数方法,同时求解两列车在各个离散距离微元内的牵引力或制动力,从而获得最优轨迹。

Liu 考虑了在同一供电分区、同一车站内追踪运行的两列地铁列车的协调控制的场景:前车按照 EETC 问题中最优控制序列的四阶段运行,即"最大牵引-匀速巡航-惰行-最大制动",后车则采用三种不同的控制序列,分为:①与前车相同的四阶段控制序列;②五阶段控制序列,即"最大牵引-匀速巡航-最大牵引-惰行-制动";③五阶段控制序列,即"最大牵引-惰行-最大牵引-惰行-制动"。Liu 在不考虑陡峭坡度和线路限速的情况下,以最小化两列车运行机械能之和为目标函数,以工况转换点为决策变量,建立了优化模型,并采用启发式算法进行求解。Liu 将上述两列车追踪运行场景扩展到三列车的运行过程中,他认为在同一个供电分区内至多包含三辆列车,因此可以将三辆列车视为一个小系统组群。他分析与讨论了在第 1 列车与第 3 列车不同的发车间隔条件下,第 3 列车的最优控制序列。以最小化三辆列车的牵引力与再生制动力做功的机械能代数和为目标函数,并采用启发式算法对各列车控制序列的转换点进行求解。

Bai 考虑了同方向、多区间运行的地铁列车场景:预先设定确定的列车控制序列为"牵引-巡航-惰行-制动"四阶段,与 EETC 问题不同,在多列车协调控制环境下,为了提高再生制动的重合时间,列车的牵引与制动过程并非采用最大比率输出。Bai 以最小化各个供电分区内列车的牵引力做功和制动力做功的代数和为目标函数,设定各辆列车的归一化的牵引力使用率、制动力使用率、巡航工况起点位置和惰行工况点位置为决策变量,建立基于固定控制序列寻找工况转换点的优化模型,并采用遗传算法与模拟退火算法组成的协同进化算法进行求解,并得出在提高再生制动能量使用率的多列车协同控制过程中,采用部分牵引力与制动力,延长牵引与制动力输出时间,有利于降低系统总体净能耗的结论。

除了上述基于提前计划列车运行速度曲线的方法,荀径等、宋晓美提出了一种通过检测牵引供电接触网(第三轨)电压,并在接触网电压升高时适当提高邻近列车运行速度的方法,以提高城轨列车再生制动能量使用效率,从而实现城轨列车的节能运行。作者设计的模型包括列车节能运行优化控制算法和牵引供电模型两个部分。模型通过牵引供电系统的直流潮流计算,获得列车网压,并建立了列车到站时间预测评估的元胞自动机交通流模型和需要调整的列车判断条件,避免了经过调整的列车加速后触发制动曲线。

3. 面向多列车的节能系统

基于通信的列车自动控制(Communication Based Train Control,CBTC)系统中大容量、双向连续的车地通信,实现了对在正线运行的列车连续实时控制,也为面向节能的多列车协调控制、提高再生制动能量使用,降低系统总运行能耗提供了环境基础。

基于现有 CBTC 通信链路与交换数据、自律分散理论,笔者设计了一种多列车节能协调控制方案,如图 5-29 所示。该方案集成于现有 CBTC 系统框架体系内,工作于 CBTC 模式运行的正常运营场景,暂不适用于出现信号设备故障等需要降级转为后备模式或在辅助安全设施防护下的场景。

在图 5-29 中,最右侧虚线范围内确定了可参与多列车节能协调控制的列车范围。图中以 ATS 设备为界限,该设备右侧相邻方框内的设备为既有 CBTC 系统设备,CBTC 设备之间的连接线表示通信与数据交换链路。其中,实线表示通过有线方式传输数据,虚线表示通过无线通信方式传输数据;其中短虚线连接线表示传输的数据内容与既有 CBTC 数据相同,点划线连接 ATS 与列车车载设备,该通信链路除了传输与既有 CBTC 系统相同的数据信息外,还附加传输多车协调控制信息。在 ATS 设备左侧为采用自律分散系统构架的多列车节能协调控制服务器群(节能服务器)。节能服务器采用分布式布置,根据线路、牵引供电系统、车辆和运行图等基础静态数据,以及 ATS 调度命令、列车载客质量、运行状态等动态信息,进行多列车协调控制的节能优化。

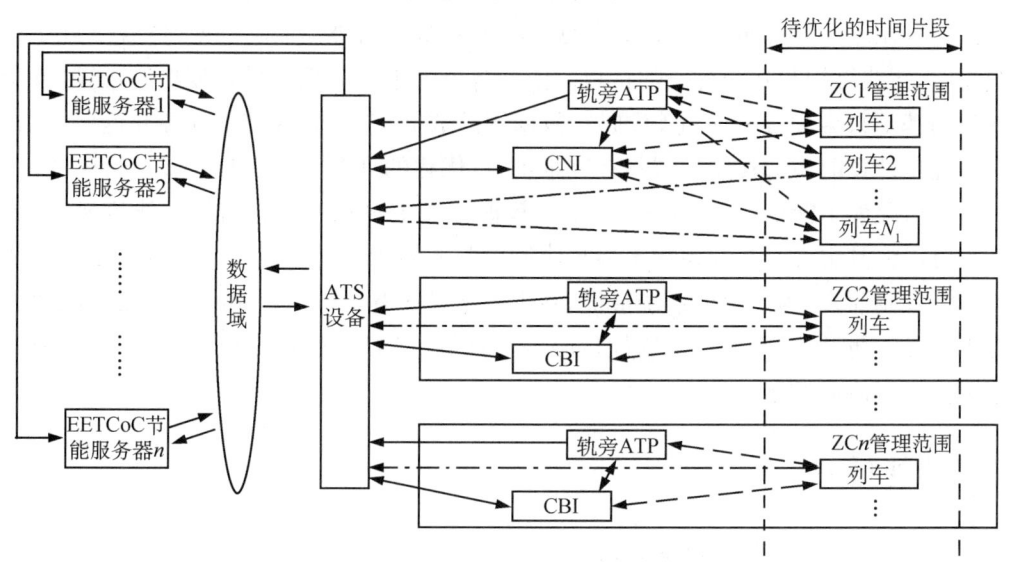

图 5-29 多列车节能协调控制框架

节能服务器的数据通信链路均采用有线方式连接,主要分为两个方向:ATS 设备至节能服务器的单向数据链路和节能服务器与数据域之间的双向通信。除此之外,ATS 设备与数据域之间还存在双向通信。

ATS 设备至节能服务器的单向数据链路:列车运行图数据。可以认为在正常运行的条件下,每日运行图均为制定的固定参数,在运营中基本不会发生变更,因此只需每日更新,无须在运营期间实时传输。

ATS 设备至数据域的数据链路:抄送传输 ATS 下达的调度命令、可参与协调控制的列车信息,例如列车载客质量、运行状态等。可以认为此信息是时变的,需要以一定的刷新频率更新。

数据域至 ATS 设备的数据链路:ATS 利用数据域内数据的 CC 码,获取经节能优化服务器优化得到的协调控制方案,包括参与协调控制的列车编号、各个列车协调控制开始的状态、协调控制持续时的控制输出等信息。ATS 通过车-地无线通信系统,与调度命令等信息一同,发送给相应的车载设备。数据域至 ATS 设备链路的数据刷新率与所选择的优化时间片段相关,以一定的周期定时更新。

数据域至节能服务器的数据链路:利用数据域内的 CC 码,一种情况是节能服务器获得 ATS 设备推送至数据域的调度命令、可参与协调控制的列车信息,作为其优化计算的输入;另一种情况是节能服务器获得其他节能服务器计算的中间步骤数据,为节能服务器群分布式并行计算的数据交换。

节能服务器至数据域的数据链路:①发送该节能服务器计算的中间步骤数据,为节能服务器群分布式并行计算的数据交换;②发送列车协调控制优化结果。

除此之外,例如线路坡度、曲线、限速信息,列车最大牵引力/制动力、不同载重下基本阻力参数,列车电能与机械能各环节转化效率,供电分区信息、牵引供电系统电气参数等数据,将通过预先离线存储的方式,存储于各个节能服务器内,供优化计算时调用。

上述采用基于自律分散构架设计的多列车节能优化协调控制框架,体现了自律分散在线扩展、在线维护和在线容错的特点。由于各节能服务器都是平等独立的,通过自身存储的相同基础数据和各自通过 CC 码与数据域的数据交换,领取计算任务并返回结果,易于实现优化计算能力的在线扩展与在线维护;待优化的列车范围也是随着运行图的计划、实际运营情况而不断变化,并通过 ATS 将数据传递于数据域内。对于在线容错方面,笔者认为可以将其定义为在线包容不参与协调控制的列车这一特性。因为对于多列车节能优化协调控制而言,为了达到系统最优,并不一定是所有在待优化时间窗片段范围内的列车都需要参与协调控制,而是根据优化服务器计算的结果,选择相应的列车,在计划的状态范围内进行协调控制。

5.5 储能技术

1. 制动工况下的再生能量利用

列车的空气制动是利用刹车闸瓦片与列车车轮接触,产生机械摩擦并实现制动力,该部分制动能量大多以热能的形式耗散，无法被再利用。电制动则是利用牵引电机的特性，可以在制动过程中将列车动能以直流侧电能的形式实现部分能量回收。

在实际列车制动控制中，一般优先采用电制动模式。在发生紧急制动等制动力不足的情况下，采用空气制动与电制动相结合，共同发挥作用。电制动所反馈的能量在使用或存储方式上主要分为三类：①直接逆变反馈电网；②使用轨旁储能设备存储；③使用车载式储能设备存储。

1) 逆变反馈电网

当逆变回馈型能量吸收装置检测到直流母线电压上升，并达到特定阈值时，则认为当前牵引变电站覆盖区间内存在列车发生再生制动。这部分再生电能可以通过变压器逆变成列车辅助设备能够使用的三相交流电，实现再生电能的利用。回馈电网的节能部分的功能则通过逆变器、变压器以及电抗等元件来实现。

当再生能量需要反馈给直流侧的电网时，需要借助 PWM 变流器（脉宽变流器）实现交流电与直流电的转换，同时配合变压器等电气装置将再生的直流电逆变为同一牵引供电区间内其他列车可使用的工频交流电，反馈到交流牵引电网。该过程如图 5-30 所示。

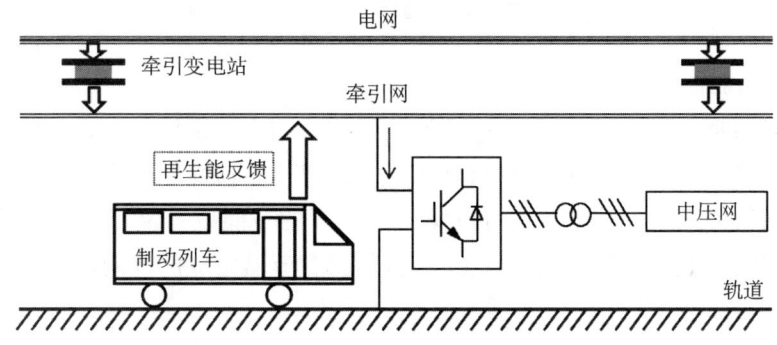

图 5-30 逆变反馈电网型再生能回收示意图

2) 轨旁再生制动储能设备

轨旁储能设备能够吸收覆盖区间内列车再生制动时反馈的电能，并为覆盖区间内的加速牵引列车提供电能。与逆变反馈电网利用方式最显著的区别是，避免了对同一牵引变电站区间内列车制动与列车牵引两种工况同时发生的利用限制，提高了再生能量的使用效率。并且轨旁储能设备还能额外实现稳定接触网电压的功能。另外，在馈电线发生意外故障时，能够作为额外的动力来源，提高城市轨道交通系统的整体稳定性和安全性。

轨旁再生制动储能设备通常设置在车站或变电站附近，常见的储能介质设备有：电容储能器和飞轮储能器。

(1) 电容储能器

电容储能器主要由 IGBT 截波器、电阻吸能模块、电容器组以及控制单元组成，其存储结构示意图如图 5-31 所示。电容储能器的工作模式主要分为三种：

① 充电模式：当列车制动导致馈电网中直流母线电压升高，并达到充电固定阈值时，

电容器组开始从馈电网中吸收储存电能。

② 放电模式:当馈电网中直流母线电压降低至放电阈值,电容器组向馈电网放电。充放电的过程,电容储能器自然地实现了馈电接触网的电压波动。

③ 电压保持模式:当电容器组向馈电网放电时,电容储能器并不会释放完所有电能,而是会保留一定的充电深度,使得储能设备的电压保持在一个区间内,以实现更高效的充放电性能。

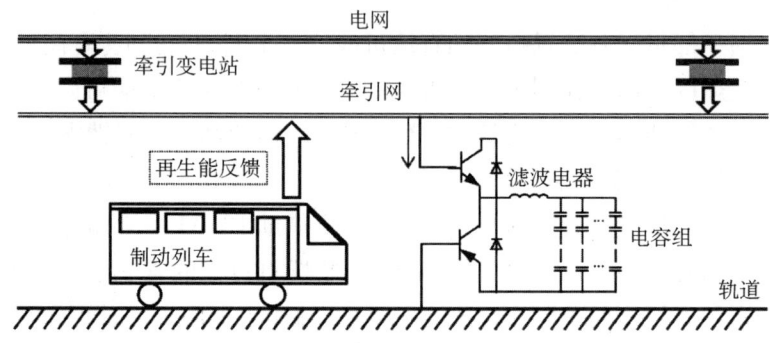

图 5-31　轨旁电容储能器再生能存储示意图

(2) 飞轮储能器

飞轮储能器是一种效率高、瞬时响应速度快的大功率能量储备方式,其原理是通过充发一体电机先将再生能转为电能,后再转为动能并以飞轮惯性能作为储能方式进行存储。相关研究认为轨旁式飞轮储能装置可以实现 21.6% 的节能以及网压 29.8% 的跌落,具有较大的应用实践价值。飞轮储能装置主要包括:由变流器组成的双向转换开关、飞轮以及控制单元,其原理示意图如图 5-32 所示。

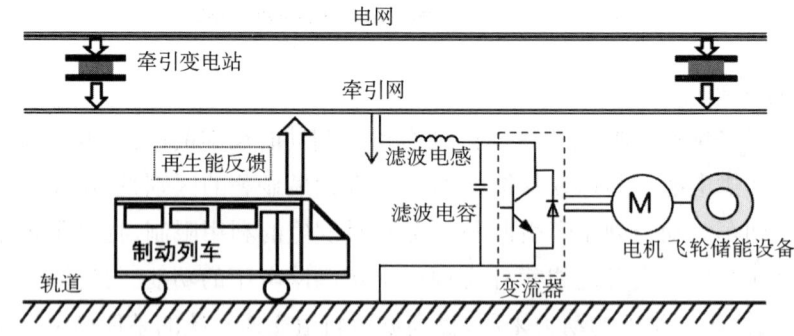

图 5-32　轨旁飞轮储能器再生能存储示意图

与电容储能器一样,飞轮储能器也包括了三种工作模式:

① 充电模式:随着列车制动,馈电网中直流母线电压升高,通过飞轮控制单元进行控制,飞轮电机以电动机的形式利用制动能提高飞轮转速,以实现能量的存储。

② 放电模式:当区间内列车牵引,馈电网中直流母线电压随之降低,控制单元控制飞轮电机以原动机的形式向馈电网供电,降低飞轮转速以输出合适的电压来减少电网中的

电能消耗,并稳定电网电压。

③ 飞轮转速保持模式:由于飞轮本身特性,转速提升初始阶段效率较低,为了发挥飞轮瞬时响应速度快的特点,并提高单位时间的储能效率,飞轮装置需要保持一个最低飞轮转速 ω_{min},所以飞轮储能器中的能量与电容储能器一样不能完全释放。

3) 车载再生制动储能设备

车载储能设备(on-board energy storage device)的最大特点是列车可以存储自身的再生能量,并能够在本列车牵引工况下,车载储能设备作为辅助动力来源减少牵引供电系统的整体能耗。车载储能设备如图 5-33 所示。

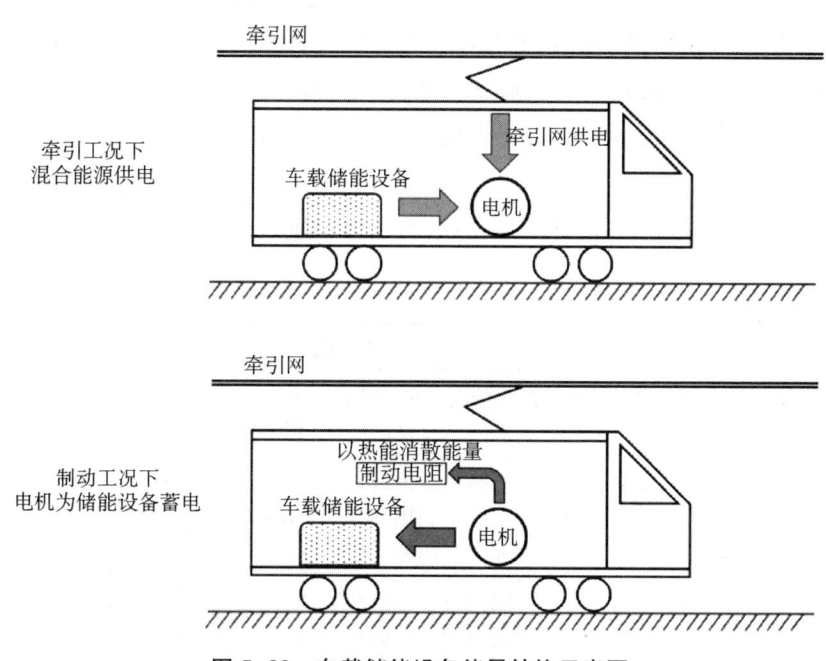

图 5-33 车载储能设备能量转换示意图

车载式的储能设备也存在多种储能方式,主要分为三类:①锂电池储能;②双层电容储能;③飞轮储能。根据不同的储能类型,储能设备的主要工作模式与轨旁再生储能一致,主要包括:充电模式、放电模式以及电量保持模式。三种储能设备的性能对比如表 5-1 所列。

表 5-1 三种储能设备性能对比

项目	锂电池	双层电容	飞轮
储能方式	化学	物理	机械
能量密度/(Wh·kg^{-1})	75~200	2.5~15	5~90
功率密度/(W·kg^{-1})	100~300	500~5 000	2 000~5 000
充放电效率/%	60~80	80~90	80~95
使用寿命	≥2.5 千次充放电	≥10^5 次充放电	≥$3×10^4$ h

(续表)

项目	锂电池	双层电容	飞轮
维护周期/年	1	≥10	≥10
费用比/($·kW^{-1})	200~300	300	350
特点	能量密度高、功率密度低、端电压波动影响小	能量密度较低、功率密度较高、端电压波动影响大	能量密度较高、功率密度高、效率高

由表 5-1 可以看出飞轮储能无论在能量密度还是功率密度方面都占有一定的优势，且充放电效率更高。在实际的车载式储能车辆中，需要对车辆进行一定的设计改造，且储能设备本身的质量对最后的节能效果存在较大影响，因此飞轮储能本身的优势，加上其较长的使用寿命，更加适合被设计为车载式储能设备。能够在实现再生节能的同时，尽可能地减少因增加设备所带来的维修成本，延长设备本身的使用生命周期。

4）三种再生能量利用方式比较

以下将列车制动工况下的三种再生能量利用方式进行比较，结果如表 5-2 所列。

表 5-2 三种再生能量利用方式比较

回收方式		特性对比
逆变反馈电网	优势	(1) 成本适中，存在较成熟方案可供选型； (2) 国内具有一定的国产化试制经验，利于推广
	劣势	(1) 在牵引供电网中会产生谐波； (2) 对区间内的再生能量利用存在时机限制，加大时刻表的设计难度； (3) 存在大量再生能量以热能的形式被浪费的情况
轨旁再生制动储能设备	优势	(1) 仅需对牵引区间供电设备进行改造，实施起来较为方便； (2) 提高再生制动能量的利用效率，稳定牵引网的电压波动； (3) 提高单一牵引变电站的供电能力
	劣势	(1) 再生能量的存储、输出路径长，损耗较大； (2) 需要根据列车时刻表、运能需求来制定再生储能设备的安装位置和容量，难以灵活利用
车载再生制动储能设备	优势	(1) 再生能量在系统中的传输距离最短，循环过程中的存储、利用效率最高； (2) 简化列车的节能控制复杂性，提高城市轨道交通系统的稳定性； (3) 在无牵引网或牵引网故障情况下，可以保持列车运行一定距离
	劣势	(1) 受车重以及空间限制，对储能设备能量密度要求高； (2) 改装列车存在一定的硬件设备成本

根据对比，逆变反馈电网对于再生能量的收集利用存在诸多限制，且目前随着城市轨道交通的迅速发展，对于运能、时刻表的灵活性的要求越来越高，轨旁式的储能方式由于装配位置、设备容量的相对固定性，通常情况下难以满足实际运营需求。而车载式的储能是未来的一个合理发展方向，但目前对于以飞轮设备为储能方式的车载式再生制动储能设备的研究较少，在列车自动控制过程中，如何根据飞轮设备的特性进行有效的再生能回

收是未来研究的一个主要方向。

2. 飞轮储能设备的结构与工作原理

1）基本机械结构

重型永磁轴承、飞轮转子复合材料以及机电控制等先进技术都与飞轮储能设备的可靠性、耐久性密切相关。随着近年来这些技术的快速发展，飞轮储能的性能也越发成熟可靠，且由于飞轮储能设备本身良好的储能优势，在工程实践中得到了更多应用。飞轮储能装置的基本结构如图5-34所示。

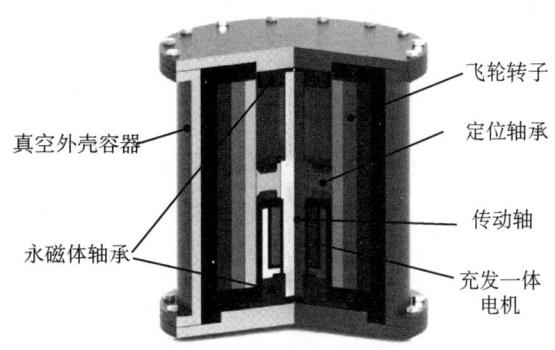

由图5-34可知，飞轮储能装置最主要的两个结构分别是飞轮转子和充发一体电机。其中，飞轮转子以机械能的形式存储能量，而充发一体电机则是能量输入

图 5-34　飞轮储能装置基本结构

输出的关键部件。另外，飞轮储能设备中的轴承也是一个关键结构。轴承的性能决定了储能设备处于电量保持模式时，维持飞轮的转速所需要消耗的能量大小，也由此决定了储能设备电量保持模式下的损失率。大多数飞轮储能设备通常选用真空容器来容纳飞轮转子，由此减少转子在高速转动过程中，在空气摩擦阻力方面的损耗。

2）工作原理

飞轮储能的基本工作原理是环绕永磁轴承的飞轮转子通过充发一体电机输出的扭矩，将电能转化为机械能。当飞轮转子转速上升，能量以机械能的形式保持在储能装置内。飞轮转子在减速过程中，则将电机以原动机的形式向外输出电能。在一些车辆上的飞轮储能设备直接通过机械机构将飞轮轴承与传动系统相连，从而简化能量传递流程，在提高节能效率的同时更好地发挥飞轮大转矩下大功率输出的特性。飞轮储能装置的能量转换基本流程如图5-35所示。

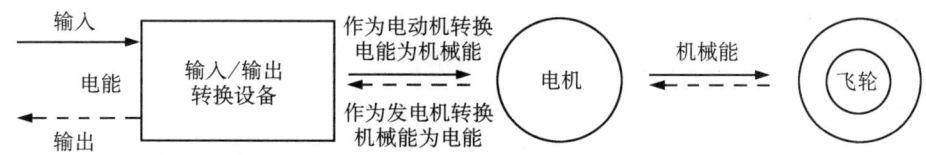

图 5-35　飞轮储能装置能量转换流程

因为能量以飞轮转子高速旋转的形式存储，所以飞轮转子的转动惯量是决定整个储能设备总体容量大小的关键参数。转动惯量是对刚体转动时惯性的度量，因此与刚体（飞轮转子）的半径、厚度以及材料密度相关，计算如下：

$$J = \int r^2 \mathrm{d}m = \int r^2 \mathrm{d}(\rho v) = \int r^2 \rho (2\pi r) H \mathrm{d}r = \frac{\pi \rho H r^4}{2} \tag{5-8}$$

式中 J——转动惯量,kg·m²;

r,H——分别表示飞轮转子半径与厚度,m;

ρ——飞轮的材料密度,kg/m³。

在已知飞轮的转动惯量后,就可以计算飞轮在特定转速 ω 下设备的储能量,如式(5-9)所示。

$$E = \frac{1}{2} J \omega^2 \tag{5-9}$$

式中 E——飞轮设备的储能量,J;

J——飞轮转子的转动惯量,kg·m²;

ω——飞轮转速,rad/s。

当飞轮的转速增大或减小时,能量的变化可以由式(5-10)计算得到:

$$\Delta E = E - E_0 = \frac{1}{2} J \omega^2 - \frac{1}{2} J \omega_0^2 \tag{5-10}$$

式中 ΔE——能量差值,J;

E_0——起始状态飞轮设备的储能量,J;

ω_0——起始状态飞轮转子的转速,rad/s。

充电或放电情况下,飞轮的输入输出功率可以由当前转速推算:

$$E = \int P(t) \mathrm{d}t \tag{5-11}$$

$$M = M_e - M_t = J \frac{\mathrm{d}\omega}{\mathrm{d}t} \tag{5-12}$$

$$P = \frac{\mathrm{d}E}{\mathrm{d}t} = \frac{\mathrm{d}\left(\frac{J\omega^2}{2}\right)}{\mathrm{d}t} = J\omega \frac{\mathrm{d}\omega}{\mathrm{d}t} = M\omega \tag{5-13}$$

式中 M——飞轮输入力矩,N·m;

M_e,M_t——分别表示电机电磁转矩和电机载荷转矩,N·m;

P——飞轮装置功率,W。

飞轮转子的转速越快,储能设备存储的容量就越大。在设备设计阶段,会计算出飞轮转子的最大转速 $\omega_{\max}$。但飞轮在实际工作中如果长期以接近最大转速 $\omega_{\max}$ 在运行,飞轮转子在径向、环向的应力都会过大,势必对储能设备的寿命造成影响。因此,需要对飞轮的转速设定一个额定值,一般额定转速的计算如下:

$$\omega_{\max}^2 - \omega_{\text{rated}}^2 = \omega_{\text{rated}}^2 - \omega_{\min}^2 \tag{5-14}$$

$$\omega_{\text{rated}} = \sqrt{\frac{\omega_{\min}^2 + \omega_{\max}^2}{2}} \tag{5-15}$$

式中，ω_{rated} 表示飞轮储能设备的额定转速，rad/s。

飞轮在低转速阶段，单位时间内转速提升带来的储能量增量较低，因此在飞轮的低转速阶段其响应速度较慢，且瞬时输入输出功率较低。所以，设备需要根据实际的使用场景确定飞轮的最低转速 ω_{min}。当飞轮转速下降到 ω_{min} 附近时，自动转为能量保持模式，以避免转速过低。因此，飞轮储能设备存在一个性能参数——最大放电深度 α_{max}，其计算公式如下：

$$\alpha_{max} = 1 - \frac{\omega_{min}^2}{\omega_{max}^2} \qquad (5-16)$$

飞轮储能设备在不同工况下的储能情况可以用荷电状态 SOC 表示。SOC 是飞轮转子转速为 ω 时，储能设备的储能率，其计算如式(5-17)所示：

$$SOC = \frac{\omega^2 - \omega_{min}^2}{\omega_{max}^2 - \omega_{min}^2} \times 100\%,$$
$$\omega_{min} \leqslant \omega \leqslant \omega_{max} \qquad (5-17)$$

设 ω_{min} 为 100 rad/s，对应 ω_{max} 为 200 rad/s 时，飞轮转速与 SOC 的关系如图 5-36 所示。

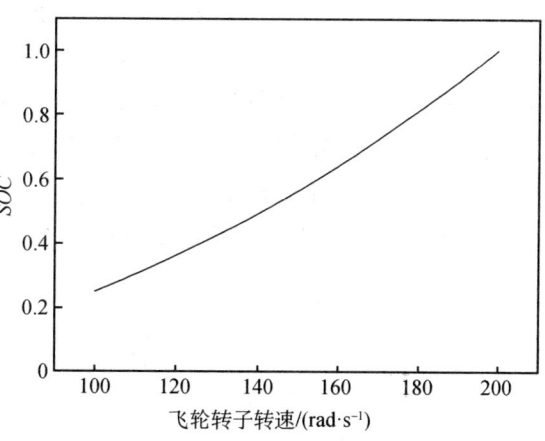

图 5-36 飞轮转速与 SOC 的关系

3. 飞轮储能设备的控制

在飞轮储能设备提高飞轮转子转速时，电机升速主要有两种变频电机调速控制模式：①恒定转矩控制；②恒定功率控制。由式(5-9)可知，飞轮存储的能量提升与飞轮转子旋转角速度的平方成正相关，所以比起转动惯量 J，转子角速度的影响更大。如果取转动惯量 $J=10.5$ kg·m²，则储能量与飞轮转速的关系如图 5-37 所示。

由此可见提升单位能量所对应的转速提升不是线性的，在飞轮电机不同的控制方式下，单位时间内飞轮转子角速度的提升是不一样的，所以需要对两种控制方式进行分析。

1) 飞轮电机恒定转矩控制模式

恒定转矩电机调速控制是指电机无论转速大小，输出转矩都始终保持一致。由此实现高转速时输出较大的功率，但低转速时输出功率较小。

设飞轮转速由 $\omega_0 = \frac{1}{2}\omega$ 上升到 $\omega_1 = \omega$，则飞轮设备的储能变化量如式

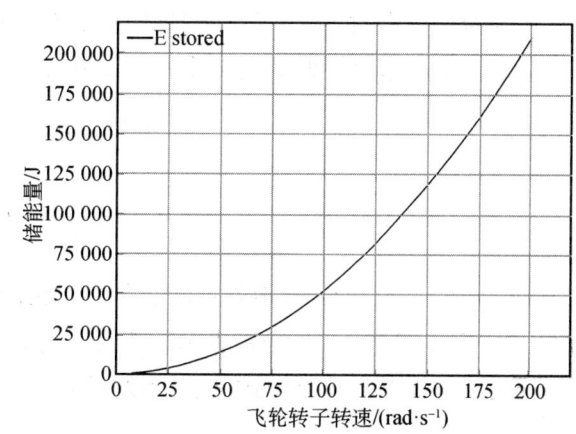

图 5-37 储能量与飞轮转速的关系

(5-18)所示：

$$\Delta E = \frac{1}{2}J\omega_1^2 - \frac{1}{2}J\omega_0^2 = \frac{1}{2}J\left[\omega^2 - \left(\frac{1}{2}\omega\right)^2\right] = \frac{3}{8}J\omega^2 \tag{5-18}$$

式中 J ——飞轮转动惯量，$kg \cdot m^2$；

ΔE ——储能量，J。

假设储能设备允许以飞轮转子最大转速 ω_{max} 存储能量，并记恒定转矩为 M_s，则由转矩推导出对应的输入功率：

$$P_{t,0} = \frac{1}{2}\omega * M_s, \ P_{t,1} = \omega * M_s \tag{5-19}$$

式中 $P_{t,0}$ ——飞轮转速为 $\omega/2$ 时的起始功率，W；

$P_{t,1}$ ——飞轮转速为 ω 时对应的功率，W；

M_s ——恒定的转矩，$N \cdot m$。

由此可以推知在恒定转矩下飞轮设备的储能提升所需的时间 t_1，计算如式(5-20)所示：

$$t_1 = \frac{J\Delta\omega}{M} = \frac{J(\omega - 0.5\omega)}{M_s} = \frac{1}{2}\frac{J\omega}{M_s} \tag{5-20}$$

2) 飞轮电机恒定功率控制模式

恒定功率电机调速控制是指电机低速时输出转矩大，随着转速升高由于功率恒定的限制使转矩逐渐减小。所以在恒定功率控制模式下有：

$$\frac{1}{2}J\omega^2 = P_s t \tag{5-21}$$

式中 P_s ——恒定的输入功率，W；

t ——恒定功率控制下飞轮储能的时长，s。

因为功率 P_s 恒定，所以在飞轮转速提升过程中，最低转速对应最大转矩，最高转速对应最小转矩。这里假设最低转速为 $\omega/2$ 并在恒定功率控制下上升到 ω，则有：

$$P_s = M_{max}\omega_{min} = M_{min}\omega_{max} \tag{5-22}$$

$$\omega_{min} = \frac{1}{2}\omega, \ \omega_{max} = \omega \tag{5-23}$$

式中 $\omega_{min}, \omega_{max}$ ——分别表示储能前后飞轮的转速，rad/s；

M_{max}, M_{min} ——分别表示储能前后的力矩，$N \cdot m$。

为了对比两种控制模式，这里不妨设：

$$M_{max} = M_s \tag{5-24}$$

则可以用 M_s 表示出 P_s，并计算出在恒定功率控制模式下飞轮转速提升所消耗的时间 t_2：

$$P_s = \frac{1}{2}M_s\omega \tag{5-25}$$

$$t_2 = \frac{\Delta E}{P_s} = \frac{3}{4}\frac{J\omega}{M_s} \tag{5-26}$$

3）飞轮电机控制模式对比

将飞轮完成转速提升后的功率以及整个过程的耗时进行比较，可以得到：

$$t_2 : t_1 = \frac{3}{4}\frac{J\omega}{M_s} : \frac{1}{2}\frac{J\omega}{M_s} = 3 : 2 \tag{5-27}$$

$$P_s : P_{t,1} = \frac{1}{2}M_s\omega : M_s\omega = 1 : 2 \tag{5-28}$$

由式(5-27)和式(5-28)的结果可知，在恒定功率控制模式下，存储相同电量所需的时间是恒定转矩控制模式下的 1.5 倍，但恒定功率控制模式下的功率只有恒定转矩控制模式的一半。若 $P_s = P_{max}$，则由图 5-38 可以直观地看到飞轮转速提升过程中两种控制模式的区别。

综上所述，恒定转矩控制模式下能够实现较短时间内快速提升储能量，也就是能够较短时间内快速提升飞轮转子转速。但是由于额定功率的限制，长时间采用恒定转矩控制模式是不可行的，通常需要将两种控制方式相结合。设定一个工作模式切换的阈值，一般取飞轮最大允许转速的二分之一。当低于阈值时，采用恒定转矩模式快速提升转速；当超过阈值时，切换为恒定功率控制模式，虽然此后随着转速的上升转矩有所下降，但能提高储能设备的额定储能容量。

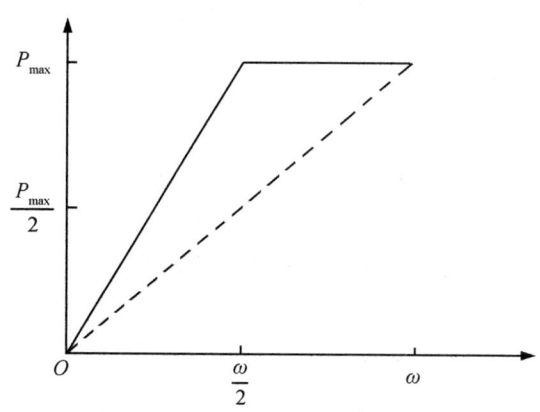

图 5-38 飞轮转速控制过程

参考文献

[1] 郎宗棪,曾小清,姜季生.轨道交通信号控制基础[M].上海:同济大学出版社,2007.
[2] 曾小清,王长林,张树京.基于通信的轨道交通运行控制[M].上海:同济大学出版社,2007.
[3] 曾小清,沈拓,单晓芳,等.轨道交通运行控制与管理[M].北京:人民交通出版社,2015.
[4] ZENG Xiaoqing, XIE Xiongyao, SUN Jian, et al. International Symposium for Intelligent Transportation and Smart City(ITASC)[C]//Proceedings of Branch of ISADS,2017.
[5] 曾小清.世博交通启示录[M].上海:同济大学出版社,2012.
[6] 孙懋珩,曾小清,万国春.交通电子技术[M].上海:同济大学出版社,2000.
[7] 李健.信号系统自律监测技术应用研究[D].上海:同济大学,2017.
[8] 阳扬.基于车-路信息交互的有轨电车运行能耗模型及优化研究[D].上海:同济大学,2009.
[9] 边冬.基于障碍物识别技术的列车辅助驾驶策略研究[D].上海:同济大学,2016.
[10] 顾友淇.基于ADS的城轨车载数据实时共享与在线诊断技术研究[D].上海:同济大学,2016.
[11] 王刚.列控系统对轨道交通服务质量影响机理研究[D].上海:同济大学,2016.
[12] 杨林翔.基于自律分散的车辆和信号协调控制策略研究[D].上海:同济大学,2016.
[13] 沈拓.基于车-车通信的城轨列车追踪预警研究与实现[D].上海:同济大学,2017.
[14] 王翰琦.基于LBS的人群密度监控系统的研究与实现[D].上海:同济大学,2018.
[15] 袁志鹏.基于复合序列的城轨列车射频测距与防撞研究[D].上海:同济大学,2014.
[16] 张熙灏.有轨电车区域交通信号协同控制系统设计[D].上海:同济大学,2012.
[17] 张希雨.不同模式城市交通系统运行冲突的时间和空间解决方法[D].上海:同济大学,2013.
[18] 梁阳.基于CAD-BIM的有轨电车交叉口安全保障优化设计[D].上海:同济大学,2016.
[19] 邹临风.面向节能的列车辅助驾驶系统设计[D].上海:同济大学,2018.
[20] 刘强.基于动态优化的信号控制方法研究[D].上海:同济大学,2015.
[21] 曾小清,袁腾飞,伍超扬,等.一种基于异态检测的有轨电车辅助安全防护方法:中国,

CN201910033285.1[P].2020-06-26.

[22] WANG Hanqi, ZENG Xiaoqing. Multi-Intelligent Railway Emergency Solutions and Effect Evaluations[C]//Proceedings of the CICTP 2017 Intelligent Transportion and Smart City 17th COTA International Conference of Transportation Professionals,2017.

[23] LI Jian, ZENG Xiaoqing, SHEN Tuo, et al. Design of the fault recording function in a railway signal microcomputer monitoring system[C]//Proceedings of Cota International Conference of Transportation Professionals,2016.

[24] YANG Linxiang, ZENG Xiaoqing. The research of signal optimal control strategy based on SCATS[J]. Applied Mechanics and Materials,2015,743:196-202.

[25] GU Youqi, ZENG Xiaoqing, SHEN Tuo, et al. VOBC Data storage and online diagnosing system based on data cloud[C]//IEEE Twelfth International Symposium on Autonomous Decentralized Systems(ISADS),2015.

[26] 杨林翔,曾小清,田鹏.基于双T滤波器的城市轨道交通列车绝缘检测方法研究[J].城市轨道交通研究,2016,19(2):60-64.

[27] 方云根,曾小清,王刚.轨道交通列控系统共因失效分析[J].上海交通大学学报,2015,49(7):1052-1057.

[28] WANG Gang, ZENG Xiaoqing, DONG Bian, et al. Research on Modern Tram Auxiliary Safety Protection Technology Based on Obstacles Detection[C]// Proceedings of International Symposium for Intelligent Transportation and Smart City(ITASC),2017.

[29] 秦国栋,苗彦英,张素燕.有轨电车的发展历程与思考[J].城市交通,2013(4):6-12.

[30] 薛美根,杨立峰,程杰.现代有轨电车主要特征与国内外发展研究[J].城市交通,2008,6(6):88-91,96.

[31] 住房和城乡建设部地铁与轻轨研究中心,中国城市规划设计研究院.法国有轨电车考察报告[R].北京:住房和城乡建设部地铁与轻轨研究中心,2007.

[32] 卫超.现代有轨电车的适用性研究[D].上海:同济大学,2008.

[33] 周江评,王江燕.有轨电车若干问题初探:以美国波特兰市最新有轨电车线路为例[J].城市交通,2013(4):13-18.

[34] 苗彦英.低地板有轨电车车辆技术特征[J].城市交通,2013(4):39-43.

[35] 沈景炎.我国现代有轨电车的发展、标准与规划探讨[J].都市快轨交通,2015,28(6):6-11.

[36] 喻智宏,孙吉良,申大川.有轨电车通信信号技术与智能交通系统[J].城市交通,2013(4):44-51.

[37] 陆化普,孙智源,屈闻聪.大数据及其在城市智能交通系统中的应用综述[J].交通运输系统工程与信息,2015,15(5):45-52.

[38] YUAN Tengfei, ZENG Xiaoqing. Decision analysis of bus travel behavior based on the theory of planned behavior[C]//Proceedings of the CICTP 2017 Intelligent Transportion and Smart City 17th COTA International Conference of Transportation Professionals, 2017.

[39] ZENG Xiaoqing, WU Chaoyang, CHEN Yujia, et al. Research on the Model of Traffic Signal Control and Signal Coordinated Control[C]//Proceedings of International Symposium for Intelligent Transportation and Smart City (ITASC), 2017.

[40] ZENG Xiaoqing, ZHAN Jifei, YANG Linxiang, et al. Research on the Queue Length Prediction Model with Consideration for Stochastic Fluid[C]//Proceedings of International Symposium for Intelligent Transportation and Smart City (ITASC), 2017.

[41] YUAN Tengfei, ZENG Xiaoqing, Chen Yujia. Analysis of urban resident bus travel decision with physical expenditure[C]//Proceedings of International Symposium for Intelligent Transportation and Smart City(ITASC), 2017.

[42] WANG Gang, ZENG Xiaoqing, YUAN Tengfei. Study on the influence of train control system on service quality of rail transit[C]//14th International Conference on Service Systems and Service Management, 2017.

[43] JIN Liming, ZENG Xiaoqing, LI Jian. Research on the capacity and detrimental impacts of the waiting area for straight and right-turn vehicles[C]//Proceedings of 16th COTA International Conference of Transportation Professionals, 2016.

[44] FANG Yungen, ZENG Xiaoqing, ZHANG Chen. Safety assessment approach for onboard atp system of changsha low-speed maglev project[C]//Proceedings of Maglev the 23rd International Conference, 2016.

[45] 王奕曾,金立名,袁腾飞.城市道路交叉口车辆排队交通流状态理论研究[J].城市建设理论研究:电子版,2016(1):107.

[46] WANG Gang, LIU Huaxiang, ZENG Xiaoqing. Study on train headway in different turing-back mode of urban mass transit station[J]. Transportation Research Procedia, 2017, 25:451-460.

[47] WANG Weiyang, ZENG Xiaoqing, SHEN tuo. FSM-based urban rail transit train tracking simulation system design and implementation[C]//Proceedings of 15th COTA International Conference of Transportation Professionals, 2015.

[48] 刘强,曾小清,王艳青.基于VISSIM的有轨电车交叉路口信号优先策略研究[J].科技创新与应用,2015(1):42.

[49] WANG Yanqing, ZENG Xiaoqing, LI Yang. Similar normal distribution of pedestrian speeds at signalized intersection crosswalks[C]//Proceedings of Fifth

International Conference on Intelligent Systems Design and Engineering Applications, 2014.

[50] WEI Shanshan, SHEN Tuo, WEI Lexiang, et al. Method based on RSSI for preventing train collision[C]//Proceedings of 14th COTA International Conference of Transportation Professionals, 2014.

[51] WEI Shanshan, ZENG Xiaoqing, SHEN Tuo, et al. A method for correction ranging of train based on RSSI[J]. Applied Mechanics and Materials, 2015, 743: 484-490.

[52] WANG Gang, LI Shu, FANG Yungen, et al. Research on improving the accuracy of speed and distance measurement of train by redundant convolution fault-tolerant analysis and multiple data fusion[J]. Journal of Applied Sciences, 2013, 13(12): 2300-2305.

[53] YUAN Zhipeng, ZENG Xiaoqing, SHEN Tuo, et al. A sustainable experiment platform for railway control system [C]//Proceedings of IEEE Eleventh International Symposium on Autonomous Decentralized Systems(ISADS), 2013.

[54] 曾小清,邱磊,袁志鹏,等.列车运行控制及闭塞技术[J].科学,2011,63(5):45-48.

[55] SHI Hongyun, ZENG Xiaoqing, SHI Dongbing, et al. The design and application of the multi-modal transportation system for large-scale events[J]. Applied Mechanics and Materials, 2012, 209-211: 938-944.

[56] SHI Hongyun, ZENG Xiaoqing, SHI Dongbing, et al. The rail-block based signal control system design for curve sections[C]//Proceedings of IEEE Eleventh International Symposium on Autonomous Decentralized Systems(ISADS), 2013.

[57] SHEN Tuo, WEI Lexiang, ZENG Xiaoqing. Study on all-phrase FFT spectrum analysis technology in 25Hz phrase detecting track circuit receiver[C]// Proceedings of International Workshop on Intelligent Transportation and Smart City(ITASC), 2015.

[58] ZENG Xiaoqing, ZHU Jing, XIONG Tiansheng, et al. Research and design embedded security computer based on TMR for train-ground communication system[J]. Applied Mechanics and Materials, 2012, 178-181: 2673-2679.

[59] 曾小清,朱静,邱磊,等.列车走行部故障在线预警系统中的自律分散理论应用[R].上海市研究生学术论坛交通运输工程学科,2011.

[60] ZENG Xiaoqing, CAO Kaixiang, ZHU Yunyun. Research on transportation structure model of dispersed multi-center urban based on urban rail transit[J]. Applied Mechanics and Materials, 2012, 178-181: 1753-1756.

[61] ZHANG Lun, ZHU Yunyun, CAO Kaixiang. Research on vehicle longitudinal following control modeling and collaborative simulation[J]. Applied Mechanics and

Materials, 2012, 232:846-851.

[62] ZENG Xiaoqing, QIU Lei, MO Fan, et al. Research on the fault tolerance mechanism for on-board fault early warning system based on ADS theory[C]//10th International Symposium on Autonomous Decentralized Systems(ISADS), 2011.

[63] 邱磊,曾小清,朱玉华,等.交通信号控制电子实验系统研制[J].实验室研究与探索, 2010,29(12):16-19.

[64] 姜仙童,曾小清,邱磊.基于自律分散技术的快速公交智能调度系统设计研究[J].城市公共交通,2011(12):50-53.

[65] 张灿程,曾小清,单晓芳.上海世博会交通科技应用及效应[J].交通企业管理,2012, 27(3):22-24.

[66] SUN Jian, PENG Zhongren, SHAN Xiaofang, et al. Development of web-based transit trip-planning system based on service-oriented architecture[J]. Journal of the Transportation Research Board, 2011, 2217:87-94.

[67] CAO Xiangfeng, DONG Decun, ZENG Xiaoqing. Application of agent in bus signal priority intersection[C]//Tenth International Symposium on Autonomous Decentralized Systems(ISADS),2011.

[68] ZENG Xiaoqing, TAO Chenliang, NIU Zhengyu, et al. The study of railway control system model[C]//5th IEEE Conference on Industrial Electronics and Applications(ICIEA),2010.

[69] FU Feng, DONG Decun, ZENG Xiaoqing, et al. Design for internection signal phasing-sequence based on procedural method[C]//International Conference on Logistics Engineering and Intelligent Transportation Systems, 2010.

[70] XIONG Qipeng, ZENG Xiaoqing, DONG Decun, et al. Development of control algorithm for autonomous decentralized ATC system[C]//IEEE International Conference on Intelligent Computing and Intelligent System, 2009.

[71] ZENG Xiaoqing, TAO Chenliang, BAI Tao. Study on the functions and characteristics of interfaces in CBTC[C]//5th International Conference on Wireless Communications, Networking and Mobile Computing, 2009.

[72] ZENG Xiaoqing, TAO Chenliang, CHEN Zhi. The application of dsrc technology in intelligent transportation system[C]//IET International Communication Conference on Wireless Mobile & Computing, 2009.

[73] XIONG Qipeng, CHEN Zhi, ZENG Xiaoqing, et al. Development of membership degree functions of the car-following models based on fuzzy logic[C]//The Second International Conference on Intelligent Computation Technology and Automation, 2009.

[74] ZENG Xiaoqing, XIONG Qipeng, DONG Decun. Development of fatigue driving detection method based on fuzzy control logic[C]//The Second International Symposium on Computational Intelligence and Design, 2009.

[75] 牛振宇,曾小清,刘循.城市轨道交通列车系统故障模型研究[J].硅谷,2008(16):106-107.

[76] ZENG Xiaoqing, ZHAO Shimin, MATSUMOTO M., et al. Technology features reasearch of japanese railway signal system[C]//International Conference on Transportation Engineering, 2007.

[77] ZENG Xiaoqing. Assurance of changing period of old and new System on automatic train control system[M]//留日学人学术论文集,2001:11-14.

[78] ZENG Xiaoqing. Japanese future train communication system[C]//China-Japan ADS Cooperative Research Conference, 2002.

[79] ZENG Xiaoqing, XIONG Tiansheng, MORI Kinji. Assurance evaluation for test of communication-based train control system[C]//International Conference on Wireless Communications, Networking and Mobile Computing, 2007.

[80] ZENG Xiaoqing, KIMATA Akihito, MORI Kinji. On-line extension to autonomous communication-based control system[C]//Japan Industry Applications Society Conference, 2002.

[81] ZENG Xiaoqing, MATSUMOTO M., MORI Kinji, et al. On-line test for train communication based system[J].计算机科学,2002,29(z1):185-187,162.

[82] ZENG Xiaoqing, MATSUMOTO M., MORI Kinji. Integration of automatic train control system[C]//IEEE Region 10 Conference on Computer, Communications, Control and Power Engineering, 2004.

[83] 曾小清,陈睿,张轮,等.列车控制系统中不中断行车的系统在线替换[J].同济大学学报(自然科学版),2005,33(6):755-758.

[84] ZENG Xiaoqing, CHEN Rui, DONG Decun, et al. Assurance of Test for Communication Based Train Control System[M]//第一届中国智能交通年会论文集,上海:同济大学出版社,2005.

[85] ZENG Xiaoqing, CHEN Rui, ZHANG Lun, et al. Train control system with high autonomous property[C]//Proceedings of the Eighth IASTED International Conference on Intelligent Systems and Control, 2005.

[86] ZENG Xiaoqing, XIONG Tiansheng, MORI Kinji. Assurance evaluation for test of communication-based train control system[C]//International Conference on Wireless Communications, Networking and Mobile Computing, 2007.

[87] CHEN Rui, ZENG Xiaoqing, DONG Decun. Algorithm for UWB pulse based on FCC emission mask constraint[J].同济大学学报(自然科学版),2008,36(7):

972-976.

[88] 曾小清,曹志远.半解析数值法在地铁工程双线隧道分析中的应用[J].工程力学,1998(1):46-52.

[89] 曾小清,赵时旻,MATSUMOTO M.日本轨道交通列车运行控制系统[J].城市轨道交通研究,2007,10(4):57-60.

[90] 毛倩,顾伟华,董德存,等.磁悬浮通信系统的误码性能分析及改进[J].微计算机信息,2010,26(1):39-40.

[91] 毛倩,董德存,曾小清.基于代数非均匀保护码的图像可靠传输[J].上海理工大学学报,2010,32(2):154-158.

[92] 曾小清,陶晨亮,白涛,等.基于移动代理技术的列车故障诊断[J].城市轨道交通研究,2010,13(11):17-21.

[93] 熊启鹏,曾小清,付谦.长三角地区公路出行信息发布分析[J].交通科技与经济,2008,10(6):63-64,73.

[94] 林超,曾小清,董德存.小世界网络理论在公交线网中的优化方法研究[J].交通科技,2012(2):116-119.

[95] 林海香,曾小清,沈拓,等.面向高速铁路的联锁技术发展研究[J].中国铁路,2016(4):38-43.

[96] 熊启鹏,杨怀德,陶晨亮,等.世博公交信息化建设关键技术研究[J].住宅科技,2009,29(10):18-20.

[97] 毛倩,徐伯庆,曾小清.不等保护码在CBTC系统中的应用[J].计算机工程,2009,35(19):268-271.

[98] 刘拥辉,吴志周,曾小清.基于MC方法的拥挤交通流生成建模及验证[J].公路交通科技,2009(S1):147-150.

[99] 曾小清.基于通信的自律列车控制系统与在线过渡(英文)[M]//盛世岁月:祝贺孙钧院士八秩华诞论文选集,上海:同济大学出版社,2006.

[100] 周巧莲,邱磊,张灿程,等.轨道交通故障处置体系与模拟技术研究[C]//2010城市轨道交通关键技术论坛论文集.[S.l.]:[s.n.],2010.

[101] 陈令仪.故障注入技术在CTCS-3级列控系统仿真测试平台中的应用研究[D].北京:北京交通大学,2011.

[102] 王瑞,杨志杰.CTCS-3级列控系统轨旁设备仿真子系统的设计与实现[J].铁路计算机应用,2012,21(10):40-43.

[103] 赵波波.基于UML的CBTC轨旁设备建模及实现[D].北京:北京交通大学,2006.

[104] 汪小勇.基于通信的列车控制系统轨旁信号显示方案[J].城市轨道交通研究,2011,14(9):69-72.

[105] 王彦宁.城市轨道交通轨旁设备半物理模拟系统的研究[D].北京:北京交通大学,2016.

[106] 唐海川.列车运行综合仿真平台中的地面设备仿真研究[D].成都:西南交通大学,2012.

[107] 白冰.信号机故障检测与处理[J].科技风,2015(18):84.

[108] 胡井海,孙超,蔡微微.基于通信技术的铁路信号轨旁设备控制方案研究[J].铁道技术监督,2019,47(4):48-52.

[109] 王海荣.地铁道岔故障下的行车组织探讨[J].现代城市轨道交通,2015(5):55-58.

[110] 申雄.简析成都地铁4号线计轴工作原理及故障应急处置[J].铁路通信信号工程技术,2018,15(3):57-60.

[111] 党志涛.屏蔽门系统和地铁信号系统接口的解析[J].现代城市轨道交通,2008(6):31-33.

[112] 谭铁仁,关振宇,张君鹏.地铁屏蔽门的常见故障[J].现代城市轨道交通,2013(1):28-31.

[113] 屠海滢,吴芳美.面向软件黑箱测试的仿真环境嵌入故障研究[J].软件学报,1998,10(5):521-525.

[114] 吴艾玲.城市轨道交通联锁系统接口技术与安全性研究[D].兰州:兰州交通大学,2015.

[115] 杨扬.基于故障注入的CBTC系统测试的研究与实现[D].北京:北京交通大学,2009.

[116] 曹峰.基于CBTC系统的轨旁设备布置原则研究[D].北京:北京交通大学,2013.

[117] 尹青.基于HLA的列控仿真系统故障注入设计与实现[D].北京:北京交通大学,2013.

[118] 赵婉婷.轨道交通列车控制仿真测试系统设计[D].杭州:浙江大学,2017.

[119] 齐飞.基于故障覆盖度的列控系统安全分析方法的研究[D].北京:北京交通大学,2014.

[120] 洪映森.基于FPGA的故障注入系统研究[D].哈尔滨:哈尔滨工业大学,2014.

[121] 蔡伯根,尹青,上官伟,等.列车运行控制系统仿真故障注入方法研究[J].铁道学报,2014(6):55-60.

[122] 崔俊锋.适用于下一代列控系统的列车自主完整性检查方法研究[J].铁路通信信号工程技术,2019,16(11):10-12,21.

[123] 顾蔡君.城市轨道交通列车空滑检测的融合算法研究[J].铁路通信信号工程技术,2019,16(7):55-60.

[124] 蔡煊,王长林,林颖.基于多传感器的列车空转及滑行检测与校正方法研究[J].城市轨道交通研究,2015,18(1):22-27.

[125] 吴亮.基于脉冲测速传感器的空转打滑补偿算法研究[J].铁路通信信号工程技术,2017,14(3):72-75.

[126] 陈育培.低压集抄通信故障检测装置设计[J].科技风,2020(4):11-12,15.

[127] 余岷蓉.基于 Compact PCI 总线的多通道通信故障检测系统设计[J].现代电子技术,2020,43(3):5-9,13.

[128] 庹兴兵.CTCS-3 级列控系统车地通信超时故障研究[D].成都:西南交通大学,2013.

[129] 郎宗棪,曾小清,姜季生.轨道交通信号控制基础[M].上海:同济大学出版社,2007.

[130] 曾小清,王长林,张树京.基于通信的轨道交通运行控制[M].上海:同济大学出版社,2007.

[131] 曾小清,沈拓,单晓芳,等.轨道交通运行控制与管理[M].北京:人民交通出版社股份有限公司,2015.

[132] 张昌平.简析 CBTC 系统中联锁与区域控制器的关系[J].铁路通信信号工程技术,2012,9(3):49-51.

[133] 郑敏.CRH1A 型动车组轮径故障的处置与防范措施[J].铁道车辆,2019,57(9):42-44,5.

[134] 唐艳,王长林.基于故障注入的 ATP 系统测试设计[J].铁路计算机应用,2013,22(11):40-42.

[135] 森欣司.自律分散系统入门:从系统概念到应用技术[M].徐政,谭永东,译.北京:科学出版社,2008.

致 谢

本书的编写历时三年,凝聚了交通信息控制联合实验中心和政府相关管理部门、行业领军企业的集体智慧。需要特别说明的是,在本书的编写过程中,得到了相关单位及专家同仁的大力支持,在此一并表示诚挚的感谢。

首先,感谢卡斯柯信号有限公司为本书提供的工程数据和素材资料,感谢卡斯柯信号有限公司孙军峰总工为本书提供的宝贵建议。感谢上海宝康电子控制工程有限公司、上海富欣智能交通控制有限公司、上海电气泰雷兹交通自动化系统有限公司、上海市交通信息中心和上海市交警总队在本书编写过程中提供的实验数据和素材资料。感谢苏州大学汪一鸣教授及吴澄老师在有轨电车机器视觉应用方面给予的技术支持。

其次,感谢同济大学兼职教授、中电建路桥集团董事长汤明对本书内容进行了审核,并给出了专业建议。感谢同济大学沈拓老师及单晓芳老师、上海轨道交通检测技术有限公司部门经理方云根、上海果路交通科技有限公司部门经理熊启鹏为本书编写所做的工作。感谢领导不懈的支持,谢谢编委中的所有人为本书所做的各方面的工作。感谢来自行业内的工程技术人员为本书的编写贡献了自己丰富的经验和想法。感谢王维旸、袁腾飞、王奕曾、郭开易、岳晓园、应沛然、李健、边冬、詹继飞、伍超扬、梁阳、刘立群、徐新晨、贺俊翔等同济大学2015—2019级交通信息专业学科研究生们以及王子达、凌海超、顾佳鑫、张晨铿等2016—2017级本科生同学们在素材收集、资料整理、文档输入和内容编辑等方面所做的大量工作。在本书的编撰过程中,得到了相关单位提供的大力支持和帮助,在此一并表示诚挚的感谢。